中国教育
法制评论

Chinese Educational
Law Review (Volume 12)

（第12辑）

劳凯声　余雅风　主编

教育科学出版社
·北京·

出版人 所广一
责任编辑 何 艺
版式设计 贾艳凤
责任校对 贾静芳
责任印制 曲凤玲

图书在版编目（CIP）数据

中国教育法制评论. 第 12 辑／劳凯声，余雅风主编. —
北京：教育科学出版社，2014. 12
ISBN 978-7-5041-9211-0

Ⅰ. ①中… Ⅱ. ①劳… ② 余… Ⅲ. ①教育法令规程—
研究—中国 Ⅳ. ①D922. 164

中国版本图书馆 CIP 数据核字（2014）第 289403 号

中国教育法制评论 第 12 辑
ZHONGGUO JIAOYU FAZHI PINGLUN

出版发行	**教育科学出版社**				
社 址	北京·朝阳区安慧北里安园甲 9 号	市场部电话	010-64989009		
邮 编	100101	编辑部电话	010-64989363		
传 真	010-64891796	网 址	http://www.esph.com.cn		
经 销	各地新华书店				
制 作	北京大有图文信息有限公司				
印 刷	虎彩印艺股份有限公司				
开 本	169 毫米×239 毫米 16 开	版 次	2014 年 12 月第 1 版		
印 张	17.5	印 次	2014 年 12 月第 1 次印刷		
字 数	250 千	定 价	45.00 元		

如有印装质量问题，请到所购图书销售部门联系调换。

目　录

政策与制度分析

他山之石

学科建设

学术动态

Contents

Education   Legislation

Policy   and   Institution   Analysis

Advice   from   Others

A Study on Problems of Corporal Punishment in U. S. Schools/*Li Xiaoyan*
（ 219 ）

Implications from Rose v. Council for Better Education in Kentucky,
U. S./*Wang Pengwei*　　（ 232 ）

Discipline   Construction

Retrospection and Prospection of the Researches on Theoretical System
and Discipline Construction of Educational Law in China/*Zhan Zhongle*
（ 249 ）

Three Standards and Curriculum Reform of Education Policies and Regu-
lations /*Shi Zhengyi*　　（ 263 ）

Academic   Trends

The 8th Annual Conference of the Division of Educational Policy and Law
under the Chinese Educational Research Association: A Summary
Report/*Li Xiaoyan, Huang Daozhu*　　（ 265 ）

□劳凯声

学校侵权责任及其归责原则

【摘　要】由于学校在实施教育教学活动中承担的是法定义务而非合同义务，在学生伤害事故中，侵害的是学生的人身权，所以学校因违反安全保障义务而造成损害事实时，应承担的是以赔偿损失为主的侵权责任。《侵权责任法》是对分散于不同法律、司法解释中相关规定的系统总结，在责任的归属、构成和分配中体现了其合理性和进步性。根据《侵权责任法》，我国中小学校、幼儿园及其他教育机构的侵权主要适用过错责任原则，过错推定责任原则是其特殊表现形式，而无过错责任原则不适用于学校的侵权行为。

【关键词】学生伤害事故　学校侵权责任　归责原则

确定学校行为所造成的损害是否需要承担民事责任，依据何种根据和标准确定学校的侵权民事责任，这涉及侵权法律责任的归责原则及其在学生伤害事故中的适用问题。我国法律明确规定了学校基于过错应予承担的侵权法律责任，这种责任是根据一定的归责原则确定的。因此，可以说归责原则是确定学校行为所造成的损害事实是否应承担民事赔偿责任的一般原则，是确定学校侵权损害赔偿责任的根据和标准。

一、学校侵权责任的特点

民事法律上的义务主要分为法定的义务和约定的义务两种，一般地说，违反法定义务造成损害的，应当承担侵权责任，违反约定义务则可能承担违约责任。二者的根本区别在于责任基础不同：侵权责任的基础是加害人违反法律直接规定的法定义务，即侵害他人之法定民事权益，在责任构成与法律（侵权行为法）规定之间，不存在当事人基于意思自治的合意过程；违约责任的基础在于违反当事人之间约定的义务，在责任构成与法律（合同法）规定之间存在着当事人基于意思自治的合意过程。此乃侵权责任与违约责任的本质区别。学校违反安全保障义务要承担的民事责任是一种侵权责任。

（一）学校侵权责任是由于违反了法定义务而产生的法律后果

侵权责任是因行为人的侵权行为而产生的法律后果，是为制裁侵权行为，保护遭受侵权行为侵害的人身、财产权利而设定的不利后果，就其形式而言，表现为一种法定的、由法律的禁止性规范和强制性规范所设定的义务。学校在实施教育教学活动中承担的主要是法定义务而不是合同义务，学校如果侵害了学生人身，造成损害事实，依法应当承担侵权法律责任。如法律规定：中小学校应当建立健全安全制度，采取相应的管理措施，预防和消除教育教学环境中存在的安全隐患；当发生伤害事故时，应当及时采取措施救助受伤害学生；等等。这是法律要求学校法人承担的一般性义务，违反法律规定的学校义务，造成学生人身损害的，应当承担侵权责任。合同义务是指违反合同义务而应当承担的违约责任。如《关于贯彻执行〈中华人民共和国民法通则〉若干问题的意见（试行）》第26条规定："监护人可以将监护职责部分或全部委托给他人。因被监护人的侵权行为需要承担民事责任的，应当由监护人承担，但另有约定的除外；被委托人确有过错的，负连带责任。"这里所说的"另有约定"就是当事人双方在平等自愿基础上约定的义务，违反了这一义务，则应承担违约责任。学校与未成年学生监护人的关系一般不应归为委托监护关系，但是在某些特殊情况下也有可能构成委托监护关系，如民办学校在学生寄宿于学校期间，与其监护人构成的就是委托监护关系，如违反了双方的共同约定，则应承担相应的违约责任。

（二）学校侵权责任是以侵权行为为前提的责任

　　构成侵权责任必须要有行为人的行为。行为有作为与不作为两种，从法律责任的角度看，不作为是对作为义务的违反，作为义务则表现为保护、控制、警告、检查、救助等形式。法律要求安全保障义务人承担侵权责任的行为依据就是其违反了应当承担的安全保障的作为义务，因此侵权责任的前提就是侵权行为，没有侵权行为就无以为侵权责任。侵权行为是民事主体违反民事义务，侵害法律所确认和保护的他人合法权益的行为。侵权行为可以区分为有过错的侵权行为与无过错的侵权行为、违法行为造成的侵权行为与合法行为造成的侵权行为、侵害人身权的侵权行为与侵害财产权的侵权行为、有损害事实的侵权行为与无损害事实的侵权行为等不同的行为类型。在我国，违反安全保障义务的侵权行为是 2003 年 12 月 26 日的《最高人民法院关于审理人身损害赔偿案件适用法律若干问题的解释》确立的一种新型侵权行为类型。确立这一新的侵权行为类型不仅有利于提高各相关行为主体的安全防范和管理水平，提供更加人性化的社会服务，体现对人的尊重和关照，而且也有利于合理分配责任，补偿受害人的损失，贯彻以人为本的司法价值理念。

　　违反安全保障义务的侵权行为，其主体可以是法人，也可以是自然人，具体到学生伤害事故，实施侵权行为的主体一般就是学校法人或者履行教育教学职责的教职员工。但除此之外还有一类行为主体即未成年学生，法律上他们是无行为能力人或限制民事行为人，最高人民法院《关于贯彻执行〈中华人民共和国民法通则〉若干问题的意见（试行）》第 22 条对他们的行为做出了如下规定："监护人可以将监护职责部分或者全部委托给他人，因被监护人的侵权行为需要承担民事责任的，应当由监护人承担。"这里所列的造成他人损害的被监护人行为被明定为侵权行为，因此未成年学生也有可能成为侵权主体，其行为也可能构成侵权行为。

　　在一个具体的侵权行为中，行为主体与责任主体可能是合一的，也可能是分离的，责任主体或者实施一定的侵权行为，或者没有实施一定的侵害行为，但其对于行为主体致人损害的后果存有过错，因此应为自己的过错行为负责。在学生伤害事故中，行为主体与责任主体之间的关系大致有以下三种情况：第一种情况是学校以自己的行为侵害了未成年学生的人身权，如由于物件管理不当造成学生损害的侵权行为，这类侵权行为是一种直接侵权行为，这时，学校既是侵权行为的主体，同时也是侵权责任的主体，二者是合一的；第二种情况是学校的未成年学生对其他学生实施的伤害行为，在这种情况中学校虽然没有直接实施侵权行为，但如对损害事实的产生存有过错，则应为自己的过错行为承担间接责任或转承责任；第三种情况是校外第三人进入学校侵害学生，造成未成年学生的人身损害事实，学校虽然不是行为主体，但在管理上如有过错，则应当承担补充责任。在后两种情况中，学校并不是侵权行为的主体，但因其过错而成为责任主体，侵权的行为主体与责任主体在这里是分离的。

侵权行为的客体是法律确认和保护的民事主体利益，主要包括人身权、人格权、身份权、财产权、知识产权等。其中有些属于法律绝对保护的利益，只要对其构成侵害，就应当认定为侵权；有些属于法律相对保护的利益，只有在符合特定条件下的侵害，才能认定为侵权。在学生伤害事故中，被侵害的客体是未成年学生的人身权，一般属于法律绝对保护的权益，任何人都负有不得侵害的义务。凡是侵害了这种权益的，都构成侵权行为。但在某些情况下，这种绝对权益也有可能转化，如在学校组织的对抗性或者具有风险性的体育竞赛活动中，未成年学生的人身利益会转化为法律相对保护的权益，这时如发生意外伤害，则不属于法律确认和保护的权益，不构成侵权行为。但行为人违反竞技规则，故意伤害对方的，则应当认定为侵权，因为在这种情况下，受害学生的人身属于法律确认和保护的权益。此即权益保护的相对性。如果行为人侵害的不是法律确认和保护的客体，则不构成侵权。

（三）学校侵权责任的构成要件

侵权责任的构成要件是侵权行为人所承担的侵权责任的依据。行为人实施某种致人损害的行为以后，只有在符合下列条件时才应承担责任，即违法行为、损害事实、因果关系和过错。具体地说，在学生伤害事故中，学校必须具备以下侵权责任的构成要件才构成侵权行为：

第一，学校的行为有违法性。违法行为是指违反法律的禁止性规定或强制性规定，侵犯他人权利的行为。根据《民法通则》第 5 条，权利的相对人均负有不得侵犯权利的一般义务。侵犯权利的行为因为违反了法定义务，故具有违法性。根据违法行为的表现形式，又可以分为作为的违法行为和不作为的违法行为。作为的违法行为中的作为是指不该作而作，如学校违反有关规定，组织或者安排未成年学生从事不宜未成年人参加的劳动、体育运动或者其他活动，造成损害事实。反之，不作为的违法行为中的不作为是指该作而不作，如学校知道某教职员工患有不适宜担任教育教学工作的疾病，但未采取必要措施，从而造成学生损害。

第二，学生损害事实客观真实。损害事实是指他人财产或者人身权益所遭受的不利影响，包括财产损害、非财产损害，非财产损害又包括人身损害、精神损害。损害事实必须具备以下三个特征：损害事实是侵害合法权益的结果；损害事实具有可补救性；损害事实具有可确定性。

损害事实的存在是学校侵权行为的前提和依据。在学生伤害事故中，学校侵权行为的侵害事实主要是指学生的人身损害，包括对生命、健康等的损害，但对人身的损害往往也会伴随生成一定的财产损失，如因身体、健康受到侵害而付出的治疗、住院费用等。学生伤害事故中的损害事实如果不是由学校行为造成，或者学校的过错或过错程度难以证实，就不能称为损害。如果所指损害不能证明其范围、程度，不能依据国家伤残认定标准对照认定，因而不具法律救济意义，也不能称为损害。

第三，学校侵权行为与损害事实之间具有因果关系。侵权行为构成要件中的因果关系是指违法行为作为原因，损害事实作为结果，在它们之间存在的前者引起后者，后者被前者所引起的客观联系。必须在存在一般情形，依社会的一般观察，亦认为能发生同一结果的时候，才能认为有因果关系。在学生伤害事故中，学校的侵权行为与损害后果之间是否构成必然的因果关系是承担民事责任的重要依据。这种因果关系表现为：学校的侵权行为为因，学生的损害事实为果，二者之间存在着前者引起后者的客观联系，即学生的损害事实是学校侵权行为引起的结果。只有当二者间存在这样的因果关系时，学校才应承担相应的侵权责任。否则学校就不应承担责任。

然而在实务中因果关系并非一目了然。首先，侵权法上的因果关系具有多种类型，包括责任成立的因果关系和责任范围的因果关系。责任成立的因果关系是指行为与权益受侵害之间的因果关系，涉及的是责任是否成立的问题。责任范围的因果关系是指权益受侵害与损害之间的因果关系，涉及的是责任成立后责任形式及其大小的问题。其次，造成某一损害后果的原因可能是一个，也可能是多个。在多个原因中还可依据原因对损害后果作用的大小和程度区分出主要原因和次要原因。最后，根据原因行为是否与损害结果存在必然联系还可以区分出直接原因和间接原因。因此，侵权行为与损害事实之间的因果关系应根据以上条件进行综合判断，由此决定各个原因行为应予承担的责任范围。在学生伤害事故中学校责任的生成取决于其侵权行为及其所造成的损害后果，因此受害方请求权的基础只能是侵权损害之债，在侵权责任的认定上应严格认定学校违法行为与学生损害结果之间的关系，不能将板子不问青红皂白地打在学校身上。

第四，学校有过错。一般认为，过错是一种可归责的主观心理状态，包括故意和过失。自从《最高人民法院关于审理人身损害赔偿案件适用法律若干问题的解释》出台以后，我国学者对于违反安全保障义务的"过错"的判断问题产生了不同意见。一些人认为过错是指没有尽到安全保障义务本身，另一些人则认为除了没有尽到安全保障义务之外，还必须存在一个独立的过错。从关于过错界定的不同观点看，不仅过错的主观性被关注，而且过错的客观性也引起了人们的重视。实际上，过错本身可以看作是一个主观和客观相结合的概念，过错的认定可以从主观和客观相结合的角度来进行。在认定安全保障义务人的过错时，对故意特别是恶意程度高的侵权行为，可以侧重于主观心理状况分析。而对于过失的认定，则重视违法性本身，即重在查明行为人是否实施了侵权法所禁止的行为。《民法通则》将过失分为重大过失和一般过失。所谓重大过失，是指行为人不仅未达到较高的注意义务，同时连一般人的注意义务都没有达到，是一种极为疏忽大意的过失。司法上一般将重大过失与故意相提并论。而一般过失则是指行为人没有违反法律对一般人的注意程度的要求，但没有达成法律对特定活动和特定身份的特殊要求，是一种尚未达到重大过失的过失。如学校作为教育教学活动的特定实施人，在安排其未成年学生参加集会、文化娱乐、社会实践等集体活动时，不仅应履行一般人的注意义务，而且应当尽到法律特别规定的保护未成年人健康成长、防止发生伤害事故的义务，未能达到这一较高要求，导致未成年学生受到伤害的，应当根据其过错承担相应责任。

学校的行为具备了上述四个违法性特征，即可认定为侵权行为。

（四）学校侵权责任是一种法人责任

在我国，民办学校的侵权责任是一种法人责任，因为民办学校从登记注册之日起就取得了法人地位，是独立的民事主体，应当具有独立地承担民事责任的能力。而公立学校在实施侵权行为时是以公务实施者的身份出现的，因此与其学生之间的关系仍属公法关系。也就是说学校或教师的侵权行为并未导致学校或教师与学生之间公法关系的改变，但由此发生的违反职务义务的行为，由于学校不是国家机关，教师也非国家机关工作人员，因此不适用国家赔偿，而应适用民法的侵权行为法来调整。

对于公立中小学校而言，学校侵权责任有一个变化的过程。公立中小学校是由于1995年《教育法》的规定而取得法人地位的，在这之前，公立中小学校并非独立的民事主体，而是其举办者——政府主管部门的下属机构或附属机构，因此其权利能力和行为能力都受控于其所属的政府主管部门。在公立学校因过错伤害未成年学生后，由于学校不具备独立承担民事责任的能力，因此是由其隶属的政府主管部门负连带责任。但1995年公立学校取得的法人资格意味着公立中小学校已经不再是原先的政府下属机构或附属机构，而是具有法律规定的权利能力和行为能力的法人组织，因此应独立承担民事责任就是学校法人的一项基本义务。如果公立中小学校违反法定义务，故意或过失侵害未成年学生，造成损害事实，所构成的是违反法定义务的侵权行为，所产生的法律关系属于民法上的侵权损害之债，应依法承担民事赔偿责任。虽然公立中小学校是作为公务实施者代表国家行使教育方面的公权力，但依照现行法律的规定，学校的侵权行为承担的是法人责任而非国家责任，从法理的角度看，国家是免于承担责任的。由于公立中小学校法人提供的教育产品属于公共产品，本身不得营利，因此除了公共财政拨款外，公立中小学校并无其他经济收入，由此形成的民事行为能力往往使其难以承担其侵权行为的民事赔偿责任。目前的做法是，由于国家是公立学校的举办者，由政府投保设立学校责任险，以此弥补公立中小学校行为能力的不足。这实际上是把应由学校法人承担的侵权责任通过政府投保的方式部分转移给了学校的举办者政府，通过分担机制来解决公立中小学校责任能力不足的问题。

（五）学校侵权责任是一种损害赔偿责任

《侵权责任法》第15条规定了8种主要的侵权责任承担方式：①停止侵害；②排除妨碍；③消除危险；④返还财产；⑤恢复原状；⑥赔偿损失；⑦赔礼道歉；⑧消除影响、恢复名誉。赔偿损失是其中一种承担方式，是行为人因侵权而造成他人财产、人身和精神损害，依法应承担的以给付金钱或实物为内容的民事责任方式。学校侵权行为造成的是学生的人身损害，因此应承担以赔偿损失为主的侵权责任。一般而言，人身损害是不能用金钱来计算其价值的，然而对人身的损害同时会伴随受害人的财产损失，因此损害赔偿责任的功能并不在于补偿受害人的人身损害，而是赔偿由人身损害所导致的受害人的财产损失。《最高人民法院关于审理人身损害赔偿案件适用法律若干问题的解释》第 7 条规定："对未成年人依法负有教育、管理、保护义务的学校、幼儿园或者其他教育机构，未尽职责范围内的相关义务致使未成年人遭受人身损害，或者未成年人致他人人身损害的，应当承担与其过错相应的赔偿责任。第三人侵权致未成年人遭受人身损害的，应当承担赔偿责任。学校、幼儿园等教育机构有过错的，应当承担相应的补充赔偿责任。"根据该条司法解释，学校对学生伤害事故的责任，其性质应归于违反法定义务的过错责任，应以过错为承担责任的前提，没有过错即不承担责任。损害赔偿责任在实际承担时通常会受到各种因素的影响，在某些特定情况下，对过错的划分会对责任的承担产生影响，如在加害人与第三人共同过错的情况下，过错程度对于不同责任人的责任分配和赔偿范围具有重要的作用。在加害人与受害人混合过错的情况下，应当减少加害人的赔偿责任，即在认定赔偿数额时"过失相抵"。

《侵权责任法》第 20 条规定：侵害他人人身权益造成财产损失的，按照被侵权人因此受到的损失赔偿；被侵权人的损失难以确定，侵权人因此获得利益的，按照其获得的利益赔偿；侵权人因此获得的利益难以确定，被侵权人和侵权人就赔偿数额协商不一致，向人民法院提起诉讼的，由人民法院根据实际情况确定赔偿数额。《侵权责任法》第 16 条则规定了人身损害的赔偿项目，包括医疗费、护理费、交通费等为治疗和康复支出的合理费用，以及因误工减少的收入。造成残疾的，还应当赔偿残疾生活辅助具费和残疾赔偿金。造成死亡的，还应当赔偿丧葬费和死亡赔偿金。此外，有关精神损害的赔偿问题，《侵权责任法》第 22 条规定："侵害他人人身权益，造成他人严重精神损害的，被侵权人可以请求精神损害赔偿。"这一法律规定要求侵权损害中的精神损害赔偿诉求应以身体损害为前提，只有因生命、健康、身体遭受侵害而导致的精神损害，才可以要求损害赔偿。

在学生伤害事故中，对未成年学生造成的伤害所及主要是未成年学生的生命、健康和身体，但这种侵权行为在侵害学生人身的同时有可能导致学生的肖像权、名誉权、人身自由权、隐私权等受到侵害。也可能存在着相反的情况，即因为侵害了学生的肖像权、名誉权、人身自由权、隐私权等而导致学生自杀、自伤、自亡、出走等。无论是前者还是后者，都会对学生人身造成不同程度的伤害，最重的可能导致学生死亡。这些侵权行为造成的损害虽然不是直接的财产损失，而是人身和人格利益的损害，但这些损害最终都会表现为财产的损失。对于这些表现为财产形式的损失，学校应予赔偿。

人身损害赔偿的实际费用按具体损失和抽象损失分别计算，并考虑侵权人和受害人的经济状况等因素进行综合平衡。具体损失是指受害人实际支出的费用或实际减少的收入等可以交换价值计算的损失，如医疗费、误工费、交通费、营养费等，一般采用差额赔偿方式来计算；而抽象损失则是指因劳动能力丧失或受害人死亡等因素而导致的未来收入损失，如对残疾者的生活补助费和对死亡者的补偿费等，因此一般采用抽象的定型化赔偿方式来计算。

二、《侵权责任法》对学校侵权责任的规定

由于不同性质学校所招收的学生其民事行为能力不尽相同，因此学校、家长及学生之间承担着不同的办学风险和不同的社会责任，在发生侵权事件，特别是因过失行为造成学生合法权益损害时，在不同性质学校中的适用有着巨大的差异，学校、家长以及学生个人三者之间因此负有完全不同的责任。《侵权责任法》对学生伤害事故中学校责任的承担依据、责任划分、归责原则和举证责任分配等都据此做出了明确的规定，是对之前分散于不同法律、司法解释中的相关规定的系统总结。概而言之，《侵权责任法》对学生人身伤害事故处理方面的规定表现在以下几方面。

（一）学校对未成年学生的安全保障义务是一种教育、管理义务

学校发生了学生伤害事故之后，如何认定事实和归结责任，取决于如何界定学校与学生之间的法律关系。在《侵权责任法》之前，学界对此曾有监护关系说、监护代理关系说、特别权力关系说、契约关系说等不同的观点，其中影响较大的是监护关系说。然而这一观点忽视了一个重要的事实，即学

校对未成年学生人身方面的保护职责是一种教育、管理的职责，虽然其实体性内容与监护人的监护职责有着某种相似之处，但二者的性质却截然不同。学校的保护职责是由《教育法》、《教师法》、《未成年人保护法》规定的职责，是学校依据国家的教育方针和教育教学标准，依法实施教育教学活动的过程中产生的，以教育、管理为基本内容的一种职责。学校由于履行这一职责而与其学生所构成的关系是一种公法关系，因此公法关系就是准确理解学校与学生之间法律关系的一个重要前提。而监护人的监护职责则来自民法，与被监护人构成的是一种基于亲属关系而成立的，以对被监护人的人身、财产及其他合法权益的保护为基本内容的私法关系。因此学校与未成年学生监护人履行的是两种完全不同的职责，由上述两种职责而产生的法律关系也是性质完全不同的法律关系。

教育部 2002 年 6 月发布的《学生伤害事故处理办法》明确规定"学校对未成年学生不承担监护职责"，并取得了学界的认同。《侵权责任法》肯定了这一观点，把学生伤害事故的学校侵权责任与监护人责任分列，对学校侵权主体的责任构成依据未成年学生的年龄做了过错责任的规定，而对监护人则延续了《民法通则》的无过错责任。这种侵权责任的类型化区分有利于平衡学校、学生及其家长之间的权利、义务，使权利救济与责任归属处于一个比较合理和适度的范围。

（二）　以未成年学生的年龄为构成要件的学校侵权责任规定

《侵权责任法》颁布之前，学生伤害事故主要依据《民法通则》、最高人民法院颁发的相关司法解释等进行处理，但由于对学校责任主体的责任规定过于笼统，存有许多不完善之处，在实践中既不能有效保护未成年学生的正当权益，也给学校办学活动带来诸多后顾之忧（方益权，2004；王工厂，2001；贺小凡，2005）。《侵权责任法》突破了这一笼统性的规定，把被侵权人的年龄因素纳入归责的构成要件。依据现行法律的规定，不满 10 周岁的学生为无民事行为能力人，这部分人一般为幼儿园和小学三年级以下的学生。10 周岁以上 18 周岁以下的学生为限制行为能力人，这部分学生主要集中在小学三年级以上，包括初中生、大部分高中生、中职学生以及少量的大学生。《侵权责任法》依上述年龄要件对学校的侵权责任做了特殊的规定，对幼儿园、学校或者其他教育机构的侵权行为分别规定了过错推定责任和过错责任，同时还规定对第三人侵权造成的学生人身伤害，幼儿园、学校或者其他教育机构未尽到管理职责的，应当承担相应的补充责任。这种依据未成年学生年龄对学校责任主体的责任所做的特殊规定与以往的规定有了根本性的区别，在责任的构成和分配上更趋于精细化。

《侵权责任法》依据未成年学生的年龄把幼儿园、学校或者其他教育机构的责任区分为以下三种情况：

（1）过错推定责任。对于无民事行为能力的学生，《侵权责任法》规定幼儿园、学校或者其他教育机构承担过错推定责任。依此规定，相应的幼儿园、学校或者其他教育机构应承担民事举证责任。如果不能证明自己没有过错，法律上就推定幼儿园、学校或者其他教育机构有过错并确认其应负民事责任。该规定的目的在于针对被侵害主体的特殊性，通过过错推定和举证责任倒置的机制，对无民事行为能力的学生给予特殊的权利保障，以避免无民事行为能力的学生因不能证明对方的过错而无法获得赔偿的情况。

（2）过错责任。对于限制民事行为能力的学生，《侵权责任法》规定学校或者其他教育机构承担过错责任。即限制民事行为能力的学生在学校里发生人身伤害时，学校承担责任的前提是未尽到教育、管理职责，如果学校尽到职责，则不承担赔偿责任。承担赔偿的数额可以根据学校的过错大小确定。与过错推定责任不同的是，过错责任根据谁主张谁举证的原则，由原告承担举证的责任。对比以上两种责任类型规定，无民事行为能力人受到损害时，举证责任在被告，而限制民事行为能力人受到损害时，举证责任在原告。这样的规定表明，相对于限制民事行为能力人，学校对无民事行为能力人应当尽更重的注意义务。

需要说明的是，学校承担过错责任，一般由受害学生承担证明学校有过错的举证责任，但在下列两种情况下，即学校作为施工单位在校内挖坑、修缮安装地下设施等，造成在校学生人身伤害，以及学校作为所有人或者管理人，对校内建筑物或者其他教育、教学、生活设施以及建筑物上的搁置物、悬挂物发生脱落、坠落，造成在校学生人身伤害的，适用过错推定原则，即举证责任倒置，由学校承担证明自己无过错的举证责任。

（3）补充责任。针对上述两类学生在幼儿园、学校或者其他教育机构遭受第三人人身损害的情形，《侵权责任法》规定了幼儿园、学校或者其他教育机构的补充责任。即如果学生受到校外人员伤害，首先要由该第三人承担责任，在加害人不能确定或对损害负有赔偿责任的人的资力不足以承担全部责任时，则先由加害人或者对损害负有赔偿责任的人尽力承担责任，剩余部分由负有管理、教育职责而未尽其责的学校教育机构承担。

补充责任是指负有安全保障义务的人，对受其保障的人没有尽到防范、制止侵权行为的注意义务，造成受害人人身或者财产损害的一种责任，该责任的构成要件为：①第三人的侵权行为是损害事实发生的直接的根本原因；②安全保障义务人对侵权的发生未尽合理限度的安全保障义务，是侵权成立的条件（非原因）；③第三人侵权与安全保障义务人的不作为行为发生竞合。在校外第三人侵权的情况下，在界定学校的责任范围时，要根据学校在履行安全保障义务方面的过错程度以及过错与损害后果之间的原因力来判断学校责任的大小，即根据学校尽到管理职责的程度来确定其应承担的侵权责任的份额。对侵权补充责任的适用顺序是首先由第三人承担侵权责任，学校有过错的，应当在其能够防止或者制止损害的范围内承担相应的补充赔偿责任。

（三）在校未成年学生致其他未成年学生损害时学校应承担的责任形式

《侵权责任法》第32条规定："无民事行为能力人、限制民事行为能力人造成他人损害的，由监护人承担侵权责任。监护人尽到监护责任的，可以减轻其侵权责任。""有财产的无民事行为能力人、限制民事行为能力人造成他人损害的，从本人财产中支付赔偿费用。不足部分，由监护人赔偿。"《侵权责任法》的规定意味着在校未成年学生致其他学生损害的，所形成的主要是监护人的严格责任和被监护人的公平责任。对于监护人而言，所谓的严格责任就是一种无过错责任，即不论其是否有过错，均不能免责。但监护人如已尽到监护义务，则可以适当减轻其民事责任。在认定监护人是否尽到监护义务时要考量被监护人的责任能力，即相对于无民事行为能力人的监护义务较重，而相对于限制民事行为能力人的监护义务则较轻。对于造成他人损害的未成年学生而言，如果该未成年学生有财产，则由其用自己的财产承担民事责任，这是第一顺位的责任。如果没有，则由其监护人来承担民事责任。由于《侵权责任法》未对上述情况中的学校侵权责任做出规定，因此最高法院《关于审理人身损害赔偿案件适用法律若干问题的解释》有关学校责任承担的规定应该继续适用，即未成年学生致他人损害，学校未尽合理的注意义务的，应当承担相应的损害赔偿责任。因此在校学生致其他未成年学生损害的责任分配中，监护人与学校应按当事人的管理责任、主观因素、行为危险性、救济可能性等因素综合判断，各自承担与其过错相适应的按份责任。

三、学校侵权责任的归责原则

归责原则是确定侵权行为人侵权损害赔偿责任的一般准则，是在损害事实已经发生的情况下，为确定侵权行为人对自己的行为所造成的损害是否需要承担民事赔偿责任而设置的原则。由于不同的责任原则直接影响到侵权行为的责任归属和双方当事人的利益，因此以何种根据体现法律的判断价值，就必须通过法律加以规定。《侵权责任法》对我国中小学校、幼儿园及其他教育机构的侵权责任归责原则做了明确的规定，把过错责任原则规定为学校侵权责任的具有普遍适用性的基本原则。与此同时，《侵权责任法》还规定了过错责任原则的特殊表现形式——过错推定责任原则，适用于法律特别规定的情形。此外，对当事人双方都无过错的侵权损害，《侵权责任法》做了公平分担损失的赔偿责任归属规定。所有这些归责原则和责任归属的具体处理方式相辅相成，构成了完整的学校侵权责任的归责原则体系。至于在具体实践中如何归责，则应进行具体分析。

（一）过错责任原则

过错责任原则是以行为人主观上的过错作为承担民事责任的基本条件的一项归责原则，即通常所说的"有过错即有责任，无过错即无责任"。《民法通则》第106条第2款规定："公民、法人由于过错侵害国家的、集体的财产，侵害他人财产、人身的，应当承担民事责任。"这一规定为民事主体的行为确立了标准，通过赋予过错行为以侵权责任，教育行为人行为时应当谨慎、小心，尽到注意义务，努力避免损害的发生。因此过错责任原则的意义乃在于充分协调和平衡"个人自由"和"社会安全"两种利益的关系。

过错责任原则包含以下内容：

第一，以过错为责任的构成要件。除法律另有规定外，行为人只有在有过错的情况下，才能对自己行为所造成的损害后果负责。侵权行为的发生，既可能是行为人主观上的原因造成的，也可能是行为人主观意志之外的客观原因造成的。过错责任原则在确定行为人的责任时，首先考察行为人主观上有无过错。行为人主观上具有故意或者过失则可能承担侵权责任；如果主观上没有过错，即使其行为与损害结果之间存在因果关系，行为人对损害后果也不承担责任。

第二，以过错为归责的最终要件。这意味着行为人的过错应作为最终的和最基本的考察因素，而不可将违法行为、损害事实及其因果关系等归责要件与过错置于同等位置。尤其涉及不同归责原则的转换时，过错作为最终的考量因素具有无可替代的作用。如行为人的行为与损害结果之间虽无直接因果关系，但行为人有过错，亦不排除负责任的可能性。又如在法律特别规定的情况下，依法应承担严格责任的当事人，如果能证明损害完全是由受害人或第三人过错所致，亦可免除其民事责任。

第三，以过错为确定责任范围的依据。在认定行为人的责任时，应依据其过错的形态和程度来确定责任的大小、责任的分配以及责任的减免。在过错归责中，不仅要考虑行为人的过错，以行为人的过错作为确定责任形式和责任范围的依据，而且也要考虑受害人的过错或者第三人的过错。如果受害人或者第三人对损害的发生也存在过错的话，则要根据过错程度来分担损失，因此可能减轻甚至抵消行为人承担的责任。

过错责任原则要求在确定侵权行为人的责任时依行为人的主观意思状态来确定，而不是依行为的客观结果来确定，只有在法律有特别规定的情况下，才不适用过错责任原则，以此将过错责任原则与无过错责任原则以及其他客观责任区别开来。最高人民法院《关于贯彻执行〈中华人民共和国民法通则〉若干问题的意见（试行）》第160条规定："在幼儿园、学校生活、学习的无民事行为能力人，受到伤害或者给他人造成损害，单位有过错的，可以责令这些单位适当给予赔偿。"这是对学校侵权适用过错责任原则的确认。在发生学生伤害事故以后，应当根据学校的教育、管理、保护等行为是否有过错，以及过错与事故后果之间的因果关系来认定学校的责任。

教育部《学生伤害事故处理办法》第9条规定了12种适用过错责任原则归责的学校侵权行为：

（1）学校的校舍、场地、其他公共设施，以及学校提供给学生使用的学具、教育教学和生活设施、设备不符合国家规定的标准，或者有明显不安全因素的；

（2）学校的安全保卫、消防、设施设备管理等安全管理制度有明显疏漏，或者管理混乱，存在重大安全隐患，而未及时采取措施的；

（3）学校向学生提供的药品、食品、饮用水等不符合国家或者行业的有关标准、要求的；

（4）学校组织学生参加教育教学活动或者校外活动，未对学生进行相应的安全教育，并未在可预见的范围内采取必要的安全措施的；

（5）学校知道教师或者其他工作人员患有不适宜担任教育教学工作的疾病，但未采取必要措施的；

（6）学校违反有关规定，组织或者安排未成年学生从事不宜未成年人参加的劳动、体育运动或者其他活动的；

（7）学生有特异体质或者特定疾病，不宜参加某种教育教学活动，学校知道或者应当知道，但未予以必要的注意的；

（8）学生在校期间突发疾病或者受到伤害，学校发现，但未根据实际情况及时采取相应措施，导致不良后果加重的；

（9）学校教师或者其他工作人员体罚或者变相体罚学生，或者在履行职责过程中违反工作要求、操作规程、职业道德或者其他有关规定的；

（10）学校教师或者其他工作人员在负有组织、管理未成年学生的职责期间，发现学生行为具有危险性，但未进行必要的管理、告诫或者制止的；

（11）对未成年学生擅自离校等与学生人身安全直接相关的信息，学校发现或者知道，但未及时告知未成年学生的监护人，导致未成年学生因脱离监护人的保护而发生伤害的；

（12）学校有未依法履行职责的其他情形的。

以上这些应该由学校承担责任的情形都是基于学校的过错而导致的学生伤害结果，因此学校应根据自身过错的大小承担与过错相应的责任。

（二）过错推定责任原则

《侵权责任法》第 6 条规定："根据法律规定推定行为人有过错，行为人不能证明自己没有过错的，应当承担侵权责任。"本条是对过错推定责任原则的规定。设置该原则的理由在于，在适用过错责任原则时，按照"谁主张，谁举证"的一般举证责任，举证责任由提出损害赔偿主张的受害人承担。然而适用这一举证责任原则在某些情况下会导致出现"举证妨碍"，即如果受害人难以举出证据证明行为人的过错，则法律就无法依据过错对受害人加以保护，这时就有必要适用过错推定原则来保证司法的公平和公正。过错推定原则是指这样一种归责原则，即在以过错为侵权责任构成要件的前提下，在某些特殊的情况中，从损害事实本身推定行为人有过错，并据此确定行为人侵权责任的归责原则。

过错推定责任原则在侵权责任的构成要件及其所具有的制裁、教育、预防等功能方面都与过错责任原则相同，因此过错推定责任原则属于过错责任原则，是过错责任原则的一种独特表现形式。然而二者又有某些明显的不同之处，主要表现在以下几方面：

第一，举证责任的分配方式不同。过错责任原则由受害人就其主张负举证的责任，而过错推定责任原则采取举证责任倒置的方法，即先推定行为人有过错，然后由行为人证明自己没有过错。如不能针对原告的诉讼请求提出得以免除或者减轻侵权责任的合法事由，以证明自己没有过错，就被推定有过错。

第二，过错程度对归责的影响不同。过错责任原则将过错区分为不同程度以确定行为人的不同责任，在某些情况下，行为人可能因故意或重大过失而导致责任加重，也可能因没有过错或过错轻微而导致责任减轻。在过错推定的情况下，由于行为人的过错是被推定的，因此具有一定的不确定性，不易准确地确定过错的程度。但特殊侵权行为案件中有一些是因为受害人的过错引起的，对此我国法律规定受害人有过错的，可以减轻侵害人的民事责任。

第三，对受害人过错与行为人过错的区分不同。过错责任原则在混合过错中适用比较过失规则，根据当事人双方的过错程度确定各自应承担的责任。而在过错推定原则的适用中，由于难以确定行为人的过错程度，因此无法对当事人双方的过错程度进行比较。即使在某些案件中能够证明受害人对于损害的发生存在过错，也不能因此而免除行为人的责任，除非损害完全是由受害人的故意引起的。

由以上比较可以看出，过错推定责任原则作为一种过错责任原则，是对过错责任原则适用的有益补充。设置该原则的意义在于加重行为人的责任，使受害人处于有利的诉讼地位，从而有效地保护受害人的合法权益。设置过错推定责任原则的意义还在于教育、惩戒有过错的行为人，指导人们正确行为，预防和减少侵权行为的发生。同时由于过错推定责任原则承认被告有举证反驳的机会，由此既可以维护受害人的权益，为受害者提供有效的救助，又可避免不适当地扩大行为人责任范围的倾向。

过错推定原则适用于特殊侵权行为，即法律对构成要件及法律效果予以特别规定的侵权行为，因此并不是所有的侵权行为都适用过错推定原则归责。就是法律规定的特殊侵权行为也并不都适用过错推定原则，其中相当一部分适用的是无过错责任原则。《侵权责任法》规定的下列侵权行为适用过错推定责任原则归责。无民事行为能力人在教育机构遭受人身损害的，推定教育机构具有过错（第38条）。患者因下列情形之一遭受损害的，推定医疗机构具有过错：①违反法律、行政法规、规章以及其他有关诊疗规范的规定；②隐匿或者拒绝提供与纠纷有关的病历资料；③伪造、篡改或者销毁病历资料（第58条）。动物园饲养的动物致人损害的，推定动物园具有过错（第81条）。建筑物、构筑物或者其他设施及其搁置物、悬挂物发生脱落、坠落致人损害的，推定其所有人、管理人或者使用人具有过错（第85条）。堆放的物品倒塌致人损害的，推定堆放人具有过错（第88条）。林木折断致人损害的，推定林木的所有人或者管理人具有过错（第90条）。地下施工（包括窨井）致人损害的，推定施工人具有过错（第91条）。非法占有高度危险物中所有人、管理人的过错推定责任（第75条）。以上八类侵权行为由行为人对其无过错承担举证责任。对学校而言，过错推定责任原则的适用主要有以下三种情况：

（1）无民事行为能力的学生在校受到伤害。《侵权责任法》第38条规定："无民事行为能力人在幼儿园、学校或者其他教育机构学习、生活期间受到人身损害的，幼儿园、学校或者其他教育机构应当承担责任，但能够证明尽到教育、管理职责的，不承担责任。"这就是说，无民事行为能力人在教育机构遭受人身损害的，应适用严格的过错责任原则，由行为人对自己是否有过错进行举证。如果行为人不能证明其无过错，法院就推定其有过错并对受害学生予以赔偿。一般说来，过错推定责任原则只适用于不具备民事行为能力的学生，10周岁以上的具有部分行为能力的未成年学生受到伤害时，除非属于法律规定的特殊侵权行为的范畴，否则仍应适用严格的过错责任原则。

（2）学校作为所有人或管理人的设施等发生脱落、坠落造成学生伤害。《侵权责任法》第85条规定："建筑物、构筑物或者其他设施及其搁置物、悬挂物发生脱落、坠落造成他人损害，所有人、管理人或者使用人不能证明自己没有过错的，应当承担侵权责任。"依此规定，学校作为所有人或管理人的建筑物或者其他教育、教学、生活设施以及建筑物上的搁置物、悬挂物发生脱落、坠落，造成在校学生人身伤害的侵权责任，适用过错推定责任原则归责。如果行为人不能举证证明自身无过错，则推定行为人有过错并由行为人承担过错责任。所有人、管理人或者使用人赔偿后，有其他责任人的，有权向其他责任人追偿。应当注意的是，对《侵权责任法》第 86 条有关建筑物、构筑物或者其他设施倒塌致人损害的假定，《民法通则》规定的是过错推定责任，而《侵权责任法》则做了无过错责任的规定，即由建设单位与施工单位承担连带责任。建设单位、施工单位赔偿后，有其他责任人的，有权向其他责任人追偿。因此在实务中应对上述两种不同的情况做出区分。

（3）学校作为施工单位在校内挖坑、修缮安装地下设施等，造成在校学生人身伤害。《侵权责任法》第 91 条规定："在公共场所或者道路上挖坑、修缮安装地下设施等，没有设置明显标志和采取安全措施造成他人损害的，施工人应当承担侵权责任。"这就是说，学校作为施工单位在校内挖坑、修缮安装地下设施等，没有设置明显标志和采取安全措施造成他人损害的，学校应当承担侵权责任。

上述三种侵权行为，都是法律明确规定的特殊侵权行为，应当适用过错推定原则确定侵权赔偿责任。

对于中小学校而言，针对无民事行为的学生伤害诉讼实行举证责任倒置，适合学生伤害事故的特点。无民事行为能力的学生由于尚未成年，受年龄、认知状况的影响，由他们承担举证责任显然超出了其能力范围，而且学生与学校相比处于劣势，对相关的信息、资料等不可能全面掌握。因此从保护未成年人的合法权益出发，应当对举证责任进行重新分配，由受害学生对损害事实和因果关系等承担举证责任，而由学校承担对自己无过错的举证责任，以此体现司法的公平、公正。举证责任倒置同时也有利于学校认真履行自己的安全保障义务，加强对学生的教育、管理，有效地减少学生伤害事故的发生。

（三）学校侵权责任的归责不适用无过错责任原则

无过错责任原则是指没有过错造成他人损害的，依法律规定应由与造成损害原因有关的人承担民事责任的原则。《民法通则》第 106 条第 3 款规定："没有过错，但法律规定应当承担民事责任的，应当承担民事责任。"由这一规定可知，无过错责任原则与其他归责原则的不同之处在于该原则以法律的特别规定成立，而不考虑双方当事人的过错，不推定行为人有过错，而以因果关系为决定责任的基本要件。因此无过错责任原则不适用于一般民事侵权行为，而只适用于特殊民事侵权行为。我国法律对适用无过错责任的范围有严格的规定，《侵权责任法》规定的特殊侵权行为中适用无过错责任原则归责的主要有：无民事行为能力人、限制民事行为能力人致人损害的，监护人承担无过错责任（第32条）；用人单位的工作人员因执行工作任务致人损害的，用人单位承担无过错责任（第34条）；提供个人劳务一方因劳务致人损害的，接受劳务一方承担无过错责任（第35条）；饲养的动物致人损害的，动物饲养人或者管理人承担无过错责任（但动物园承担过错推定责任）（第78—80条；第82—84条）；机动车与行人、非机动车驾驶人之间发生道路交通事故的，机动车一方承担无过错责任（第48条）；因环境污染致人损害的，污染者承担无过错责任（第65—68条）；高度危险责任中，从事高度危险作业者，高度危险物品的经营者、占有人承担无过错责任（第69—77条）；因产品存在缺陷造成他人损害的，生产者承担无过错责任（第41条）；建筑物倒塌致人损害的，建设单位与施工单位承担无过错责任（第86条）。以上规定表明无过错责任原则的适用范围是十分有限的，只有符合法定的条件才适用无过错责任原则。

有人认为，学校侵权的规则也应当适用无过错责任原则，只要事故发生在学校，学校就负有不可推卸的责任，就必须对学生伤害事故予以赔偿。这种观点既不符合现行法律的规定，也与法理相悖。按现行法律规定，学校责任是一种过错责任，而不是无过错责任。在学生伤害事故的处理上，以过错及其与损害事实的关系来认定责任，如果学校无过错，就不承担民事赔偿责任。对学校侵权行为适用何种归责原则是由学校的性质以及学生伤害事故的侵权民事责任的性质决定的。对学校责任主体做如此规定符合学校的实际情况，有利于学校依法开展教育教学工作。对学校而言，完全可以通过建立安全保障制度、落实管理和教育措施来对其义务做出明确的要求，而无须通过严格的无过错责任来对其进行规约。学校是实施教育教学活动，促进个人身心发展的场所，一个个体只有进学校接受教育，才能掌握本领，服务社会。但是学校在开门办学的过程中存在着各种形式的安全风险，可以说，只要学校开门办学，招收学生，实施教育教学活动，就存在着学生人身伤害的危险，哪怕学校尽到了法定的安全保障义务，也不可能完全避免学生伤害事故的发生。因此，那种认为学校应百分之百地杜绝学生伤害事故，学生只要在学校发生了人身伤害事故，学校就应承担责任的观点从法理上是说不通的。学校只能承担过错责任，而不能承担无过错责任，否则学校的育人功能就无从发挥。有人担心适用过错责任原则不能切实保障未成年学生的人身利益，其实国内外的成功经验表明，解决这类问题的有效途径并不是苛责于学校，而是将办学风险社会化，通过保险机制来解决目前存在的矛盾。这种做法既可使家长放心，同时也可为学校的教育工作松绑。

四、学生伤害事故的免责事由

免责事由又称免责条件，是指违法致人损害者依法可以免除责任或减轻责任的事由。在司法实践中，免责事由是被告针对原告要求承担民事责任的请求而提出的证明原告请求不成立或不完全成立的事实。免责事由一般由法律规定，但在不违反国家法律和社会公序良俗的前提下，也可由当事人约定。一项有效成立的免责事由必须具备四个条件：第一，对抗性。免责以相对人请求权的存在为前提，免责事由即对抗相对人请求权的条件。为此免责事由应能导致对方请求权在法律上不成立或者不完全成立。第二，客观性。免责事由都应是客观存在的、已经发生的事实，主观推断的或尚未发生的情况不构成免责事由。第三，法定性。免责事由必须是由法律直接列举或者间接认可的特别事由，无法律的规定则不构成免责事由。第四，适用范围的确定性。不同的免责事由具有不同的适用范围，法律规定的免责事由一般地适用于过错侵权案件，有条件地适用于部分无过错侵权案件。此外，法律还对某些无过错侵权案件做了专门的特殊免责规定。

《侵权责任法》规定了六种不承担责任和减轻责任的免责事由：被侵权人对损害的发生也有过错的，可以减轻侵权人的责任（第26条）。损害是因受害人故意造成的，行为人不承担责任（第27条）。损害是因第三人造成的，第三人应当承担侵权责任（第28条）。因不可抗力造成他人损害的，不承担责任，但法律另有规定的，依照其规定（第29条）。因正当防卫造成损害的，不承担责任；正当防卫超过必要的限度，造成不应有的损害的，正当防卫人应当承担适当的责任（第30条）。因紧急避险造成损害的，由引起险情发生的人承担责任；如果危险是由自然原因引起的，紧急避险人不承担责任或者给予适当补偿；紧急避险采取措施不当或者超过必要的限度，造成不应有的损害的，紧急避险人应当承担适当的责任（第31条）。上述免责事由依据性质的不同可分为两大类。

（一）正当理由的免责事由

即一般免责事由，是指损害确系被告的行为所致，但其行为是正当的、合法的，例如职务授权行为、正当防卫、紧急避险、受害人的同意、自助行为等。

（1）职务授权行为是指依照法律的授权及有关规定而损害他人人身或财产的行为。职务授权行为的构成要件有三：一是须有合法的授权；二是执行职务的行为合法；三是执行职务的行为须为必要，即不造成损害就不能执行职务。因授权行为本身是经法律授权的，因此行为人依法行使职权造成他人损害的，除法律另有规定外，一般不承担民事责任。如果造成的损害可以避免或减少，则不构成或不完全构成免责的条件。

（2）正当防卫是指为了使国家、公共利益，本人或他人的人身、财产和其他权利免受正在进行的侵害而采取的造成侵害人损害的行为。一般地说，行为人如对他人人身造成了伤害，其行为应具有违法性，行为人应为自己的违法行为承担与此相应的责任。但在阻止他人对自身的不法侵害这一特定条件下，这种防卫行为就有可能割裂其与侵权责任之间的逻辑关系，阻断民事责任的产生，因此应归于免责事由。

（3）紧急避险是指为使国家、公共利益，本人或他人的人身、财产和其他权利免受正在发生的危险，不得已采取的造成他人损害的行为。紧急避险行为由于给他人造成了损害，在一般情形下具有违法性，但由于紧急避险行为是在免受正在发生的危险这一特殊情形下发生的，因此该行为与侵权责任之间基于法律规定而发生的关系已被割裂，从而阻断了侵权责任的产生，由此应属于免责事由。

（4）自助行为是指为维护自己的合法权益不受侵害，在情况紧急而来不及求助国家机关予以救助的情况下，对他人的财产或人身自由施加扣押、拘束或其他相应措施的行为。其构成要件如下：一是须为保护自己的合法权益；二是情况紧急而来不及请求国家有关机关援助；三是自助方法须为保障请求权所必需；四是须为法律或公共道德所许可；五是不得超过必要限度。

自助行为在性质上属于私力救济，在一般情形下具有违法性，但当行为人在来不及请求国家机关救助，若不施行一定的措施则将会使其发生的利益损害无法或难以补救的情形下而施行，则不作侵权论。

（5）受害人同意是指在侵权行为或者损害后果发生之前自愿做出的自己承担某种损害后果的明确的意思表示。受害人同意的构成要件包括：受害人须有处分该权利的能力和权限；受害人的意思表示须有明示的方式；受害人须事前放弃损害赔偿请求权。但如果有下列情形之一，不可作为免责事由：一是受害人同意的内容违反法律和善良风俗的；二是致害人出于故意且非基于受害人利益的目的而为，在侵害行为实施之前受害人也不能对该行为产生的后果完全预见的。只有在行为人之行为的发生是基于过失或有警告在先或受害人对后果有完全的预见的情形下才能免除行为人的责任，否则就有失公平。后者则是受害人对行为人的责任免除，是当事人对权利的处分，无须法律的特别规定，不是当然的或者说是法定的免责事由。

（二）外来原因的免责事由

即特殊免责事由，是指损害并不是被告的行为造成的，而是由外在于其行为的原因独立造成的，包括不可抗力、意外事件、受害人过错和第三人过错等。

（1）不可抗力是指不能预见、不能避免并不能克服的客观情况。根据《侵权责任法》第29条，因不可抗力造成他人损害的，不承担民事责任。法律另有规定的，依照其规定。不可抗力的构成条件包括：①不可抗力独立于人的行为，既不是由当事人的行为派生的，也不受当事人意志左右；②不可抗力是导致受害人损害结果发生的原因；③不可抗力具有人力不可抗拒的性质。

（2）意外事件是指由于当事人意志以外的原因而偶然发生的意外事件或突发事件。我国民法没有规定意外事件作为免责事由，但是在司法实践中，常常把意外事件作为免责事由对待。作为免责事由的意外事件应具备如下条件：①意外事件是不可预见的；②意外事件归因于行为人自身以外的原因；③意外事件是偶然发生的事件，不包括第三人的行为。意外事件作为免责事由只适用于过错责任，即只有在过错责任中才能成为免责事由，对于法律规定了免责要件的责任而言，意外事件不能成为免责事由。

（3）受害人过错是指因导致侵权行为发生或者损害结果发生和扩大的受害人行为。根据《侵权责任法》第26、第27条，被侵权人对损害的发生也有过错的，可以减轻侵权人的责任。损害是因受害人故意造成的，行为人不承担责任。

（4）第三人过错是指除行为人及受害人之外的第三人对受害人受到的损害所具有的过错，包括第三人的故意和过失。《侵权责任法》第28条规定："损害是因为第三人造成的，第三人应当承担侵权责任。"即第三人对于损失发生或者扩大所具有的过错可以减轻或者免除行为人的侵权责任。第三人过错可以分为以下两种情况：第一，第三人过错导致的行为是损害发生的唯一原因，行为人和受害人对损失的发生都无过错；第二，第三人和行为人对损失的发生都存在过错，在此情况下，行为人的责任可能因第三人的过错而减轻或者免除。

（三）学生伤害事故中的免责事由

对学生伤害事故免责事由的探讨是在学生伤害事故的民事侵权行为性质以及适用过错责任原则的前提下展开的。许多发生在学校的学生伤害案件，学校都可以通过各种抗辩以达到减轻或免除责任的诉讼目的。

学生伤害事故属于民事侵权行为性质，在归责原则上一般适用过错原则，行为人的过错是归责的最后的或最基本的因素。从侵权民事责任免责事由的内容构成和学生伤害事故的实际情形看，根据教育部《学校伤害事故处理办法》和各地方出台的相关条例以及学生伤害事故的定义、特征和成因，学生伤害事故中的免除责任事由可归纳如下：

第一，在学生自行上学、放学、返校、离校途中发生的；

第二，在学生自行外出、自行组织活动或者擅自离校期间发生的；

第三，在放学后、节假日或者假期等学校工作期间以外，学生自行滞留学校或者到校发生的；

第四，学生自杀、自伤的；

第五，学生违反学校纪律与规章制度，经学校教育拒不改正，实施按其年龄和认知应当知道危险或者可能危及他人安全的行为的；

第六，学生行为具有危险性，学校、教师已经告诫、纠正，但学生不听劝阻、拒不改正的；

第七，学生或者监护人知道学生有特异体质，或者患有特定疾病，但未告知学校的；

第八，学生有其他过错的。

在以上事故中，学校已履行了相应职责，行为并无不当的，无法律责任。

值得注意的是，由于中小学校中的学生伤害事故的受害人基本上属于无行为能力和限制行为能力人，为了保护他们的合法权益，在学校以受害人的过错作为免责事由的情况下，学校应对受害人过错、行为、行为与损害结果之间的因果关系承担举证和证明责任。

参考文献

方益权.2004.学校在学生伤害事故中归责原则探讨[J].教育评论(1):40-44.

贺小凡.2005.学生伤害事故中学校责任的认定[J].西南民族大学学报(2):60-62.

王工厂.2001.试论学校的侵权责任:兼论学校对未成年人的保护[J].青岛教育学院学报(4):23-26,33.

School Tort Liability and its Attributing Principles

Lao Kaisheng

Abstract: Since legal obligations rather than contractual obligations that school has in the educational activities and personal rights infringed in student injury accident, school shall bear liability for tort including compensation with the fact of damage caused by breaching security obligations. Tort Liability Law systematically summarized relevant provisions of different laws and judicial interpretations, which makes it reasonable and advanced in the matter of attribution, constitution and allocation of responsibilities. According to Tort Liability Law, it is mainly doctrine of liability with fault that should be applied in the infringement of schools, kindergartens and other educational institutions, and the doctrine of liability with presumed fault is a special form of it. No-fault liability doctrine does not meet the reality in the reason that school infringement beyond its scope of application.

Key words：student injury accident　school tort liability　attributing principles

作者简介

劳凯声，博士，首都师范大学教育学院教授，博士生导师，主要研究方向为教育法律，教育政策。

□彭虹斌

作为政府下属机构的公立中小学法律地位研究①

【摘　要】义务教育阶段公立中小学是政府的下属机构，这是客观存在的事实。经费上靠政府的拨款，在人事方面受到政府的制约甚至是直接的控制，只是在课程与教学管理上有一些自主权，义务教育阶段公立中小学的法律特征在于它们不是行政权力主体，而是政府委托的教育机构。义务教育阶段公立中小学的法律地位具有双重性。它们在涉及民事纠纷时，既可以由教育主管部门代为诉讼，也可以以民事主体的身份参与诉讼。但同时须服从行政法、教育法等公法的管辖。

【关键词】义务教育　公法　私法

随着我们对公法和私法意义上的法人含义认识越来越深入，有必要重新审视我国义务教育阶段公立中小学的法律地位，也有必要与主要西方国家的相关制度做一比较。

---

① 本文系教育部人文社会科学研究 2014 年度规划基金项目"儒家文化背景下学校教育领导美德范畴与制度规约"、2013 年广东省研究生教育创新计划项目"儒家文化背景下研究生学术现状调查及学术规范研究"（2013JGXM-MS19）、全国教育科学规划教育部重点课题"周边国家科技院校通识教育模式比较研究"（DIA110274）、教育部人文社会科学研究规划基金项目"港澳台职业技术院校通识教育模式比较研究"（11YJA880072）阶段性成果。

一、公立中小学作为政府的下属机构的主要特征

（一）义务教育阶段公立中小学都是接受政府全额拨款的下属机构

综观全世界义务教育阶段的公立中小学（高中除外），它们都是教育行政部门的下属机构，在经费上靠政府的拨款，在人事方面受到政府的制约甚至是直接的控制，只是在课程与教学管理上有一些自主权，尤其是像美国这样的高度分权的国家，学校可以在州或学区允许的范围内自主开设一些课程。在中央集权制国家，教育行政部门对义务教育阶段公立中小学的财政、人事和课程体系的管制更多，监控也更为严密。在地方分权制的美国，中小学教育经费都是由政府负担，来自联邦、州和地方（学区）三级政府拨款，并以州和地方学区下拨的经费为主。人事方面，美国的公立中小学教师具有公务雇员的身份，由学区董事会或地方政府聘任和解聘，解聘程序比较复杂，学校方提出的解聘要求必须接受法院的司法审查。（表1）

表1　英、美、法、德、中义务教育阶段公立学校与政府关系

国　家	与政府的隶属关系	政府与教职员的关系	经费来源	课程设置	监　督
美国	州决定基本方针，由地方学区设立	教师是公务雇员，由学区董事会或地方政府聘任和解聘	来自联邦、州和地方（学区）三级政府拨款，以后两者为主	州政府和地方学区制定关于课程标准的意见，各学校自行制定课程标准	州教育委员会对全州公立学校系统进行监督
英国	地方教育当局举办	教师由学校董事会聘任	由地方教育当局从地方预算中开支	1988年开始设立全国统一课程	中央教育主管大臣监督和指导，教育标准局评估

续表

国　家	与政府的隶属关系	政府与教职员的关系	经费来源	课程设置	监　督
德国	实行三级管理：最高级是州教育部，中间是区政府教育局，基层是县或县级市教育局	教师由政府聘任，享受公务员待遇，受宪法保护	州政府负责教师工资；地方政府负责校舍建筑和维修以及行政费用	各州制定课程改革理念与教学大纲	小学的督导由县市教育局负责；在有的州，县市教育局也负责普通中学、特殊学校及综合中学的督导，但就全国而言，中等教育的督导一般由州教育部直接负责
法国	学区负责中等教育，省负责小学教育	教师以国家公务员身份工作，由政府聘任	各级政府	执行教育部的课程标准	大学区督学处负责督导中学教育工作，省督学处负责督导小学教育工作
日本	市町村教育委员主管初中、小学，地方行政长官参与监管	教师是公务员，由政府聘任	国家承担义务教育阶段学校教师工资等教育经费的一半，都道府县政府承担其余经费	以文部省制定的《学习指导纲要》为基本标准，都道府县教育委员会订定各地方课程	文部省、都道府县、市町村的督导机构各自独立工作
中国	地方教育局主管	教师受聘后一般不解聘，待遇与当地公务员相当	由县（市、区）教育行政部门承担，省级政府财政转移支付	执行国家课程标准，地方和校本课程空间小	由县（市、区）级以上督导机构监督与指导

"公立中小学是政府的下属机构"曾经遭到很多人的批评与质疑，但是无论从理论还是从实践状况来看，这都是客观存在的事实。

在义务教育阶段，作为政府下属机构的公立中小学的法律属性有哪些特征，它们是不是公法人或者民法意义上的法人，这些问题需要我们澄清。

（二）公立中小学是政府管制和监督的对象

我国2006年《义务教育法》第2条规定："义务教育是国家统一实施的所有适龄儿童、少年必须接受的教育，是国家必须予以保障的公益性事业。实施义务教育，不收学费、杂费。国家建立义务教育经费保障机制，保证义务教育制度实施。"从这个意义上看，义务教育阶段的公立中小学，完全由国家举办。《义务教育法》第42条规定："国家将义务教育全面纳入财政保障范围，义务教育经费由国务院和地方各级人民政府依照本法规定予以保障。国务院和地方各级人民政府将义务教育经费纳入财政预算，按照教职工编制标准、工资标准和学校建设标准、学生人均公用经费标准等，及时足额拨付义务教育经费，确保学校的正常运转和校舍安全，确保教职工工资按照规定发放。"

我国义务教育阶段的公立学校是由国家举办、由公共财政维持、为社会所有适龄儿童服务的公共机构。由于我国义务教育阶段的公立中小学是一种公益性机构，其办学权力的产生以及教育职能的行使都必须在行政法和教育法的范围内，其办学行为必然成为政府管制和法律监督的对象。

其他国家义务教育阶段的公立学校也与我国类似。如德国公立中小学在法律上附属于教育行政主体，是其下属机构，"在法律上不具有独立性，是设立的行政主体的一部分"（葛云松，2007）[77-99]。尽管公立中小学不是行政机构，但是它们履行行政机构委托的任务。公立中小学在组织上相对独立，但是没有完全的权利能力，在财政上依赖于国家的拨款。德国还把公立中小学教师定为公务员或者教育公务员。在人事管理上公立中小学也不能完全独立于教育行政部门，教师的聘任和解聘须经教育行政部门同意。

二、公立中小学的法律地位

公共教育投资制度的经济学理论基础是公共产品理论。公共产品理论认为，教育属于公共产品，应由国家承担，教育作为公共产品，由国家向社会各成员无偿或低成本提供。以公共产品为基础的理论确立了国家教育拨款机制。义务教育是一种公益性事业，义务教育阶段的学校应主要由国家举办。

（一）公立中小学不具备严格意义的"法人"身份

我国义务教育阶段公立中小学在民法意义上的"法人"身份仅仅具有象征意义。《民法通则》规定，"法人是具有民事权利能力和民事行为能力，依法独立享有民事权利和承担民事义务的组织"。法人应当具备四个条件：①依法成立；②有必要的财产或者经费；③有自己的名称、组织机构和场所；④能够独立承担民事责任。但是我国公立中小学在实践上不具有独立的财政预算，其经费完全依赖于国家财政拨款，且对所使用的校产只具有使用权，不具备支配权。所以，它们不是真正民法意义上的法人，但是仍然被称为"法人"，仅仅具有一定的象征意义。

这里有一个问题需要澄清，义务教育阶段的公立中小学是不是公法人？一些学者从公法的角度，认为公立中小学归属公法管理。马怀德认为，"就法人的一般理论及分类而言，应当将学校等事业法人定性为公法人组成部分之一，即公务法人"（马怀德，2010），而且还要根据行政法律关系性质来规范事业法人与其利用者之间的关系。姚金菊认为，公立中小学不是民法意义上的法人，是公法主体，应该确立其公法法人地位（姚金菊，2010）。持有此观点的还有董圣足，他提出，"确立学校的独立法人地位，落实学校办学自主权……逐步将公办学校纳入到'公法'调整范畴，明确定性为公务法人"（董圣足，2010）。

公法人的设立是出于行政的分权化与组织自治的需要。德国、法国推行公法人制度是为了平衡并修正国家权力集中所带来的问题，国家赋予特定的组织公法人格，使公法人享有相对独立的决策权和运营、管理上的自主权，以更好地履行公共职能。德国和法国的公法人分类具有一定的代表性。

大陆法系的国家公法人可以归为两种类型：一是以专业为基础，为政府完成某项特定的任务，提供某项功能的团体。如德国的属物性公法社团、属人性身份社团、联合性公法社团，以及公营造物（其典型代表是银行，联邦政府赋予银行公法人的地位，是为了保障银行调节利率和信贷，为社会和企业更好地提供融资服务）。二是以地域和地方自治为基础的地方团体公法人，如日本的都道府县和市町村。还有法国的大区和省。国家本身就是一个公法人，各级各类国家机关，都是国家的下属机关，下属机关本身不具有法人资格。但是地方自治团体相对独立于政府，它们具有公法人资格。也就是说，地方自治团体有别于国家直接管辖的下属机关，前者是公法人，后者不是公法人。

以德国为例，德国法律中的公法人概念是继民法而延伸出来的，最初是将国家阐释为公法人。19世纪50年代以后，随着社会的发展，公法人分为三种类型：公法社团、公营造物和公法财团。其中公法社团不是行政机关，而是为国家执行行政任务的组织机构。（表2）

表2　德国和法国的公法人类型

国　家	公法人类型	含义与特征	举　例
德国	公法社团	公法社团是执行国家的任务，并接受国家法律监督的组织机构。"具有法人性格及间接的国家行政的性格，所以其与行政机关不同。"（李建良，2002）⁵⁰⁻⁵¹ 也有人认为：公法社团是"在国家的监督之下，国家赋予其存立之目的，承认他是公的行政主体，给予相当的公权力，使之具有相当独立自主的法人性格的公法上的团体"（城仲模，1983）	有以下几种：①地域性的公法社团，如地方自治团体有县和乡镇；②属物性公法社团，如水利与土地协会；③身份社团，如各种学会和各种协会（如教育学会，医师协会、建筑师协会、移民协会等）；④联合性公法社团，如乡镇联合、公立大学等
	公营造物	由一定的设施和行政工作人员所组成，通过反复而且持续发生的使用关系，为民众提供特定的服务。有的公营造物有权利能力，可称作独立的行政主体；有的则只有部分权利能力；有的在法律上附属于其他的行政主体，是其组成部分，尽管在组织上相对独立，但是没有权利能力（陈爱娥，2000）	铁路、公路、银行、图书馆、邮政甚至监狱等机构

国　　家	公法人类型	含义与特征	举　　例
德国	公法财团	公法财团是根据公法设立的，靠捐赠资金运作，履行一定的行政管理职责的财团。公法财团均是以联邦或者各邦捐赠的财产来履行有关的行政任务（黄昇，1996）。公法财团与私法财团具有很多相似之处，都是靠捐资成立的，而且都是财产集合体，且都没有社员	各种慈善组织、基金会是典型的财团法人，如德意志联邦共和国历史馆基金会、普鲁士文物基金会。德国的私立学校等也是典型的财团法人
法国	公共服务机构	公共服务机构是指"为国家及其辖下的地域统治团体所创设的、以特定公共服务业务为目的的公法人。"（葛云松，2007）[77-99]公务机构有自己的人事权、独立的财源、管理自主。它们在形式上脱离了庞大的公共行政主体，有明确的设立目的和业务内容，在管理上，相对独立于设立者，有一定自治权	也翻译为公务法人（王明扬，1988），典型的例子是公立大学、公立医院、公立高中
	一般公法人	一般公法人是指国家以及地方自治团体，国家是公法人，且国家是一个不可分割的整体，其下属的各个机关不具有公法人的地位。地方自治团体具有法人地位，须受国家的法律监督	国家、地方自治团体

设立公法人有如下功能（李建良，2002）[43]：去政治化，避免政治干扰；与国家相互合作，调和国家与社会的矛盾；提供高度专业化的知识；与国家保持一定的距离，建立一个不受国家操纵的领域。从这个意义上讲，德国的中小学既不是公法社团，也谈不上公营造物，更不是公法财团。法国的公法

人分为公共服务机构和一般公法人两种类型。法国的公立中小学没有脱离教育行政部门，在人事、财政上不能完全独立，教师也是按照国家公务员建制，教师的工资、退休金及主要补贴均由政府直接拨发。所以，它不是"公务机构"。在法国，公立中小学既不是公共服务机构（因为它们不具备独立的财源和人事权），更不是地方自治团体，因而，它们不是一般公法人。

从德国和法国两个国家的分类来看，公立中小学都不是公法人。大陆法系国家公立中小学的财政由政府完全负担，一部分人事权在地方教育行政部门，课程与教学权部分下放到学校，但由地方教育行政部门监管或督导。正是因为公立中小学并不具备完全的自治条件——在财政方面依赖于政府，人事权并非完全独立，所以，在大陆法系国家，义务教育阶段的公立中小学没有被纳入公法人系列。

在我国，公立中小学与政府的关系和大陆法系国家一样，属于政府的下属机构，并非公法人。公立中小学在机构设置上隶属于政府，承担了公共教育的职能，其法律地位与公法的关系非常密切，在涉及行政法的一系列问题时，应该归属公法管理。

（二）公立中小学的法律地位具有双重性

义务教育阶段的公立学校在日常运转中，既受民法的规范，也受公法的制约。在实践中，则更多地受行政法、教育法等公法的调整。

就公法和私法的差别而言，公法主要针对政府权力的规范与运行，调整公权力之间以及公权力与私权利之间的关系，私法主要针对公民权利的调整和保障，也就是调整平等主体之间的人身关系和财产关系。民法属于私法，天然地强调自愿、意思自治①，同时民法强调平等，既包括权利能力的平等，也包括法律地位的平等，这与公法上的天然地位上的不平等是不同的；从调整对象来看，私法是调整市民社会权利的法律，而公法调整的是公权力之间以及公权力与私权利之间的关系。

义务教育阶段的公立中小学不是行政权力主体，而是政府委托的执行国家教育权力的教育机构。从政府和学校之间的纵向关系来看，义务教育服务的特点和性质决定了学校是政府下辖的教育组织，是受政府的委托、完成法定的教育任务、履行政府责任的纯粹的公益机构，不可能拥有太多的自主

---

① 就是承认人人都有辨别是非的能力，并对自己的行为负责。

权。如果学校办学偏离了国家的办学方向，政府有责任对学校进行全面的干涉，甚至接管学校；如果学校的办学质量没有达到政府的要求，政府将视其为薄弱学校，进行改造，直至其办学达到国家或地方的标准。

公立中小学不是公法人，因为它们不是高度自治的地方团体或者履行公共事务的机构。但是公立中小学在涉及民事纠纷时归属民法管理，可以以民事主体的身份参与诉讼；在涉及行政方面的纠纷时，归属行政法判定。是不是某种类型的法人并不妨碍公立中小学的日常工作，以及民法或公法上的纠纷处理。

总之，义务教育阶段的公立中小学的法律属性具有双重性。首先，它们在涉及民事纠纷时，既可以由教育主管部门代为诉讼，也可以以学校的名义作为民事主体参与诉讼。即便作为民事主体，学校也不具备严格意义上的私法人地位，它和其他民事主体处于平等的地位，在民事赔偿方面，根据诉讼判决的结果，如果学校无力负担赔偿经费，政府应该分担赔偿责任。其次，在义务教育阶段，公立中小学与政府的关系表现为内部行政关系，理应由公法来推定。公立中小学不具备严格意义上的公法人的自治权利，但必须在行政法、教育法等公法范围内开展工作。学校不可能脱离政府的指导和监督；在办学方向上需要与国家保持一致，在财政上依赖政府；在人事方面也不能完全自主；在课程与教学方面有一定的自主权，但须服从国家或地方的课程目标。

三、公立中小学作为行政相对人的权利与义务

地方教育行政部门代表政府和国家行使管理公立中小学的行政权力，公立中小学则接受政府和教育行政部门的领导与管理，政府或者教育行政部门是行政主体，中小学则是行政相对人。

（一）公立中小学作为行政相对人的权利

（1）自主管理。公立中小学在国家法律和政策允许的范围内，在执行国家（或地方）制定的课程标准的前提下，可以自主管理学校，其正当的利益和权利受到相关政策和法律的保护，不正当或者违规的办学行为则要受到法

律的制裁。我国《教育法》第 28 条规定学校行使"按照章程自主管理；组织实施教育教学活动；招收学生或者其他受教育者；对受教育者进行学籍管理，实施奖励或者处分；对受教育者颁发相应的学业证书；聘任教师及其他职工，实施奖励或者处分；管理、使用本单位的设施和经费；拒绝任何组织和个人对教育教学活动的非法干涉"等权利，这些权利是学校自主管理的有力保证。

（2）课程与教学权利。根据国家（或地方）教育部门颁布的课程标准，完成国家（或地方）委托的课程与教学任务，这是学校最核心的工作，也是公立中小学最主要的权利。我国目前实行三级课程体系，学校在遵守国家（或地方）的课程标准，完成国家和地方课程以外，可以开发校本课程，自行选择教材，教师可以灵活地组织教学，等等。

（3）引领教师成长，进行师德教育。学校要关注教师的专业成长，促进他们的专业发展，而且要对教师进行师德教育，让他们遵守师德，关爱学生，不侵犯学生的权利，保护学生。

（4）对师生实施奖惩。公立中小学有权对本校师生按照国家的政策和学校的校规（制度）实施奖励和惩罚，不过奖惩要有一定的限度，尤其是对学生不能实施体罚，否则就违反了《教育法》的有关规定。

（5）行政复议。学校受到行政的不公平对待时，可以向有关行政部门提出利益诉求，以维护自己的合法利益。我国《行政复议法》第 2 条规定："公民、法人或者其他组织认为具体行政行为侵犯其合法权益，向行政机关提出行政复议申请、行政机关受理行政复议申请、作出行政复议决定，适用本法。"

（二）公立中小学作为行政相对人的义务

（1）在国家的法律范围内依法办学。完成国家委托的教育任务是公立中小学的应尽职责。我国《教育法》第 29 条规定，学校要"贯彻国家的教育方针，执行国家教育教学标准，保证教育教学质量"。这种规定明确了中小学的办学方向，公立中小学要执行国家的课程标准，不能擅自偏离或改变课程标准。

（2）保护师生的权利。学校必须维护受教育者、教师、其他职工以及学生的合法权益，保证他们的正当权利不受侵犯。学校领导要尊重每一位教师和学生。教师要充分调动每一位学生的积极性，尽量做到因材施教。

（3）依法接受监督。接受政府的监督与指导是所有中小学必须明确的义务。政府对中小学实施的监督属于业务监督，也是行政监督，同时还要对中小学的各个方面进行指导。我国《义务教育法》第 8 条规定："人民政府教育督导机构对义务教育工作执行法律法规情况、教育教学质量以及义务教育均衡发展状况等进行督导，督导报告向社会公布。"公立中小学除了接受各级教育督导机构的综合督导和专项督导外，还要接受教育研究室的业务指导。

（4）接受国家或政府的奖惩。公立中小学在完成国家委托的任务时，如果完成得好，可以接受教育行政部门或者政府有关部门的奖励，如果完成得不好，或者违反了国家的法律政策，理应接受国家的惩罚。

参考文献

陈爱娥.2000.公营造物的概念与公营造物利用的法律关系[M]//台湾行政法学会.行政争议问题研究（下）.台北:五南图书出版有限责任公司:1305,1323.

城仲模.1983.工业团体之法律地位[C].台北:工业团体理事长座谈会:14.

董圣足.2010.中外学校法人分类比较研究[J].国家教育行政学院学报(1):84-91.

葛云松.2007.法人与行政主体理论的再探讨[J].中国法学(3):77-99.

黄异.1996.行政法总论[M].台北:三民书局:21-22.

李建良.2002.论公法人在行政组织建制上的地位与功能:以德国公法人概念与法制为借镜[J].月旦法学杂志,84:47-48.

马怀德.2000.公务法人问题研究[J].中国法学(4):40-47.

王明扬.1988.法国行政法[M].北京:中国政法大学出版社:41.

王晓辉.2012.法国教师地位的变迁[J].比较教育研究(8):47-51.

姚金菊.2010.宜确立学校的"公法法人"法律地位[J].首都师范大学学报:社会科学版(6):43-46.

A Study on the Relationship between the Public School in Compulsory Education Stage and the Government or the Society

Peng Hongbin

Abstract：Compulsory public schools are government affiliated agencies, this is an objective fact. Their funds rely on government funding, personnels are constrained by the government direct control, and just have some autonomy on curriculum and teaching management. Legal characteristic of public schools in compulsory education stage is that they are not the subject of administrative power, but the government commissioned educational institutions. Legal status of public schools in compulsory education stage has a dual nature. In a civil dispute, they can either be represented by the education authorities or as a civil subject to involve in the litigation. At the same time, they must be under the jurisdiction of administrative law, education law and other public law jurisdiction. In short, the legal status of public schools is rather vague and difficult to make either-or defined.

Key words: compulsory education   public law   private law

作者简介

彭虹斌，男，汉族，湖北洪湖人，教育学博士，华南师范大学公共管理学院教育经济与管理系教授，博士生导师，主要研究方向为教育管理学、教育政策与法律、课程论等。

□田鹏慧

义务教育阶段学生惩戒措施研究

【摘　要】惩戒措施的种类单调与惩戒措施的制定主体位阶偏低严重制约了义务教育阶段的学生管理工作，应该在中央立法、地方立法与校规之间合理配置权力，保障惩戒措施的权威性。同时，应参考国内外经验，构建具有多样性、有效性的惩戒措施体系，使义务教育充分发挥国民素养培育的功能。

【关键词】义务教育　制定主体　惩戒措施

到农村调研时听一堂初中数学课，秩序非常混乱，学生的打闹声淹没了教师的上课声，我移动到一个带头打闹的学生身边并进行提醒，他却置若罔闻，我在煎熬中度过那堂课。课下与教师交流后发现，一些教师不愿意严格管理学生，主要有以下原因：①教师自我保护的需要。当前我国社会正在发生巨变，传统道德被解构，尊师重教的观念淡化，家长打骂教师的现象时有发生，学校和教师沦为弱势群体，教师出于自我保护的需要对学生的违纪行为采取放任态度。②学生难以约束。这是一个独生子女时代，独生子女存在自私、任性、脆弱等缺点；这是一个网络时代，虚拟世界无拘无束的极端个人主义使一些中学生生理、心理急剧变化，叛逆性增强，认知能力和意志力相对较弱。部分中学生对人不关爱，对己不约束，对物不珍惜，对事不尽责，单纯强调权利，忽视义务，不要法规、纪律，蔑视传统美德，对教师家长的正面说服、赏识鼓励置若罔闻。对经常违纪的学生，处罚轻了没效果，处罚重了教师怕担责任。③法律在赋予学校惩戒权时缺位，制约了学校教育职能的发挥。我国《教育法》第 28 条规定，学校有权对学生进行学籍管理，实施奖励和处分，但对惩戒措施没有具体的规定。唯一对中小学生惩戒措施做具体规定的国家级法律文件是教育部制定的《小学管理规程》，其中第 15 条规定，"小学……对犯有错误的学生应予批评教育，对极少数错误较严重学生可分别给予警告、严重警告和记过处分"。由于缺乏法律、行政法规和部门规章等中央法律文件支撑，学校规章制度中学生惩戒措施的上位法依据多为地方性法规、地方政府规章甚至地方教育行政部门制定的规范性文件。而地方制定的法律文件、规范性文件和学校自制的校规校纪在学生家长心目中缺乏权威性，这种状态束缚了学校和教师管理学生的勇气，在一定程度上制约了学校教育职能的发挥。

如此混乱的课堂虽然属于个别情况，但暴露出的问题却在我与教师和校长们的交流中得到反复验证，教师和校长们强烈呼吁建立具有权威的惩戒制度，保障学校教育职能的发挥。毋庸置疑，义务教育承担着塑造国民素养的功能，学生难以约束的时代恰是需要学校发挥作用的时代，学校对违纪行为的隐忍损害的是国家的未来。因此，惩戒措施构成一个重要理论问题和实践问题。惩戒措施研究涉及许多方面，本文主要探讨如下问题：①惩戒措施的制定权如何在制定主体间分配；②什么样的惩戒措施体系能够有效支撑学校教育职能的发挥。

一、义务教育阶段学生惩戒措施的制定主体与权力分配

惩戒是学校教育的必备手段。当前社会上存在这样一种观点，认为赏识教育可以解决所有问题。孩子是多种多样的，家长对孩子的期待也各不相同，也许对个别孩子来说通过惩戒以外的其他方法可以达到家长期待的效果，但将这种理想化的个案适用于所有孩子却忽视了社会的复杂性。对于学校来说，学生的个性是千差万别的，而学校的底线和目标是固定的，学校的资源还没有丰富到足以对每个学生设计和执行独特的教育方案的程度，违反学校纪律可能意味着对其他学生受教育权的影响。为守护所有学生的受教育权，学校必须惩戒犯错误的学生，使其以后不犯错误，以维护正常的教学秩

序。对于犯错误的学生来说，惩戒是改正错误的有效措施，适度的惩戒可以使其懂得分寸和秩序，懂得对自己的行为负责，并由此学会理性规范自身行为；针对长期养成的不良习惯，惩罚可以提高学生的自我控制能力，提高意志力，改掉坏习惯；对其他同学而言，惩戒具有警示作用。惩戒是不可或缺的学校教育手段，学校教育不需要惩戒的论断就如同国家可以不需要刑法一样，是不切实际的主观愿望。

惩戒对学生权益产生直接影响，义务教育属于国家发展战略，因此，义务教育阶段惩戒措施制定权不能完全由学校和地方行使。义务教育阶段惩戒措施的制定，需要考虑义务教育本身的性质，需要考虑中央和地方之间管理权的分配，需要考虑学校与学生之间法律关系的性质。

义务教育属于国家发展战略，惩戒措施应该在全国范围内保持一致性。义务教育是国家为全民提供的公共产品，目的是保证全体适龄儿童享受一般性的教育，至于家长和学生对教育的差异性需求（学生个人特长、爱好的培育）则由社会来满足。相对来说，义务教育更强调标准的一致性，教材可以提供几种选择，但学制、内容、难度要保持基本一致。义务教育的性质要求全国范围内义务教育学校在德、智、体等各方面保持一致性，框架标准应该由中央制定而不是地方制定。惩戒措施的制定也是一样，对学生权益影响大的惩戒措施应该由中央制定，制定部门可以是全国人大，可以是国务院，也可以是教育部。

我国不同地区之间存在较大的文化差异和经济差异，惩戒措施的制定需要考虑这些差异性，考虑中央权力和地方权力的协调。我们是多民族国家，各民族之间存在文化的差异，为此，我们设立民族自治地方，赋予其相应的自治权；同时，不同地区之间经济差异明显，学校的集中和分散程度不同。经济、文化等差异要求惩戒措施在不同地方之间保持一定的差异性，比如，对于惩戒性转学这样的惩戒措施，需要考虑地理上的方便，发达地区不难落实，偏远地区学校稀少，实施时就存在困难。这种差异性需要通过惩戒措施在中央与地方之间制定权限的协调来解决，在对学生权益影响大的惩戒措施由中央制定的前提下，对学生权益影响较小的惩戒措施由地方制定，以体现不同地区之间的差异性。

基于学校与学生之间法律关系的特征，惩戒措施的制定应该考虑法律的管辖权与学校自主管理权之间的划分。我们是成文法国家，法律体系深受大陆法系影响，大陆法系国家对行政法律关系有一般权力关系与特别权力关系之分，传统上学生与学校的关系属于特别权力关系，属于特别权力关系的事项不受法律的管辖，因此，传统上法律并不涉足学校的内部管理。20 世纪70 年代，大陆法系国家突破了传统的学校与学生之间的特别权力关系，将重要性权利理论引入司法实践，即涉及学生重要权利的事项受法律管辖，其他事项仍处于特别权力关系范畴。对于义务教育阶段的学生来说，学生身份属于学生的重要权利，应该由法律规定，其他权利属于特别权力关系范畴。特别权力关系理论是考虑到法律的能力与学校管理的专业性而做出的规定，学生惩戒措施的制定应该考虑法律的权限与学校自主管理权之间的边界，类似开除学籍这样影响学生身份的惩戒措施由法律制定，其他惩戒措施应该为学校自主权留出空间。

　　惩戒措施的制定权应根据具体情况在中央、地方和学校之间进行分配。目前，校规校纪的上位法依据多为地方性法规、地方政府规章或者其他规范性文件，由于这些上位法的制定部门位阶偏低，因此权威性受到影响，学校和教师对惩戒措施的使用底气不足。对于违纪情节严重的现象，学校通常的做法是叫家长来学校，寻求家长的支持，如果家长采取宽容或者放任的态度，学校便无计可施，学校的教学秩序可能受到影响，其他学生的受教育权益可能受到侵害。在当前全民法治观念还没有达到理想状态的情况下，中央立法比地方立法更具有权威性，有中央参与制定的惩戒措施，在守法、司法、执法的过程中才能具备学校和教师期待的权威。有国家权威作为后盾，学校和教师才敢于使用惩戒手段，教育的职能才能充分发挥。我国《立法法》没有将对受教育权的剥夺纳入法律保留的范畴，在教育领域，中央和地方均有立法权。考虑到我国的立法制度，应该根据惩戒措施对学生权利影响的严重程度，在中央、地方和学校之间划分惩戒措施的制定权限。制定部门的权力决定规章制度的效力，级别越高效力越高。从立法水平来看，级别越高，立法资源越丰富，制定出的法律文件水平越高。应该根据惩戒措施对学生权益的影响程度，在法律、行政法规、部门规章（主要指教育部制定的规章）、地方性法规、地方政府规章、校规校纪之间按降序分配制定权。在此，不建议为地方教育行政部门分配惩戒措施的制定权，地方教育行政部门制定的规范性文件不属于我国行政法的渊源，不具备法律的权威，其制定惩戒措施的职能完全可以由地方性法规、地方政府规章和校规校纪替代。

　　考虑到上述各种因素，学生惩戒措施的制定权限应该形成如下格局：①涉及学生身份的惩戒措施由全国人大及其常委会制定法律。我国法律规定对义务教育阶段的学生不能开除学籍已经体现了这样的思路，涉及学生身份的惩戒措施均应由全国人大及其常委会制定。②对于停学等对学生权益影响较大的惩戒措施，由国务院制定行政法规或者由教育部制定部门规章。③对学生权益影响较小、体现地方具体情况的惩戒措施由地方性法规和地方政府规章完成。④学校根据中央和地方立法细化学生惩戒措施，根据自身特点制定对学生权益影响较小的惩戒措施和其他教育措施。另外，学校在制定惩戒措施时应该参考家长、当地居民等利益相关者的意见。

二、国内外中小学常用的惩戒措施

学校完成教育使命，需要具体而完备的惩戒措施体系。惩戒的目的不是让学生体验挫折和痛苦，而是教育学生，避免以后再次犯错误。学生所犯错误不同，惩戒措施也应该不同，有效是惩戒措施的必备特征，不能什么样的错误都使用一类惩戒措施，需要建立完备的惩戒措施体系。比如，为了维护社会秩序，国家制定民法、刑法、行政法等法律，让违法者分别承担民事责任、刑事责任和行政责任。民事责任包括停止侵害、排除妨害、恢复原状、赔偿损失、支付违约金、赔礼道歉等十余种承担方式；刑事处罚包括管制、拘役、有期徒刑、无期徒刑、死刑等多种主刑，还包括罚金、剥夺政治权利、没收财产、驱逐出境等多种附加刑；行政法规定了声誉罚、财产罚、行为罚、人身自由罚等多种行政处罚措施。法律建立复杂的责任承担方式体系是为了增加针对性、提高有效性，学校的惩戒措施也一样，不能简单化。小学阶段只有警告、严重警告和记过这三种针对荣誉的惩戒措施显然存在简单化的问题，应该针对不同情况制定不同的措施，使惩戒措施体系化、完整化。

有效的惩戒措施可以从国内外教育实践中去寻找。现代教育从域外传来，借鉴国外惩戒措施为我所用在理论上具备可能性；全球化浪潮推动了国与国之间的交流，获取和接受国外惩戒措施具备可能性；因此，参考其他国家和地区的经验是制定惩戒措施的一条有效路径。另外，虽然我国法定惩戒措施欠缺，但教育实践中不乏有效的惩戒措施，这些惩戒措施是建立我国义务教育阶段惩戒措施体系的重要资源。借鉴国外的经验，挖掘自己的做法，是制定我国惩戒措施体系的有效路径。

美国是联邦制国家，根据联邦宪法的规定，教育权归属各个州。各州和学区规定的中小学惩戒措施并不一致，比如有的州允许体罚，有的则不允许。常见的有如下惩戒措施：①训诫（oral punishment）；②剥夺权利（denial of privileges）；③留校（detention after school）；④学业制裁（academic sanction）；⑤短期停学（suspension）；⑥长期停学（expulsion）；⑦惩戒性转学（disciplinary transfer）；⑧在家教育（homebound instruction）；⑨体罚（corporal punishment）（秦梦群，2004）[352]。其中，训诫和留校与我国做法类似；剥夺权利是指剥夺学生参加某项校内活动的权利；短期停学指的是将学生逐出学校 10 天以内；长期停学指"命令一再违反校规或者违反重大校规的学生不得上学，期间为一季、一学期甚或一学年结束为止的惩戒处分，亦包括退学处分在内"（秦梦群，2004）[359]；惩戒性转学指在一个学区内从一个学校转到另外一个学校；学业制裁是教师的专业权利，学生缺课等情况影响学业评定。

英国的中小学除常规惩戒措施外，还允许体罚。1989 年英国立法禁止公立学校体罚学生，后来这种做法扩展到私立学校。但实施效果并不令人满意，教师和一些家长认为这种规定使学校纪律松弛，在教师和家长的强烈反对下，英国颁布了《2006 教育与督学法》。该法规定教师有权通过身体接触管束不守规矩的学生。教师使用的惩戒措施还包括"室外立正反思、罚写作文、周末不让回家、让校长惩戒、停学等。英国中小学生如无故旷课，不仅会受到严厉批评，还将对其父母处以 5000 英镑以下的罚款"（徐玉斌 等，2009）。

除英国允许体罚外，新加坡和韩国亦允许体罚，美国有 21 个州允许体罚。

我国台湾地区的学生惩戒措施分为两类（秦梦群，2004）[352]。一类是一般惩戒措施，包括劝导改过、口头纠正，取消参加课程表列以外活动的权利，留置学生于课后辅导或矫正其行为，调整座位，增加额外作业或工作，扣减学生操行成绩，道歉或写悔过书，责令赔偿所损害之公物或他人物品等以及其他惩戒措施。另一类是重大违规事件的惩戒措施，包括警告、记过、假日辅导、留校察看、转换班级或辅导改变学习环境，强制心理辅导，移送司法机关处理，辅导性转学以及其他惩戒措施。

我国大陆地区法定的惩戒措施包含两类，一类由教育部规章制定，另一类由地方性法规和地方政府规章制定。教育部制定的《小学管理规程》规定，小学对犯有错误的学生可给予警告、严重警告和记过处分，地方性法规和地方政府规章规定的惩戒措施也大致如此。

除法定的惩戒措施外，我国大陆地区还存在大量实际使用的惩戒措施。这些措施在校规校纪中并不存在，但在教学管理中一直有人使用，往往由传统承袭而来（因为没有从学术角度进行甄别，在此只进行简单列举，一些内容不一定准确，下文会有涉及），包括：①批评，如点名批评和不点名批评，在公开场合批评和在私下批评等情况；②隔离，如在原座位罚站、在教室后面或者教室外罚站、把座位安排在角落；③写检查；④留置，即放学后留在学校接受批评教育或写作业；⑤剥夺某种特别权利，主要是剥夺正常教学活动之外的权利，比如春游、兴趣小组等；⑥罚作业、罚做某事，比如罚唱歌、搞卫生、抄作业等；⑦影响学业评定，指因学生有不交作业、迟到、旷课等行为而影响对学生的成绩评定；⑧找家长，即对于犯错误比较严重或者屡犯错误的学生，把家长叫到学校，向家长反映情况，希望家长共同教育学生；⑨没收物品，指对于禁止带入学校的物品或者不允许在上课、宿舍等时间或地点使用的物品，学校予以没收，由学校暂时保管，择机归还；⑩停课；⑪张贴通告；⑫公开检讨；⑬布置体育锻炼作业，比如罚其在操场跑步；⑭停考；⑮赔偿财物。

上述惩戒措施，可以根据被限制或剥夺的学生权益的性质分为学籍罚、体罚、随班学习权的限制、特定权利罚、财产罚、学业处罚、行为罚、声誉罚等种类，进行简单归纳以后，基本上可以进行如下划分（表1）：

表1　我国义务教育阶段学生惩戒措施的种类

惩戒种类	具体惩戒措施
学籍罚	开除学籍、留校察看、惩戒性转学
体罚	体罚（变相体罚）
随班学习权的限制	短期停学、长期停学、在家教育、转换班级或改变学习环境、停课、停考
特定权利罚	剥夺某项特定权利、取消参加课程表所列内容以外活动的权利
财产罚	罚款
学业处罚	扣减学生操行成绩
行为罚	增加额外作业或工作、道歉或写悔过书、责令赔偿、罚站、罚作业、罚做某事、没收物品、调整座位、把座位安排在角落、教室外立正反思、留校、布置体育锻炼作业、假日辅导、强制心理辅导

惩戒种类	具体惩戒措施
声誉罚	批评、劝导改过、口头纠正、训诫、警告、严重警告、记过、张贴通告、公开检讨、叫家长

三、适合我国义务教育的惩戒措施的筛选

前述惩戒措施虽然不能囊括国内外全部样本，但根据收集到的材料，已经包含了主要的种类。我们可以在此基础上筛选出适合我国情况的惩戒措施，建立我国义务教育阶段的惩戒措施体系。

（一）学籍罚

对于义务教育阶段的学生，学籍属于学生最重要的权利，学籍的灭失意味着不再具有学生身份，从此不再享受学校所提供的各种权利。涉及学籍的惩戒措施包括开除学籍、留校察看、惩戒性转学。开除学籍产生丢失学籍的效果；留校察看的效果是有条件地保留学籍，如果违背相关规定，就取消学籍；惩戒性转学的效果是丢失一个学校的学籍，但能够获得另外一个学校的学籍，不影响继续接受义务教育。

开除学籍适用于违反校规校纪极其严重，严重危害教学秩序的行为，开除学籍的目的不仅仅在于惩戒学生本人，还在于对学校教学秩序的维护和对其他同学权益的保护。对于义务教育阶段的学生，我国法律规定不能开除学生学籍。这种对学校权力的限制，并不意味着学生在任何情况下都享有学籍。根据我国刑法的规定，年满14周岁可以构成8种严重犯罪，年满16周岁可以构成所有犯罪。初中学生如果因为犯罪到监狱服刑，必然产生丢失学籍的后果。如果在监狱服刑期间学校仍然保留学生学籍，这种纯形式性的权利就没有任何意义，此种情况下，法律应该赋予学校开除学生学籍的权利。

另外，法律禁止学校开除学生学籍的目的在于保障学生个人接受义务教育的权利，但任何权利的存在都应该以遵守相关义务为前提。现代学校与家庭教育的重大区别在于学校面对的是数量众多的学生，学校要维护所有学生的利益，在一些情况下，会出现学生个体权利与学生集体权利的冲突，学校

必须在学生个体权利与学生集体权利之间寻求平衡，校规校纪的存在目的就在于此，在于建立一种秩序，使每个学生的权益都得到张扬。如果学生的行为跨越了校规校纪所确定的界限，很可能侵害其他学生的权益，应该对此类行为进行抑制。如果学校的抑制行动不能达到满意的效果，其他学生的受教育权益就会一直受到侵害。在逻辑上，我们并不能排除"害群之马"的存在，法律严格禁止开除学生，虽然维护了个人的受教育权，却伤害了其他学生的受教育权益，这不是良法应该产生的效果。因此，建议法律赋予学校开除学籍的权利。当然，法律可以对学校开除学生学籍的权力进行严格限制，避免学校滥用权力侵害学生的受教育权。

在保留学校开除学籍权的情况下，留校察看就成为一种必要的惩戒措施。留校察看适用于严重违反校规校纪的行为，是指给予一定的时间期限，视学生表现做最后决定，如果表现不好，就开除学籍。留校察看的优点在于存在一个宽限期，给学生一个改过的机会。

惩戒性转学的目的在于改变学习环境，给学生重新做人的机会。如果学生犯了严重错误或者在同学之间影响恶劣，学习环境已经不利于其成长，换到其他学校，改变学习环境，就是一种可供选择的做法。建议把惩戒性转学纳入义务教育阶段惩戒措施范畴。

（二）体罚

体罚是否成为学校的惩戒措施应该考虑学校权力的来源。早期之所以教师可以体罚学生是因为教师的权利来自父母监护权的传递，我国有师徒如父子的传统观念，英美两国学校与学生的法律关系采用的是代替父母理论，体罚在传统上是一种公认的父母教育孩子的有效方式，社会也就默认学校体罚学生的正当性。由传统走向现代以后，学校的权利不再被认为来自父母权利的转移，而是来自法律的规定（劳凯声，2004），法律是否赋予学校体罚学生的权力，要看社会公众的观念，由社会公众决定。因为观念的差异，一些国家的法律承认学校具有体罚学生的权力，而另一些国家则禁止体罚。

是否赋予学校体罚权需要依据我国的实际情况决定。我国正处于社会转型期，处于观念多元化时代，教育孩子的观念在家长之间存在巨大差异。在教育手段上，有的家长认为体罚是教育孩子的必要方式，有的以表扬、管理为主，个别家长则采取放任态度；在对待孩子的宽严程度上，家长溺爱孩子是普遍现象；在对学校的信任程度上，很多家长并不信任学校和教师，家长与教师产生纠纷已经不是个别现象，师徒如父子的观念与中国社会渐行渐远。如果赋予学校体罚学生的权力，很多反对体罚的学生家长将不能接受，对孩子的溺爱使很多家长不能接受他人体罚自己的孩子，由于家长对学校不信任，学校体罚学生还可能激化社会矛盾。这些情况都表明，我国法律不能赋予学校体罚学生的权力。

（三）随班学习权利的限制

随班学习权利的处罚措施包括短期停学、长期停学、在家教育、停课、停考、转换班级或改变学习环境等内容，其中在家教育与短期停学、长期停学有重复之处，转换班级、改变学习环境是惩戒措施，也是创造环境帮助改过的措施。这些惩戒措施在我国教育实践中都能发现，往往通过学校与家长协商的方式进行，但并没有纳入法定惩戒措施范畴。

一种观点认为，限制学生随班学习的权利是对学生受教育权的侵害。学生的受教育权包含知识和技能的学习，也包含道德和行为规范的学习，随班学习并不是受教育权的全部内容，剥夺其随班学习权利目的是进行品德、规范教育，这恰恰是落实学校教育权、履行教育职责的手段，不能认为这些措施侵害了学生的受教育权。对于在课堂上扰乱秩序屡教不改的学生，随班继续学习可能会危害其他人的学习权，如果绝对禁止这些惩戒措施，课堂秩序可能无法维持，其他学生的学习权将受到危害，随班学习权利的限制不仅是合理的还是必要的。如果违纪行为严重危害了所在班级的教育环境，或者学习环境对违纪者本人形成不利影响，转换班级等改变学习环境的惩戒措施就是必要的。

限制学生随班学习的权利在教育实践中存在却无法律依据，往往成为家长与学校产生纠纷的隐患，应该将其纳入法定惩戒措施范畴，具体包括停课、停考、改变学习环境、短期停学、长期停学、转换班级。

（四）学业处罚

学业处罚往往与教师行使评价权结合在一起，教学过程中为了督促学生学习，有时规定平时成绩和考试成绩分别占总成绩的一定比例，平时成绩有时和考勤挂钩，就出现了学业处罚。考勤是德育的必要内容，也是督促学生学习的方式，学业处罚不仅在义务教育阶段存在，在有些大学也存在。学业处罚对于义务教育而言是一种可供使用的惩戒措施。

（五）声誉罚

声誉罚也称申诫罚，指通过影响违纪学生的声誉给其施加压力，促使其不再违纪。声誉罚包括批评、劝导改过、口头纠正、训诫、警告、严重警告、记过、张贴通告、公开检讨、叫家长等多种具体措施。具体而言，批评、劝导改过、口头纠正、训诫属于常规的教育手段，我国《义务教育法》第 27 条规定，"对违反学校管理制度的学生，学校应当予以批评教育"，批评、劝导改过、口头纠正、训诫等教育措施应该在批评教育的范畴之内，属于法定的批评教育权，因其属于言语责备，对学生权益影响不大，因此应单独归类，没有必要纳入惩戒措施范畴；张贴通告属于学校处罚违纪学生这一管理行为的外部形式，不能单独成为惩戒措施；叫家长属于学校与家长配合共同教育学生的一种方式，亦不能成为一种独立的惩戒措施；公开检讨往往会给学生带来巨大心理压力，可能引起不良后果，尽量不要使用；严重警告与警告有重复的嫌疑，应该去掉严重警告。对于声誉罚，保留警告、记过两种惩戒措施即可，并记入学生档案，这是我们传统的、行之有效的惩戒措施。因为记入学生档案，声誉罚应该由法律规定。

（六）行为罚

行为罚包括增加额外作业或工作、道歉或写悔过书、责令赔偿、罚站、罚作业、罚做某事、没收物品、调整座位、把座位安排在角落、教室外立正反思、留校、布置体育锻炼作业、假日辅导、强制心理辅导等多种具体措施，总体来看，属于一直使用的惩戒措施，社会认可程度比较高。这些惩戒措施对学生的影响相对较轻，可以不纳入校规校纪规定的惩戒措施范畴，如果学校认为必要，可以通过校规校纪体现出来，但没有必要由法律做具体规定。

（七）其他惩戒措施

由于学生没有经济能力，学校的惩戒措施中不应该包括财产罚，对学生罚款其实是对家长进行罚款，属于处罚对象错误。另外，学校对家长没有管理权，学校当然无权对家长实施罚款。对于限制学生某项特定权利，比如不允许其在课余时间打篮球、取消参加课程表所列内容以外活动等，往往是学校根据学生所犯错误采取的有针对性的措施，这些措施往往是必要的和有效的。因为影响了学生的特定权利，这种惩戒措施应该由法律做概括性授权，但具体采取何种有针对性措施则可由学校根据法律授权做具体规定。

前述合理的惩戒措施如表 2 所示：

表 2　我国义务教育阶段合理的学生惩戒措施

惩戒种类	具体惩戒措施
学籍罚	开除学籍、留校察看、惩戒性转学
随班学习权的限制	停考、停课、改变学习环境、短期停学、长期停学、转换班级
特定权利罚	剥夺某项特定权利、取消参加课程表所列内容以外活动的权利
学业处罚	扣减学生操行成绩
声誉罚	警告、记过
行为罚	罚站、罚作业、罚做某事等

四、构建我国义务教育的惩戒措施体系

在对常见的惩戒措施进行梳理以后，可以发现惩戒措施包含批评教育、一般惩戒措施和纪律处分三个层次，在惩戒措施的制定过程中，应该区别对待。惩戒措施是一个广义概念，只要是学校和教师针对学生的否定性评价，均可纳入惩戒措施的范畴。我国《义务教育法》第 27 条规定了批评教育权，包括批评、劝导改过、口头纠正、训诫等常规措施，这是教师在教育活动中最基本的权利，因其对学生权益影响小，可将其单独作为一个种类，在前述惩戒措施的筛选过程中已经将其排除在外。在筛选出的惩戒措施中，包含一般惩戒措施和重大违纪事件的惩戒措施，其中重大违纪事件的惩戒措施在我国立法的话语体系中称为纪律处分。纪律处分属于法律和校规校纪明文规定的惩戒措施，纪律处分做出以后往往记入学生档案。前文筛选出的惩戒措施，有的可以被纳入纪律处分范畴，有的则属于一般惩戒措施。我国《教育法》第 28 条规定学校有权"对受教育者进行学籍管理，实施奖励或者处分"，《普通高等学校学生管理规定》第 53 条规定"纪律处分的种类分为：（一）警告；（二）严重警告；（三）记过；（四）留校察看；（五）开除学籍"，这些都是对纪律处分的规定，并不涉及一般惩戒措施。一般惩戒措施是那些法律未规定但教育教学活动中经常使用的惩戒措施，对学生权益的影响程度在批评教育和纪律处分之间。因为批评教育、一般惩戒措施和纪律处分是三个不同层次的惩戒措施，因此立法过程中应区别对待。

　　一般惩戒措施没有法律依据，应该通过法律和校规加以规定，解决一般惩戒措施的合法性问题。学校是公共组织，具有公权力，按照法治原则，公权力必须受到法律的制约。就学校教育的本性而言，惩戒权属于学校的应然权力，没有惩戒权就不能正常开展教育活动。进入法治社会以后，公共组织的权力需要纳入法律调整范围，由法律授权。纪律处分面临的是小学阶段法定种类单调而初中阶段法律没有规定的问题，一般惩戒措施面临的问题是没有法律依据。一般惩戒措施在教育活动中大量存在却没有法律依据，处于不具备合法性的状态，这是目前教育立法的一个重要缺陷。因此，面对纪律处分和一般惩戒措施存在的问题，应该采取两种措施：①由法律具体规定纪律处分；②对一般惩戒措施由法律进行概括授权。一般惩戒措施种类很多，通过列举的方式进行授权并不适当，可以通过概括授权的方式，使一般惩戒措施具备合法性。

　　中央立法与地方立法、校规校纪相结合，共同构建惩戒措施体系。基于惩戒措施的多层次性和种类的多样性，应该在保持现有立法对批评教育和纪律处分进行区分的基础上，根据惩戒措施的种类和层次在中央立法、地方立法和校规制定之间合理协调各种关系。大陆法系国家中学校与学生法律关系的理论，涉及学生身份的纪律处分属于一般权力关系，由法律规定，因此，开除学籍需要全国人大或全国人大常委会通过制定法律进行规定。法律、行政法规或者部门规章等中央法律文件通过概括授权的方式规定学校对学生的惩戒权，使一般惩戒措施获得合法性。中央法律文件规定纪律处分的种类，地方立法可根据本地区情况做具体规定。中央立法和地方立法均需要授权学校根据上位法做具体规定，学校通过校规校纪规定纪律处分和一般惩戒措施。通过中央立法、地方立法、校规校纪相结合的方式，保障纪律处分的权威性，实现一般惩戒措施的合法化，保留校规校纪的灵活性。根据惩戒措施对学生权利的影响程度，建议将前文筛选出的惩戒措施中的学籍罚、随班学习权的限制、声誉罚作为纪律处分，将特定权利罚、学业处罚和行为罚作为一般惩戒措施。详细情况见表3。

表3 我国义务教育阶段学生惩戒措施分类

	惩戒种类	具体惩戒措施
纪律处分	学籍罚	开除学籍、留校察看、惩戒性转学
	随班学习权的限制	停考、停课、改变学习环境、短期停学、长期停学、转换班级
	声誉罚	警告、记过
一般惩戒措施	特定权利罚	剥夺某项特定权利、取消参加课程表所列内容以外活动的权利
	学业处罚	扣减学生操行成绩
	行为罚	罚站、罚作业、罚做某事等

另外，惩戒措施的严重程度有时很难区分，学校可根据情况做具体规定。

当然，惩戒措施的设定和执行需要严格的程序，程序公正才能保障实体公正，惩戒措施才能充分发挥教育效果。由于惩戒措施的设定程序和实施程序不是本文的重点，在此并没有讨论。期望法律尽快出台学生惩戒的相关规定，以解义务教育的当前困境。如果全国人大及其常委会不能及时制定法律，国务院制定行政法规或者教育部制定部门规章，也不失为解决之道。

义务教育承担着塑造国民道德的职能，目前，社会道德标准的多元化与社会整体道德水平的下滑正在消解巨大经济成就所带来的幸福感，道德水平的下滑同时在冲击社会公众对法律的信任，道德建设成为经济建设和法治建设的约束力量。在社会不能为道德建设提供良好环境的情况下，家庭和学校是两支可以信赖的道德建设力量，由于家庭之间巨大的道德观念的差异性，学校就成为可以构建道德教育平台的主要阵地，希望法律能够为学校和教师教育职能的发挥提供支撑，让义务教育这块道德教育的重要阵地尽量发挥作用。受法律保障的完备的惩戒措施体系不仅关系教育职能的发挥，关系全社会的道德水平，更关系全体公民的幸福指数。

参考文献

劳凯声.2004.中小学生伤害事故及责任归纳问题研究[J].北京师范大学学报:社会科学版(2):18.

秦梦群.2004.美国教育法与判例[M].台北:台湾高等教育出版社.

徐玉彬,李迤航.2009.教育惩戒在国外[J].河南教育学院学报:哲学社会科学版(2):11.

Research on Penalty Measures for Students in Compulsory Education

Tian Penghui

Abstract: What seriously limits the management activities over students in compulsory education is the monotony of penalty measures and the comparatively low-grade of the main body of the measure formulation. Therefore, to secure the authority of penalty measures, there should be a reasonable allocation of power among central legislation, local legislation and school legislation. Meanwhile, it is also important to construct a penalty measure system of variety and validity according to the advanced experiences both at home and abroad. In this way, the compulsory education can play its full role in the process of education on citizens' comprehensive disposition.

Key words: compulsory education　main body of formulation　penalty measures

作者简介

田鹏慧,男,管理学博士,河北师范大学公共管理学院教授,副院长,研究方向为教育管理与法治。

□ 黄道主

论教师性侵未成年学生的危害、成因及其防范①

【摘　要】教师性侵未成年学生属故意犯罪，主观恶性大，客观危害严重，具有极大的社会危害性。除自身道德败坏之外，教师性侵未成年学生频频发生的主要原因还有教师职权范围无明确具体的实践边界，性侵事实难于揭露和确认，缺少抵制性侵的保障机制等。基于法治立场，防范此类案件，既需要完善相关法律规定，又需要学校、家长和政府为主的责任主体尽到相应职责。

【关键词】性侵　未成年学生　教师　惩戒

　　近期，教师性侵未成年学生的案件在互联网上被连续曝出，引发人们的关注和忧虑。北京青少年法律援助与研究中心 2013 年发布的统计结果显示：2006—2008 年媒体报道的 340 起未成年人被性侵的案件中，有 50 起是校园性侵案；其中教师性侵学生占到校园性侵害案件的 70%（北京青少年法律援助与研究中心，2013）。2008—2011年 6 月，广东省检察机关公诉部门受理涉及 "不满 18 岁" 女童被害人案件共 2267 起 2506 人。其中涉及性侵害的案件高达 1708 起，占受理案件数的 75.34%，排前列的分别为强奸，猥亵儿童，强迫、组织、引诱卖淫等（黄蓉芳，

　　① 本文受 "华中师范大学优秀博士学位论文培育计划"（2013YBZD04）和 "农村代课教师 '转正' 后的职业精神培养研究"（2012B256）项目资助。

2012）。此类性侵案件中，教师的罪恶行径令人发指，不仅师德败坏，而且违法犯罪，应受法律严惩。

一、教师性侵未成年学生的危害

性侵，又称性侵害，指侵害被害人性自由权利的违法犯罪行为。具体而言，性侵是指侵害人以暴力、胁迫、哄骗或其他手段胁迫或者引诱被害人违背自身意愿与其或者第三人发生的性行为，比如强奸、猥亵等。性权利具有生理层面和精神层面的双重利益，是人人都拥有的基本人权。因侵害人和被害人的特殊身份，教师性侵未成年学生的罪行不管是在客观危害还是在主观恶性方面，都表现出极大的社会危害性。

（一）客观危害严重

客观危害是指行为或事件对合法权益造成的实际损害和威胁。教师性侵未成年学生的行为所造成的客观危害包括对学生个人的伤害和对教育秩序的冲击。

1. 侵害未成年学生多种权利

性侵虽直接侵害的是未成年人的性自由权，但同时也对未成年人的身体权、健康权、隐私权乃至受教育权等一系列权利造成损害或威胁。

首先，性侵对未成年人造成极大的身心创伤。对于未成年人而言，性侵易产生直接的生理创伤，比如阴道损伤出血、处女膜破裂，也会产生间接的生理创伤，比如因性侵导致怀孕而被迫人流、生子等。这些生殖系统损伤乃至残疾、绝育等不同程度的破坏，使身体权和健康权不能保持完好状态。性侵事实也会对未成年人造成极大的心理创伤。李铭远针对 9 例幼女性伤害案件进行研究后发现，被害人在思维、心境、精神运动、躯体和植物神经功能等方面均有损害，比如头昏、疼痛、情绪低落、欲轻生、识记障碍、学习差、焦虑、易激惹、睡眠障碍、性功能障碍、消化不良、体重下降、出现幻觉、便秘等，病程为 2—14 年（李铭远，1987）。此足以说明这种身心创伤的危害大、时间长。同时，若案件处理不当，比如让未成年学生反复回忆或指证犯罪情形，出示带血的衣物等，也易诱发更多更深的精神伤害。

其次，性侵使未成年人其他合法权益受到威胁。首当其冲的是受教育权。性侵事实发生之后，未成年学生难免会恐惧上学，而上学是受教育权最重要的体现。监护人一方面不得不对未成年人施加压力迫使其到校学习，另一方面面临短期内缺少为孩子转校择校机会（特别是义务教育）的现实处境。一旦学生自己丧失求学意愿和缺少转校的机会，停学乃至辍学也是情理之中的事情。可是，受教育权是一种发展权，与参加社会生产生活紧密联系，侵害受教育权会使被害人的发展空间受到极大挤压。其次是一些因性侵衍生的更为复杂的法律后果，比如未成年学生因被教师性侵怀孕进而产子的情况。婴儿的养育责任如何分配？这些因性侵而产生的法律关系会变得异常棘手，给社会治理带来更多隐患。

2. 丑化教师形象，破坏教育秩序

教师性侵未成年学生丑化教师形象，破坏教育秩序，败坏社会风气。

首先，丑化教师形象。教师承担着教书育人的社会使命。这一使命使社会舆论、政府管理者对教师形象抱有很高期待。"德高为师，身正为范"将教师定位为道德模范，教师通过言传身教、立身世范来维护这一良好的职业形象。我国《教师法》第8条第1款明确规定教师具有"遵守宪法、法律和职业道德，为人师表"的义务。这一法律条文要求教师强化个人修养和社会责任感，能够知法、守法，在日常教育教学活动中起到模范作用，帮助未成年学生形成依法办事的观念和习惯，助其成长为法治国家的守法公民。可是，现实中却有极少数教师罔顾国家法律和师生伦常，肆意侵害未成年学生的性权利。每次媒体对教师群体中的此类违法犯罪分子进行曝光时，先贤树立的师道尊严和高尚的教师形象都遭到了无情践踏。

其次，破坏教育秩序。尊师重道是我国优良的文化传统，是能够维护社会安定（尤其是教育活动有序开展）的公序良俗之一。然而，教师形象从"圣人"降格为"凡人"，再由"凡人"堕落为"罪人"，无疑是"师道"渐行渐远的恶果。如今，教师性侵未成年学生招致舆论哗然和人们对教师品行的质疑，进而怀疑学校是否能够承担培养"四有新人"的历史责任。这类性侵案件令学生家长乃至一般社会公众对学校和教师的信任陡降，不仅使学校的管理成本剧增，办学风险提高，而且威胁到人们对政府确立的教育秩序的信心，使政府的公信力下降。"如果罪犯大权在握，如果他的行为涉及广大的人口，尽管他的身份很特殊，会使惊恐增加而非减少……这些暴力行为，根据其权力影响范围的大小，能够引起比即使是最残暴的强盗行径还大的惊恐。"（边沁，2004）在我国，教师专业权利的来源之一是政府所具有的公权力；教师是国家教育权的最直接执行者。教师性侵未成年学生严重背离了国家和社会对教师的职业期待，是在欺压缺少自我防卫能力的未成年学生，使身处校园的学生人人自危，进而冲击到正常的教育秩序。

（二）主观恶性极大

主观恶性是指侵害人在实施加害行为时所具有的认知和意志状态应该受到法律谴责或者责难的程度。教师负有对未成年学生进行教育、管理和保护的三重任务。因此，作为成年人的教师能够凭借职业权利准确掌握学生的信息。这要求教师时时处处都能够对自己的言行及其后果有清晰且理性的认识。因此，教师性侵未成年学生属直接故意犯罪，主观恶性极大。

政府和民众对教师"教书育人"具有很高期待，将教师视为"专门从事教育教学工作的专业人员"。需指明的是，教师的专业权利同时也是一种公权力，即来自政府主管部门的授权。这意味着教师是教育的权威，在各种影响人的发展因素中居于主导地位。教师拥有从各方获得充分的学生信息，且不被外界干扰的专业权利。这些信息通常可以分为三类：一类是学生的基本信息，比如出生年月、家庭地址、家庭成员、联系方式等；一类是学生的发展信息，比如学生的健康状况、学习成绩、兴趣爱好、性格特点、求学经历等；一类是学生的"个人秘密"，比如监护人能否强有力地监护、人际交往过程中的喜怒哀乐等。教师接触到的学生个人信息是非常丰富和全面的，其中的多数信息都属于隐私范围。这种"不对称"的信息优势是在教师"教书育人"的职业使命关照下获得的，意味着教师必须具有良好的道德品质和职业操守。当学生是未成年人时，人们对中小学教师的这种期待更甚。但教师如果利用上述信息来选择未成年学生作为性侵对象，无疑是明知故犯，置未成年学生于根本无法预见的危险处境。

二、教师性侵未成年学生频发的原因

如上文所述，教师拥有性侵未成年学生的"作案便利"，除自身道德败坏之外，其原因归根结底是缺少有效的惩戒机制，尤其是违法犯罪代价较低。

（一）缺乏职业操守致师德沦丧

相关法律规定仅是原则性的模糊规定，这要求教师具有良好的职业操守。对教师而言，《教师法》第7条规定教师有"进行教育教学活动"和"指导学生的学习和发展，评定学生的品行和学业成绩"的权利；第8条规定教师有"关心、爱护全体学生，尊重学生人格，促进学生在品德、智力、体质等方面全面发展"的义务。这些对教师权利和义务的规定是模糊的和抽象的，因而导致教师的教育教学活动在时空上具有极强的延展性。正因为如此，教师对学生的"指导行为"和"辅导行为"等难以受到有效的监督和约束，其职权范围没有明确具体的法律边界。作为教育的"权威"，教师对学生的"关照"可以向课外、校外延伸，教育权利的时空边界变得异常模糊。教师职权的公权性质使其在师生交往中处于支配地位，而且成人身份相对于未成年人处于优势地位。因此，从事教师这一行业必须具有良好的职业操守。

在教学实践中，教师所面对的是人数众多的学生群体，而教师所拥有专业权利较难从外部加以监督和制衡，导致教师选择性侵对象的数量多、机会大、余地广。这使得侵害人不仅易于掌握被害人的学习生活情况和心理或精神状态，而且可以运用师生之间权责关系的特殊时空结构和"成人智慧"给被害人设置圈套。一旦教师图谋性侵未成年学生，其邪恶意志可以侵入绝大多数学生的学习生活中。并且，案件常是以教师身份胁迫、引诱未成年学生"配合学习"、"接受辅导"，以"指导学生学习和发展"、"评定品行和成绩"为借口的。"中小学校教师性侵犯行为表明，有些教师性道德、性观念、自控能力存在明显不足。作为教师，手中握有教育学生的职权，能够以各种方式接触学生，如果不能约束自己的行为，必然对学生造成很大的伤害。"（李晓燕，2010）

（二）性侵事实难于揭露和确认

教师性侵未成年学生的案件通常具有作案时间跨度大、熟人作案、隐蔽性高等特点，容易出现证据灭失、时机错失等情况，使法律事实远离客观事实。而法律规定的瑕疵也为教师减轻甚至逃脱法律制裁留下了空间。

1. 较难形成完整的证据链

证据链是指诉讼过程中为消除当事人围绕法律事实所出具的不同证据所产生的证据对抗而在证据中间组织起来的相互印证、互相补充的证据链条。教师性侵未成年学生的案件通常都面临难以获得证据和形成证据链的困境。

首先，证据本身难获得。根据我国《刑事诉讼法》第 48 条，证据类型包括物证，书证，证人证言，被害人陈述，犯罪嫌疑人、被告人供述和辩解，鉴定结论，勘验、检查笔录，视听资料、电子数据。由于学校教育活动中，监护人处于不能有效地进行直接监护的地位，教师所面对是缺少自我保护能力的未成年人，侵害人可以从容处理案发现场，毁灭物证，使警方难以通过勘验、检查获得有价值的线索。而作为被害人或者证人的未成年学生因年龄、认知、记忆和表达能力的因素缺少行为能力和责任能力，被害人陈述和证人证言的可靠性降低，不易被采信；加上大多数被害人及其监护人缺少保护证据的意识，因洗澡、洗衣服或拖延时间过长而使未成年人的生理创伤恢复，未能及时鉴定、勘验或检查，产生证据灭失或者难以鉴定的结果。同时，大多数学校（尤其是性侵案件多发的农村学校）没有配备监控系统，极难获得视听资料。加上学校教育活动中师生互动频率高，范围广，程度深，案发现场不能得到及时有效的保护，也使取证出现困难。现在案件审理要求证据确实充分，能够排除合理怀疑。难以获得证据使教师性侵未成年学生的案件在侦破和审理方面的难度增大。

其次，举证责任分配不合理。教师性侵未成年学生的案件属刑事案件，而刑事案件一般要严格按照"疑罪从无"和"谁主张谁举证"的原则办理。这意味着公诉方或者自诉方承担举证责任。但如前文所言，在学校教育教学活动情境支配下的性侵案件难以获得足以组成证据链的证据。因证据不足而不能确认教师的性侵罪行时，为了避免主观臆断替代客观事实和法律事实，只能按无罪或者从轻定罪处理。要求原告（公诉方）承担举证责任成为制约立案和侦查的重要因素。虽然我国《刑事诉讼法》第 93 条有"犯罪嫌疑人对侦查人员的提问，应当如实回答"的规定，但是犯罪嫌疑人不如实回答或不回答侦查人员的调查询问，进而以不承认作案事实为特征的"零口供"现象，在刑事侦查阶段是常有的。《关于进一步严格依法办案确保办理死刑案件质量的意见》中强调："只有被告人供述，没有其他证据的，不能认定被告人有罪；没有被告人供述，其他证据确实充分的，可以认定被告人有罪……证据不足，不能认定被告人有罪的，应当作出证据不足、指控的犯罪不能成立的无罪判决。"这对公诉方和自诉人的举证提出了更高的要求。即是说公诉方和自诉人必须提供充分有力的证据组成证据链才能推进立案和侦查的进程，但实际情况是未成年学生作为被害人（及其监护人）报案时提供的常常是孤证，比如仅仅是被害人陈述。加上取证的难度非常大，形成证据链的要求使具有教师身份的侵害人易于减轻甚至逃脱法律责任的追究。

2. 法律法规本身存在瑕疵

对性侵进行法律规范的主要是《刑法》。该法针对以未成年人为性侵对象的犯罪活动规定了强奸罪、猥亵儿童罪、引诱未成年人聚众淫乱罪、强迫、引诱幼女卖淫罪、嫖宿幼女罪、传播淫秽物品罪等罪名。这些罪名可分为猥亵型犯罪、奸淫型犯罪、卖淫型犯罪和淫乱型犯罪。其中，奸淫型犯罪中的嫖宿幼女罪未能考虑幼女的行为能力，有为强奸幼女开脱和歧视受害女童的嫌疑。同时，猥亵型犯罪为主的性侵处理存在适用难题，受办案人员主观影响极大。《治安管理处罚法》第44条针对猥亵行为做出规定："猥亵他人的，或者在公共场所故意裸露身体，情节恶劣的，处五日以上十日以下拘留；猥亵智力残疾人、精神病人、不满十四周岁的人或者有其他严重情节的，处十日以上十五日以下拘留。"即便是依法办事，猥亵型性侵在无罪、轻罪与重罪之判定上皆有可能。都是"情节严重"，猥亵可以仅仅是违法，处以行政拘留，也可以是犯罪并从重处罚，判处五年以上的有期徒刑。法律规范模糊不清造成法律适用模棱两可，进而为"有情操作"留下法律上的瑕疵。在《刑法》中确认罪行轻重时所包含的"公共场所"、"未成年人"、"强制"、"多人"等从重量刑的指标已经明确了作为成年人的教师性侵未成年学生的行径属于"情节恶劣"、"情节特别恶劣"、"情节严重或特别严重"之列。即是说，教师性侵未成年学生是重罪。可是，执法人员面对罪与非罪、轻罪与重罪时的巨大"操作空间"时可能出现"权力寻租"的情况，从而进一步造成法律适用的不公，助长违法犯罪分子的嚣张气焰。

（三）抵制性侵缺少保障机制

保护未成年人是人们普遍遵循的公序良俗。教师性侵未成年学生的罪恶长期存在的重要原因之一是人们在抵制此类性侵犯罪时付出的代价太大。其深层根源在于当前的法制建设不能有效维护符合未成年人合法权益需要的法律秩序。这不仅体现在前文已经提及的立法层面，还体现在司法和守法层面。

1. 侵害人肆意打击报复

教师举报同事、领导，学生及其监护人举报教师会招致被举报人的打击报复。教育的"计划性"导致教师和学生的流动性很低。目前，学校仍是在计划经济管理逻辑下的"单位"，教职员工是学校的"单位人"，工作生活所需的各种福利待遇仍依靠学校这个"单位"获得。教师岗位具有很强的稳定性，跨校跨县跨地区的流动频率较低；而义务教育阶段"就近入学"为主导的上学原则使学生择校换班不易。在学校里，能够对未成年学生犯下性侵罪行的通常都是学校领导、班主任或有点"权势"的教师。公开举报性侵会使当事人陷入拼关系拼后台的斗争逻辑，而非按照法律事实和程序追究违法犯罪的法治逻辑。笔者在暑期访谈中部地区某农村小学一位骨干教师时了解到，在他工作的当地也曾出现过校长性侵未成年学生（留守儿童）的情况。通过口耳相传，这件事在当地人人皆知。那位校长感受到舆论的压力之后放话说："谁想整倒我，我先整死谁！"该校很多师生都敢怒不敢言，而当地政府部门也不管不问。海南万宁校长开房事件被曝光后，不仅最初报道的《南岛晚报》记者"被离职"（毛雷 等，2013），而且 5 名女孩遭遇了升学无着落的处境（吴晓锋 等，2013）。

一方面，侵害人通常都在利益分配体系中居于主导地位。校领导倚仗行政体制的科层结构可以对教师的职务晋升、岗位调动、评优评先、绩效考核等方面施加强有力的影响；教师可以对学生在班级内的学习生活施加强有力的控制，置学生发展于不利地位。不仅如此，侵害人依赖亲戚朋友的关系网可以将包括被害人在内的知情人①束缚起来，使后者不仅要顾及自身的工作生活，还要担心近亲属的人身安全及工作。通过告发、举报或者作证等途径对抗性侵罪行的个人成本高昂。如果侵害人没有被绳之以法或者裙带关系没有被彻底"扳倒"，有的侵害人还会发动各种关系对举报者、证人、当事人等人员实施报复。这种报复的手段是发散性的，报复过程是持续的，报复对象是针对性的。另一方面，对知情人和当事人的直接间接保护机制并未有效建立。以证人保护为例，《刑法》第 308 条规定的是打击报复证人罪，《刑事诉讼法》第 49 条规定的是保障证人及其近亲属的安全，而且保障主体涵盖了公检法。这种法律规定的不一致和责任分配的泛化导致的直接后果是司法

---

① 此处所言知情人主要是指被害人、控告人、申诉人、批评人、证人、举报人。

实践中证人保护出现交接"缝隙"且难于追责的尴尬境地。《刑法》第254条仅对国家机关工作人员滥用职权、假公济私对控告人、申诉人、批评人、举报人实行报复陷害的行为进行了规约，而学校作为事业单位虽然行使的也是国家教育权，但是并不属于国家机关，导致司法实践中教师为侵害人的打击报复行为难于处罚。因权责范围不清难以追责且不同机关之间易于相互卸责，故侵害人通过不正当渠道获得知情人信息成为可能。因为教师忧虑自己及家人的人身安全和职业发展前途，家长和学生忧虑自己在当地的名誉（面子）和考试升学，所以知情人难以站出来同违法犯罪做斗争。这是诸多此类案件难于被发现的重要原因之一。从根源上讲，这是流动性不强的人事制度架构造成的。

2. 已有先例产生消极影响

法律尽管是由国家强制力保证实施的，但是它的公信力根源于人们对法律是否遵循了公序良俗的判断。如果一些判例所展现的法律形象与大众的认知出入过大，那么将不利于维护法律的权威，不利于坚定人民遵纪守法的信念。2013年6月26日，醴陵王仙镇香水学校六旬老师苏某猥亵8岁幼女仅被治安拘留12天就获释（谢敏 等，2013）。2002年，宿松县一名小学教师趁夜深人静之机，潜入当地一居民家中猥亵正在熟睡的11岁女童小田（化名）。事后，受害者家人多次向宿松县公安局控告，要求追究该教师的刑事责任，但公安机关仅对教师做出了治安拘留5日的决定。这一错误决定直到2011年才纠正（丹丹 等，2011）。2012年7月，广东电白县观珠镇镇政府职员廖某材险些强奸了12岁的未成年少女吴小娟，却仅被观珠派出所教导员戴飞视为猥亵妇女行为，称属于治安问题，处以15日行政拘留（佚名，2012）。这些先例及其翻版令人瞠目结舌，造成了恶劣的社会影响，极大地挫伤了人们利用法律武器维护自身利益，捍卫社会公道的信心。笔者在近期访谈农村教师时发现他们心中"法律无用"的观点较为明确，认为法律相较于人情关系而言是陌生且遥远的，对法律的态度是摇摆不定的。师生面对纠纷如果不依靠法律就必然会依靠"关系"、"后门"之类的途径"私了"，法律就会被搁置一旁。那么，法治社会从何谈起？

三、教师性侵未成年学生的防范

未成年学生性权利的保护，预防强于救济，教育重于惩罚。防范教师性侵未成年学生，需立足于法制完善，构建多重防范机制。

（一）完善相关法律制定

依法追究性侵罪行的法律责任是维护性秩序和性权利的重要救济手段，对犯罪分子和潜在犯罪分子具有威慑、惩罚和教育的作用，对被害人具有安抚功能，对其他守法的社会成员具有激励的效果。但是，不同法律规范会使司法人员的自主裁量权过大，因此整顿法律规范本身是首要任务。

1. 性侵未成年学生一律入刑

首先，废除嫖宿幼女罪，对嫖宿幼女的行为一律按照强奸罪中奸淫幼女的情节从重处罚。按强奸罪量刑，虽然通常为三年以上十年以下有期徒刑，但情形恶劣者可以量刑至十年以上有期徒刑、无期徒刑甚至死刑。而嫖宿幼女罪仅为"处五年以上有期徒刑，并处罚金"。其次，废除猥亵行为的行政处罚。将《治安管理处罚法》第44条"猥亵智力残疾人、精神病人、不满十四周岁的人或者有其他严重情节的，处十日以上十五日以下拘留"中"不满十四周岁的人"的规定删除。猥亵行为由《刑法》中的猥亵、侮辱妇女罪和猥亵儿童罪统一规约，避免侵害人本应判处有期徒刑或拘役的猥亵罪弱化为行政拘留。最后，一些轻微的性侵行为，比如隔着衣物的袭胸、摸臀等，可以由《治安管理处罚法》第42条中"公然侮辱他人"和"干扰他人正常生活"的规定处理。

2. 扩大《教师法》第14条适用范围

教师肩负教书育人的职责，于情于理都应模范遵守法律，展现较高的思想道德觉悟。《刑法》中法律规范的严厉程度和处罚力度无疑是现行法律中最强的，是在其他法律规范不足以禁止危害社会的行为时才适用。如果教师不良品行的危害程度已经达到追究刑责的标准，那么该教师已经不能达到社会公众对师德的最低期待，应被驱逐出教师队伍。为提升教师队伍的整体素质，严守教师职业的入职门槛，应将《教师法》第14条"受到剥夺政治权利或者故意犯罪受到有期徒刑以上刑事处罚的"的规定改为"故意犯罪受到刑事处罚的"。结合性侵一律入刑的要求，可以大大提高教师性侵未成年学生的代价，抑制其性侵意念。

3. 建立知情人保护机制

目前，我国针对教师性侵未成年学生案件的知情人保护范围太小。首先，应将《刑法》第 308 条对证人的保护规定按照《刑事诉讼法》第 49 条对证人及其近亲属作为保护对象的规定进行调整。其次，明确公安机关为证人保护机关。这符合公安机关的治安管理和刑事侦查的职能设定。再次，构建一般的保护性措施，比如建立针对知情人的基本信息的保密制度。同时，针对教师、未成年学生这两个特殊群体建立特殊的保护措施。比如在尊重知情人意愿的前提下由教育行政部门将教师调离原工作学校或允许并支持未成年学生转学。最后，遵循自愿申请原则将保护对象由证人扩大为证人、被害人、举报人、控告人、批评人和申诉人。

4. 分割举证责任

教师的专业权利具有很强的公权力性质。这使教师在教育教学活动中具有很强的排他能力，相对于其他主体而言明显强势。同时，教师作为成年人，具有关心和爱护未成年人的社会责任。一旦教师性侵未成年学生，教师必定违背了教育、管理和保护未成年学生的义务。鉴于上述原因，可以加重教师性侵未成年学生案件中犯罪嫌疑人的举证责任，对举证责任进行有利于实现诉讼公平的分割。在时间上，由公诉方和自诉人先行举证，然后举证责任转移至被告。在情节上，公诉方和自诉人只需承担推进性举证责任，包括合理陈述，鉴定结论，勘验、检查笔录、证人证言等证据。当然，若能出示有效物证，将大大推进诉讼进程。在程度上，由公诉方和自诉人承担性侵成立必须具备四个要素（A 被告实施了性侵行为；B 被害人受到损害；C 侵害行为和损害之间存在因果关系；D 被告有过错）中的 A、B 两个要素的举证责任。对举证责任进行分割在巨额财产来源不明罪、医疗事故责任认定、行政责任认定等情形中均已有所应用，在性侵未成年人的案件中予以应用符合情理。这也直接秉承了《侵权责任法》第 38—40 条为保护未成年人对举证责任进行重新配置的立法精神。此举将迫使教师按照法律的正当程序要求行事。

（二）采取多种防范措施

除了在立法环节完善教师性侵未成年学生的相关法律规范以外，学校、家长、行政机构和法院等主体围绕法制建设也应有所作为。

1. 学校加强法制教育

首先，开展法制教育是学校和教师的法定职责。《教师法》第 8 条规定教师具有对学生进行法制教育的义务;《未成年人保护法》第 25 条规定专门学校应对未成年学生进行纪律和法制教育;《学生伤害事故处理办法》第 5 条规定"学校应当对在校学生进行必要的安全教育和自护自救教育……学校对学生进行安全教育、管理和保护,应当针对学生年龄、认知能力和法律行为能力的不同,采用相应的内容和预防措施"。这些法律法规要求学校和教师成为法制教育的主体,承担相应的教育责任。为此,教师要注意提升自身的法律素养,"形成运用教育法规和遵守教育法规的习惯,具备教育法规的实践操作能力"(李晓燕,2013)。在工作生活中,教师应理论联系实际地系统学习有关理论知识和教育法规,经常了解有关法律信息,结合案例进行思考,提高对教育法律现象的敏感度,增强理解和运用教育政策法规的能力。

其次,法制教育要从权责意识的确立转向法律的具体应用。学校开设的法制课程必须纳入预防和救济性权利的内容。其最关键也是最直接的办法是让学生(包括监护人)在熟悉性权利和义务的基础上了解性侵的不同样态,易发生的时间、地点和场合;掌握正当防卫和报警之类的自我保护的技能;学会证据搜集和保存的方法;及时告知监护人或报案;等等。以证据的搜集与保存为例。按《最高人民法院关于适用〈中华人民共和国刑事诉讼法〉的解释》第 69 条关于书证、物证与案件事实有无关联的要求,相关人员要妥善维护犯罪现场,对具备鉴定条件的血迹、体液、毛发、指纹等生物样本、痕迹、物品妥善保存,以便后续通过做 DNA 鉴定、指纹鉴定等与犯罪嫌疑人或被害人的相应生物检材、生物特征、物品等比对。这种具有实践操作意义的法制教育将大大增强未成年学生抗击性侵的意识和能力。另外,性权利是基本的人身权利之一,有关部门应在义务教育阶段完成性权利教育。学校不能因为升学应试或传统文化观念上难以启齿等原因挤压、回避乃至取消相应的法制教育课程。学校一边要开发与学生年龄特点相适应的性权利教育课程,一边要做好家校沟通,为家长教育子女提供适宜的建议。

2. 家长加大监护力度

在教师性侵未成年学生得逞的案件中,有很多被害人是偏远农村地区的留守儿童和城市里的流动人口子女。之所以如此,很大程度上是因为家长的监护力度不够。与此同时,性侵罪行得以曝光和追究,绝大多数都是家长向公安、媒体等求助的结果。

未成年人的性权利主要依赖监护人的保护。《未成年人保护法》第 49 条规定："未成年人的合法权益受到侵害的，被侵害人及其监护人或者其他组织和个人有权向有关部门投诉，有关部门应当依法及时处理。"尽管未成年学生遭到教师性侵的时间、地点通常都是监护人难以直接行使监护权的时间、地点，比如上课期间以及住校期间的教室、宿舍，但是监护人可以教育未成年人保护自己，给予未成年人更多关心和照顾，时常交流沟通，及时发现苗头。学校应积极协助家长行使这一权利，建立家校合作的未成年人保护机制，比如上下学时间"对接"、定期通信、紧急电话、家庭教育指导等。这些措施将有助于家长充分掌握子女的活动情况，更为有效地履行监护职责。一旦遇到被监护人遭受性侵害的情形，家长应果断及时报警，避免私下和解。否则，不仅容易造成第一时间、第一现场的关键证据灭失，也会因私了行为影响被害人证言的可信度，进而造成可能的不利于被害人的司法结果。在性侵案件中，被害人及其监护人应善于搜集和保存证据；若对公安机关或者人民检察院不予追究侵害人刑事责任的处理结果不服，则可以自己向人民法院提起诉讼，通过自诉来追究侵害人的法律责任。

3. 政府健全教师管理制度

当前，教育人事管理体制中"编制"与"个人"捆绑起来的做法不符合市场经济条件下社会交往的要求，在寻找抵制犯罪嫌疑人打击报复的措施时应该注意避免流动性过低带来的弊端。因此，应从教师管理的角度构建符合现代社会的管理制度。《国家中长期教育改革和发展规划纲要（2010—2020 年）》（以下简称《教育规划纲要》）在对师资建设予以规范时强调"严格教师资质，提高教师素质"、"严把入口关"、"提高品行要求"、"将师德表现作为教师考核、聘任（聘用）和评价的首要内容"等；提高了对师德的要求。同时，《教育规划纲要》对教师管理做了"国标、省考、县聘、校用"的制度设想。"国标"是指"国家制定教师资格标准"；其已经将教师法律法规素养作为申请人获取教师资格证的考查内容。此为教师知法、守法、开展法制教育奠定了良好的知识结构基础。"县聘、校用"是指由"县级教育行政部门按规定履行中小学教师的招聘录用、职务（职称）评聘、培养培训和考核等职能"，学校根据本校的岗位要求履行对教师进行具体聘用并根据县级教育行政部门的委托与教师签订聘任合同，进行日常工作考核和教育教学管理等具体职能。这一规定客观上减少了教师个人对学校这一层级的人事依赖，增强了教师个体的独立性，有助于提高其与性侵犯罪做斗争时的自保能力，使其敢于阻止、举报和作证。因为犯罪不仅突破了道德底线，而且是破坏社会公共秩序和危害社会公共利益的行为，其隐私期待将大大降低。政府应借助现代信息技术建立开放的罪犯数据库，在考查教师资格申请人员的资质、聘任教师时及时剔除有犯罪记录的人员。这个系统也可供全体公民和社会组织依法查询。此举将使教师忌惮职业前途和生活安宁而不敢犯罪，包括性侵未成年学生。

　　此外，还有诸多措施可以探索。比如在校内不具有隐私期待的地方安装监控系统，并教育学生如何利用监控系统自保；设立公益性质的咨询热线，为公众提供法律咨询；加强对教师的心理健康辅导；等等。总之，教师性侵未成年学生是重罪，必须严厉打击和防范。"这是一种极端的暴力，它以前所未有的方式让我们看到了社会两种形象的对比：要么社会出现了妖魔似的偏差，要么是人们对这种犯罪的敏感度与恐惧变得如此尖锐，以至于把人们的痛苦与罪恶的关注摆到了首要位置，一旦触及儿童，这难道不是犯下了滔天大罪？"（维加莱洛，2000）

参考文献

北京青少年法律援助与研究中心.2013.未成年人遭受性侵害案件统计分析报告[R/OL].(06-01)[2014-06-04].http://www.chinachild.org/b/rd/5034.html.

边沁.2004.立法理论[M].李贵芳,等,译.北京：中国人民公安大学出版社:300.

丹丹,亚玲,乔剑.2011.老师猥亵弱智女童当年仅被拘留 5 天 9 年后再被刑拘[EB/OL].(10-13)[2014-06-04].http://www.chinanews.com/fz/2011/10-13/3385724.shtml.

黄蓉芳.2012.女童受侵害刑事案中 75% 是性侵[N].广州日报,04-24(A3).

李铭远.1987.幼女性伤害后的心理障碍(附 9 例临床研究)[J].中国神经精神疾病杂志(3):166-167.

李晓燕.2010.学校办学失范现象透析[M]//劳凯声.中国教育法制评论：第 8 辑.北京：教育科学出版社:30-49.

李晓燕.2013.中小学教师法律法规研修手册[M].北京：高等教育出版社:40.

毛雷,孝金波.2013.报道"万宁校长开房"事件记者离职[EB/OL].(08-08)[2014-06-04].http://news.xinhuanet.com/legal/2013-08/08/c_116870698.htm.

维加莱洛.2000.性侵犯的历史[M].张森宽,译.长沙：湖南文艺出版社:298.

吴晓锋,邢东伟.2013.海南校长带小学生开房事件 5 名女孩升学无着落[EB/OL].(08-20)[2014-06-04].http://news.china.com.cn/2013/08/20/content_29771974.htm.

谢敏,杨晓杰.2013.湖南六旬老师猥亵 8 岁幼女被治安拘留 12 天后获释[EB/OL].(07-11)[2014-06-04].http://www.hb.xinhuanet.com/2013-07/11/c_116495988.htm.

佚名.2012.中年公务员猥亵少女被拘 15 天　警方称后果不严重[N].东南快报,08-01(A8).

On the Study of Harm, Cause and Preventive Measures of Teachers' Sexual Assault on Pupil

Huang Daozhu

Abstract: Teachers' sexual assault on pupil can be distinguished into intentional crime, which causes great social damage both objectively and subjectively. Besides the moral degeneration of teachers, there are also other reasons for frequent occurrence of teachers' sexual assault on pupil, such as lack of definite scope of teachers' functions and powers, difficulties on exposing and confirming facts of sexual assault, lack of safeguard mechanism, etc. Based on the legal position, it's necessary to consumamte the related laws and regulations, and help the schools, parents, and governments to fulfill the corresponding duties as well.

Key words: sexual assault   pupil   teacher   discipline

作者简介

黄道主, 1986 年生, 华中师范大学教育学院博士研究生, 主要从事教育法律与政策研究。

□程雁雷

以制定和完善我国大学章程为契机推进现代大学治理

——基于对六校章程的文本分析①

【摘　要】制定和完善大学章程对推进现代大学治理、建设现代大学制度具有重要实践意义。本文以教育部2013年11月公布的六所大学章程作为研究样本，主要从章程结构与篇幅、大学与政府的关系、内部要素以及制定与修改程序四个维度对六校大学章程进行重点分析，比较其异同，找出存在的问题，并对我国大学章程的制定提出完善建议。

【关键词】大学章程　大学治理　文本分析

大学章程是大学的"宪法"，是现代大学制度的载体。在我国，1995年《教育法》和1998年《高等教育法》先后将学校章程列入其调整范围，对章程作为学校设立的必备要件做了原则性规定②。但在当时，大学章程并没有得到高校的普遍重视，大多数高校处于"无章办学"的状态。2010年7月颁布的《国家中长期教育改革和发展规划

① 本文系国家社会科学基金项目"行政法视角下的现代大学制度研究"（12BFX038）阶段性成果。安徽大学法学院宪法学与行政法学2013级研究生隋世峰同学为本文做了大量资料收集整理工作，在此表示感谢。

② 《教育法》第26条规定，设立学校要"有组织机构和章程"；《高等教育法》第27条规定，"申请设立高等学校应当向审批机关提交章程等材料"。

纲要（2010—2020 年）》（以下简称《教育规划纲要》）明确指出"各类高校应依法制定章程，依照章程规定管理学校"，"学校要建立完善符合法律规定、体现自身特色的学校章程和制度"，有力地推动了我国高校章程建设的进程。2012 年 1 月 1 日《高等学校章程制定暂行办法》（以下简称《章程暂行办法》）正式实施后，各高校结合本校实际加快了章程建设的步伐。

2013 年 8 月 12 日教育部发布了《关于中国人民大学等 6 所高校章程核准稿公开征求意见的公告》，并在其门户网站上公布了中国人民大学、东南大学、东华大学、上海外国语大学、武汉理工大学、华中师范大学等第一批提请其核准的大学章程核准稿公开征求意见①。高等学校章程核准委员会②认为"六校章程的起草过程、形式与内容总体符合《高等教育法》和《章程暂行办法》的规定，在起草程序上，做到了民主规范；在形式和内容上，涵盖了法律和规章所要求的必备内容"③。教育部于 2013 年 11 月 16 日核准通过上述六校章程。这不仅标志着我国高校章程建设取得了阶段性成果，对于落实高校办学自主权、建设现代大学制度改革实践具有重要意义，而且对于其他高校章程的制定和完善具有示范意义。但是，从章程制定的法理与规范制定的技术性来看，六校章程文本尚存在一些问题，这在一定程度上将影响大学章程功能的发挥。为此，本文以上述六校章程为研究样本，主要从章程结构与篇幅、大学与政府的关系、内部要素以及制定与修改程序四个维度进行文本分析，找出其共性与差异，分析其存在的问题，提出制定和完善大学章程的建议，以期对推进现代大学治理，建立现代大学制度的实践有所裨益。

一、六校章程的结构与篇幅

六校章程的内容基本上涵盖《高等教育法》第 28 条以及《章程暂行办法》第 7 条规定的事项，但由于各校校情不同，加之对"立法技术"的不同把握，六校章程文本在结构、篇章顺序与篇幅上存在较大的差异（表 1）。

---

① 详见：http://www.moe.gov.cn/publicfiles/business/htmlfiles/moe/s248/201308/155544.html.
② 教育部高等学校章程核准委员会根据《章程暂行办法》设立。
③ 详见：http://www.moe.edu.cn/publicfiles/business/htmlfiles/moe/s5987/201308/155545.html.

表 1　章程结构、篇章顺序与篇幅对比

学　校	结构与篇章顺序	篇　幅
中国人民大学	序言；总则；学生；教职员工；管理体制和组织机构；教学科研机构；财务、资产、后勤；学校与社会；学校标识；附则	共 9 章 74 条
东南大学	序言；总则；举办者与学校；教职工；学生；中国共产党东南大学委员会、纪律检查委员会及党委部门；校长、校长办公会议及行政部门；学术组织；教职工代表大会、学生代表大会及群众组织；学院；其他机构；经费、资产及其管理制度；校训、校旗、校标、校徽、校歌、校庆日及学校网址；附则	共 13 章 86 条
东华大学	序言；总则；功能与教育形式；管理体制；组织机构；教职工；学生；经费、资产、后勤；外部关系；附则	共 9 章 77 条
上海外国语大学	序言；总则；组织机构（学校组织机构；教学科研机构）；办学活动；教职员工；学生；校友；经费、资产与后勤；外部关系；学校标识；附则	共 10 章 88 条
武汉理工大学	序言；总则；办学活动（人才培养；科学研究；社会服务；文化传承创新）；治理结构（学校领导体制；学校决策机制；组织机构；二级单位管理体制与机制；学术组织；民主管理）；教职工（权利与义务；人事管理；权益保障）；学生（权利与义务；管理与服务；权益保障）；投入与经费（经费来源；财务管理；资产管理；保障体系）；外部关系（社会支持与监督；理事会；校友会；基金会）；校旗、校标、校徽和校庆日；附则	共 9 章 126 条
华中师范大学	序言；总则；举办者与学校；学校基本制度；学校的组织机构（管理架构；教学科研机构）；学生及校友；教职员工；资产、经费、后勤和校园；社会服务与交流合作；附则	共 9 章 81 条

注：括号里为"节"的内容。

（1）从结构上看，六校章程中有的既有"章"又有"节"，如上海外国语大学、武汉理工大学和华中师范大学，而有的学校只有"章"没有"节"，如中国人民大学、东南大学和东华大学。

（2）从篇章顺序上看，各校章程的序言、总则、附则的顺序比较固定，其余篇章顺序则相差很大，比如中国人民大学的总则之后紧接着就是学生、教职工，而东华大学、上海外国语大学、华中师范大学则把学生、教职工放在组织机构的后面。这反映了对章程调整对象主体地位认识的差异。

（3）从篇幅上看，80 条以下的有两所学校，80 条以上的有四所学校，其中武汉理工大学章程篇幅多达 126 条，约是中国人民大学的 1.7 倍。

（4）从章程详略、繁简和粗细程度上看，六校章程对内部治理结构规定得均较为详细，占据了较大篇幅，而对序言以及大学与政府、社会之间的关系，六校章程规定的详略繁简则大不相同。从序言来看 ①，东南大学、东华大学、武汉理工大学只写了校史，其余三校的序言则比较详细，比如华中师范大学章程中的序言主要包括校史、学校层次定位、办学目标、办学理念、学科发展战略、大学精神、人才培养目标等内容。在大学与政府的关系上，东南大学、华中师范大学用了一章的篇幅，并且放在总则之后加以规定，其余四校章程只是在其他章下面用几个条款略加概括。此外，有关财务管理制度、师生权利救济程序多是以原则性、口号式条款加以概括。

章程的章节顺序没能很好地体现出相关主体的法律地位。六校章程中学生、教职工等主体在章节中顺序大不相同（前文已做详细对比），各主体在章程中的不同顺序凸显出不同的法律地位。传统观点认为，学生、教职工只是学校管理的对象，学校与二者之间是"命令与服从的关系"，某种程度上二者处于学校行政管理客体的法律地位。但随着社会的发展，人权保障、以人为本等理念的普及，特别是随着"大学管理"向"大学治理"转变，学生、教职工的主体地位应该得到重视。因为现代大学治理强调的是多些沟通协商互动，少些强制，最终追求的目标是"善治"。鉴此，笔者建议：第一，进一步加深对章程的法律地位、法律效力及作用的理解，走出对章程认识的误区；第二，科学合理布置章程各部分内容，尽可能达到详略繁简程度的合理与均衡；第三，注重细节规定、程序性规定，增强章程的可操作性。

二、大学与政府的关系

从法理上看，作为现代大学制度载体的大学章程，其调整范围应该包括外部关系和内部关系两大方面。其中，外部关系包括大学与政府的关系和大学与

---

① 因文章篇幅所限，有关序言的对比不以表格形式呈现。

社会的关系（因后者涉及范围较广，加之文章篇幅有限，故将另行研究）。我国大学章程虽然有教育主管部门的核准或者备案程序，但其制定主体毕竟是大学自身，这在很大程度上制约了章程对大学与政府关系的调整作用。尽管六校章程都没有回避对大学与政府关系的规定，但其差异性显而易见（表2）。

表 2　大学与政府的关系对比

学　校	大学与政府的关系
中国人民大学	第三条　学校由国家设立，是国务院确定由教育部管理，并由教育部与北京市共建的为国家和社会培养人才的非营利性组织。 　　第五条　学校具有独立法人资格，独立承担法律责任，依法享有以下办学自主权： 　　（一）根据社会需求、办学条件和国家核定的办学规模，制定招生方案，自主调节系科招生比例； 　　（二）依法自主设置和调整学科、专业，按照国家学位制度的规定授予学士、硕士及博士学位； 　　（三）根据人才培养需要，自主制定人才培养计划，开展课程建设、教材建设和教学设施建设； 　　（四）根据自身条件，自主开展科学研究、技术开发和社会服务； 　　（五）依法自主开展与海内外大学、研究机构的交流和合作； 　　（六）根据实际需要和精简、效能的原则，自主确定教学、科学研究、行政职能部门等内部组织机构的设置和人员配备；按照国家有关规定，评聘教师和其他专业技术人员的职务，调整津贴及工资分配； 　　（七）对国家提供的财产、财政性资助、受捐赠财产依法自主管理和使用； 　　（八）依法获得的其他办学自主权。
东南大学	**第二章　举办者与学校** 　　第十三条　学校是由国家举办的全日制普通高等学校，学校由中华人民共和国教育部主管、江苏省人民政府共建。 　　第十四条　学校举办者根据法律、行政法规的规定对学校享有指导学校发展规划、监督和规范学校办学行为、任命学校主要负责人、考核和评估学校办学水平和办学质量、依据实际情况调整为学校提供的教育资源配置、以及根据法律、行政法规的授权对学校不当使用办学自主权的行为予以处罚及调整等职权。 　　第十五条　学校举办者根据法律、行政法规的规定，保障学校办学自主权，制止或者排除侵害或者妨碍学校行使自主权的行为，为学校提供办学自主权救济途径，并为学校根据自身实际情况进行的发展改革提供必要的制度支持；为学校

续表

学　校	大学与政府的关系
东南大学	提供稳定的办学资金和相关资源，保障学校的办学条件；保障学校的科学研究、文学艺术创作和其他文化活动的自由，支持学校成为国家科学研究基地，履行法律规定的其他义务。 第十六条　学校根据法律、行政法规的规定享有以下权利： （一）根据社会需要、国家政策的规定及学校办学实际情况，自主设置和调整学科、专业及相应的学生培养方案；自主制定各学科、专业招生方案，决定录取学生的标准及程序，自主调节系科招生比例； （二）根据学校教学实际情况，自主开展人才培养活动，自主制定教学计划、选编教材以及组织实施教学活动，自主决定学生考试考核评判标准； （三）根据社会需要和学校实际情况，自主开展各种科学研究、技术开发、产学研交流合作、社会服务及文化传承创新活动； （四）自主与境外高校、科研机构和企业等各类主体合作开展人才培养、科学研究、技术开发、文化交流等活动； （五）根据学校发展的实际需要，自主设置和调整教学、科学研究、行政职能部门等内部组织机构，自主决定人员配备；自主评聘教师和其他专业技术人员的职务，调整津贴及工资分配； （六）依法自主管理和使用举办者提供的财产、国家及地方政府财政性资助、受捐赠财产以及其他由学校合法所有的资产； （七）法律、行政法规、规章以及本章程规定的其他权利。
东华大学	第二条　学校由国家举办，是国务院确定由教育部管理的，主要为全国培养高层次人才的全日制高等学校，英文校名：Donghua University，英文缩写：DHU。学校网址是：http：//www.dhu.edu.cn。 第八条　学校根据国家经济和社会发展需要、学校的目标定位和"增强特色，拓宽基础，加强交叉，按需发展"的学科发展战略，依法自主设置和调整办学的学科门类及本科、硕士、博士的专业。 第六十八条　学校依据国家法律、法规及本章程的规定，自主管理内部事务，不受任何组织和个人的非法干涉。 第六十九条　学校接受举办者依法综合应用立法、拨款、规划，通过专门机构和社会中介机构对学校的学科、专业和办学水平、质量进行评估等，对学校的办学进行管理和监督。

续表

学　校	大学与政府的关系
上 海 外 国 语 大 学	第二条　学校是由国家举办的、国务院确定的主要为全国培养人才的全日制普通高等学校。学校为非营利性事业单位，具有独立法人资格，依法享有办学自主权，独立承担法律责任，不受任何组织和个人的非法干涉。 　　第三条　学校的行政主管部门是中华人民共和国教育部，由教育部与上海市人民政府共建。 　　教育部依法保障学校教育事业发展所需经费，并对学校发展给予政策支持；学校依法接受教育部的领导和业务指导。 　　上海市人民政府对学校发展给予人力、物力、财力和政策上的支持；学校积极为上海的建设与发展贡献力量。 　　第三十八条　学校遵循教育发展规律，有计划地自主设置和调整学科、专业，并报上级主管部门备案。
武 汉 理 工 大 学	第三条　学校由中央人民政府举办，中央人民政府对学校进行宏观指导、依法监督，为学校提供办学经费，保障学校办学的基本条件，支持学校依照法律、法规、规章和学校章程自主办学，保护学校的合法权益。 　　第四条　学校是以公益性为目的的高等教育事业单位法人，以人才培养、科学研究、社会服务和文化传承创新为主要职能，面向社会自主办学，依法接受国务院教育主管部门对学校的领导、管理、监督与考核，履行办学职责。 　　第八条　学校学科设置以工学为主，协同发展理学、管理学、经济学、艺术学、文学、法学和教育学等其他学科。 　　学校根据经济社会发展、知识创新和科技进步的需要，结合学校战略规划、办学定位和学科专业发展，遵循高等教育规律和人才成长规律，按照国家相关规定，设置、调整学科专业，优化学科专业结构。

学　校	大学与政府的关系
华中师范大学	第二条　学校为非营利性教育事业单位，由中华人民共和国中央人民政府出资举办，主管部门是中华人民共和国教育部。 学校的设立、分立、合并以及终止，需经教育部审批。 第五条　学校根据国家需要和办学实际，依法设置和调整学科、专业，保持适度的办学规模。 **第二章　举办者与学校** 第十三条　举办者根据经济建设和社会发展需要，制定高等教育发展规划、方针政策和基本标准，并据此指导学校的发展规划，规范学校的办学行为，监督学校执行国家法律。 第十四条　举办者核准学校章程，支持学校依照法律和本章程独立、自主办学，纠正学校违反本章程的行为。 第十五条　学校校长、副校长以及其他应由举办者任命的人员由举办者按照国家有关规定任免。 第十六条　举办者保障学校办学经费的稳定来源和增长，并制定经费拨款标准和使用办法。学校对举办者提供的财产、国家财政性资助、受捐赠财产依法自主管理和使用。 第十七条　举办者制定教育教学质量标准。学校根据教学需要，自主制定教学计划、选编教材、组织实施教学活动，保证教学质量达到举办者规定的标准。 第十八条　举办者支持学校根据自身条件，自主开展科学研究、技术开发和社会服务。鼓励学校积极筹划和拓展各种形式的产学研合作项目，鼓励学校科研和技术成果的社会化和产业化，鼓励产学研合作的成果运用于研究和教学活动，形成良性互动。 第十九条　举办者支持学校根据实际需要，依法依规自主确定内部组织机构的设置和人员配备；自主评聘教师和其他专业技术人员的职务；自主确定内部收入分配；自主规划和管理校园基建以及其他项目；自主开展与境外高等学校之间的科学技术文化交流与合作。 第二十条　举办者保障学校办学自主权不受任何非法干预，保护学校的合法权益不受侵犯，维护学校良好的办学环境和办学秩序。

如表 2 所示，从形式上看，中国人民大学、东南大学是以列举的方式规定了大学与政府的权限，而东华大学、上海外国语大学、武汉理工大学、华中师范大学则是以概括的方式进行规定。形式虽不同，但对比《高等教育法》第 30—38 条的规定，发现六校章程的规定与后者的规定大同小异，或是对后者条文的照搬，或是做了局部改动。但仅就六校章程文本仔细进行对比，仍能发现其中对各校与政府之间权限规定细微的不同，具体如下：

（1）在学科、专业设置权上，中国人民大学、东南大学、东华大学、上海外国语大学的规定是自主设置和调整学科、专业，武汉理工大学、华中师范大学规定设置和调整学科、专业，少了"自主"二字。

（2）东南大学规定举办者对学校教学水平、办学质量有考核评估权，但没有规定考核评估的方式，东华大学则规定通过专门机构和社会中介机构对学校的学科、专业和办学水平、质量进行评估，而其余四校没有对此进行规定。

（3）东南大学、华中师范大学规定举办者有任免学校主要负责人的权力。

综上所述，结合《高等教育法》的相关规定，可见六校章程在规定大学与政府的关系上存在以下问题：一是照搬《高等教育法》的条文或是做出简单改变，该种方式显然难以实现章程制定的初衷；二是大学与政府具体权限的划分不够明确，比如大学享有学科、专业设置权的范围不明，政府对学校教学、办学质量享有的考核评估权如何行使，权力边界又在哪？三是大学作为一个特殊主体，在具体办学活动中，享有的是"权力"，还是"权利"，其法律性质并不明确。

为此，笔者建议：一是作为举办者的政府要严格遵循有限政府原则，扮演好"小政府角色"，尊重并保障大学办学自主权；二是细化大学与政府之间的关系，具体规定二者的权限；三是作为举办者的政府在行使管理、监督权时，不仅要合法，更要合理。

三、内部关系要素

大学章程内部关系要素涉及大学的内部治理结构。主要规定各个主体的权限划分和财务管理制度等，各主体权利（力）包括党委权力、校长代表的行政权、学术委员会代表的学术权利、教代会代表的民主监督权以及师生权利等方面。如果校内各主体权责明确，各司其职，学校内部会呈现和谐局面。反之，则会出现如党政不分、行政化严重、学术权弱化、师生权益缺乏救济等现象。本文主要选取校长职权（表 3）、学术委员会职责（表 4）、学生权利（表 5）三个观测点，探析六校章程文本在内部关系方面存在的异同与问题。

（一）校长职权

目前我国高校实行"党委领导、校长负责、教授治学、管理民主"的治理模式。实践中，校长所代表的行政权与党委代表的政治权、学术委员会代表的学术权、教代会代表的民主监督权之间的界限难以厘清，有必要通过章程的制定予以明确界定。

表 3　校长职权对比

学　校	校长职权
中国人民大学	第二十八条　校长是学校的法定代表人和行政负责人，校长在党委领导下全面负责学校的教学、科研和其他行政管理工作。校长的主要职责是： （一）拟订学校总体发展规划、整体运行方案和重大改革实施方案； （二）组织有关学校招生、教学、科研、社会服务、管理运行的各项工作，审定相关规章制度； （三）拟订内部组织机构的设置方案，推荐副校长人选，任免内部组织机构的负责人； （四）聘任与解聘教师以及内部其他工作人员，对学生进行学籍管理并实施奖励或者处分； （五）拟订和执行经费预算方案，管理学校资产，积极筹措办学经费； （六）主持校长办公会议，决策、协调、处理学校行政工作中的重要事项； （七）其他需要由校长决定的重要事项和法律、法规、规章规定的其他职责。 　　校长办公会由校长主持，实际到会人数达到应到会人数的 4/5 以上方可召开，会议决议根据多数人的意见作出，校长认为多数人的意见不正确的，可以决定另行讨论，也可以由其本人最后决定，但多数人的意见应记入会议记录。

学　校	校长职权
东南大学	第三十七条　校长在党委领导下全面负责学校的教学、科研和其他行政管理工作，主要行使下列职权： 　　（一）拟定学校发展战略和规划，制定规章制度和年度工作计划并组织实施； 　　（二）组织开展人才培养、科学研究、学科建设、师资队伍建设、校园建设等活动； 　　（三）拟订校内组织机构的设置方案，推荐副校长人选，按干部任免权限任免内部组织机构的负责人； 　　（四）聘任与解聘教师及内部其他工作人员，对学生实施学籍管理，依照法律、行政法规和学校规定对教职员工和学生实施奖励或者处分； 　　（五）拟订和执行年度经费预算，管理和保护学校资产； 　　（六）法律、行政法规、规章和本章程规定的其他职权。
东华大学	第二十三条　学校行政工作实行校长领导，副校长协助分工负责，职能部门组织实施的工作机制。校长全面负责学校的教学、科研和其他行政管理工作，代表学校处理各项事务。 　　校长主要职责： 　　（一）拟订学校发展规划和年度工作计划，并组织实施； 　　（二）组织制订学校规章制度，并组织实施； 　　（三）组织开展教学活动、科学研究、社会服务、国际合作与交流和思想品德教育等； 　　（四）拟订学校内部组织机构设置方案，推荐副校长人选，按规定任免学校内部行政组织机构的负责人； 　　（五）聘任与解聘教师以及内部其他工作人员，对学生进行学籍管理，依照法律和学校规定对教职工和学生实施奖励或者处分； 　　（六）拟订和执行年度经费预算方案，保护和管理学校资产，维护学校的合法权益； 　　（七）法律、法规规定的其他职责。 　　校长办公会议是校长行使职权的基本形式。校长办公会议定期（或不定期）由校长或校长授权的其他校领导主持召开，按其议事规则讨论、处理学校行政工作中的重要事项。学校实行校务公开，校长定期向教职工代表大会报告工作。

续表

学　校	校长职权
上海外国语大学	第十三条　校长对外代表学校，对内在校党委的领导下全面负责教学、科学研究和其他行政管理工作。 根据《中华人民共和国高等教育法》，校长行使下列职权： （一）拟订发展规划，制定具体规章制度和年度工作计划并组织实施； （二）组织教学活动、科学研究、国际交流和思想品德教育； （三）拟订内部组织机构的设置方案，推荐副校长人选，按校党委决议任免内部组织机构的负责人； （四）聘任与解聘教师以及内部其他工作人员，对学生进行学籍管理并实施奖励或者处分； （五）拟订和执行年度经费预算方案，保护和管理校产，维护学校的合法权益； （六）行使学校其他教育教学、科学研究和行政管理等相关职权。 学校设副校长和总会计师。副校长和总会计师按各自分工，协助校长开展工作。
武汉理工大学	第三十五条　校长全面负责学校的教学、科学研究和行政管理工作，行使下列职权： （一）拟订发展规划，制定具体规章制度和年度工作计划并组织实施； （二）组织开展教学活动、科学研究、学科建设、人才队伍建设、教风学风建设、思想品德教育和国际交流与合作； （三）拟订校内组织机构的设置方案，推荐副校长人选，按干部管理权限任免校内组织机构的负责人； （四）聘任与解聘教职工，对学生进行学籍管理，依照法律、法规、规章和学校规定对教职工和学生实施奖励或者处分； （五）拟订和执行年度经费预算方案，保护和管理学校资产，筹措办学经费，维护学校的合法权益； （六）法律、法规和规章规定的其他职权和职责。 校长因故不能履行职责时，由指定的副校长代行校长职责。

续表

学　校	校长职权
华中师范大学	第二十八条　校长是学校行政的主要负责人，负责执行党委决定的相关事项。副校长、总会计师以及内设组织机构协助校长对学校各项行政工作进行管理。 　　校长的主要职责是： 　　（一）拟定学校规划，制定具体规章制度和年度事业计划并组织实施； 　　（二）组织教学活动、科学研究和思想品德教育； 　　（三）拟订内部组织机构的设置方案，按有关规定和程序推荐副校长人选； 　　（四）聘任与解聘教师以及内部其他工作人员； 　　（五）对学生进行学籍管理并实施奖励或者处分； 　　（六）拟订和执行年度经费预算方案，保护和管理学校资产，维护学校的合法权益； 　　（七）章程规定的其他职权。 　　校长召集并主持校长办公会议讨论决定重要行政事项。 　　校长办公会依其议事规则履行职责，实行校长负责制。

　　如表 3 所示，从形式上看，六校章程对校长职权都以列举的方式做了具体规定，其中共同性职权表现为：拟订学校发展规划，制定相关制度并组织实施；拟订和执行年度经费预算方案等。而职权规定的差异性也非常明显，具体如下：

　　（1）对教职工、学生实施奖励和处分的依据不同：东南大学的规定是"依照法律、行政法规和学校规定"，但不包括规章；武汉理工大学规定的是"依照法律、法规、规章和学校规定"；东华大学规定的是"依照法律和学校规定"；其余三校章程没有规定。

　　（2）任免内部机构组织负责人的依据不同：东南大学规定的是"按干部任免权限"；上海外国语大学规定的是"按校党委决议"；武汉理工大学规定的是"按干部管理权限"；东华大学规定的是"按规定"；中国人民大学、华中师范大学则没有规定。

　　（3）组织开展的工作范围大体上相同，但也有细微的差异，比如东南大学无"社会服务、国际交流与合作和思想品德教育"的规定，中国人民大学有"学校招生"但无"国际交流与合作"的规定，武汉理工大学规定得最为全面。

　　（4）有无规定筹措办学经费权：仅中国人民大学、武汉理工大学做出规定有筹措办学经费权。

　　（5）权利兜底性规定的差异：中国人民大学的规定是"其他需要由校长决定的重要事项和法律、法规、规章规定的其他职责"；东南大学的规定是"法律、行政法规、规章和本章程规定的其他职权"；东华大学的规定是"法律、法规规定的其他职责"；上海外国语大学的规定是"行使学校其他教育教学、科学研究和行政管理等相关职权"；武汉理工大学的规定是"法律、法规和规章规定的其他职权和职责"；华中师范大学的规定是"章程规定的其他职权"。

鉴于此，笔者建议：第一，对校长职权最好采用"确认+补充"的方式加以规定，即先确认上位法已经规定的权力，再对上位法没有规定或规定得不够详细的权力加以补充列举，同时对校长职权的兜底性规定的依据要具有一致性；第二，具体规定校长不履行以及违反职权的法律责任；第三，对校长任免内部机构组织负责人的依据，对教职工、学生实施奖励和处分的依据，在文字表述上要有规范性；第四，明确校长筹措办学经费权，以增强办学活力。

（二）学术委员会与学术自由

学术委员会所代表的学术权是大学内部师生权利的诉求之一，其本质是学术自由问题。大学的学术自由，不仅是一种信念、一种价值，也是一种制度环境。学术自由是指大学成员为学术目的和学术价值而享有的言论、教学、发表及出版论著等自由权利（黄小舫 等，2010）。

表 4　学术委员会与学术自由对比

学　校	学术委员会与学术自由
中国人民大学	第七条　学校坚持党委领导、校长负责、教授治学、民主管理，坚持依法治校，坚持以师生为本，尊重学术自由，实行党务公开、校务公开和信息公开制度，依法接受监督。 　　第三十二条　学校依法设置学术委员会，由学术委员会主任主持开展工作并依据相关规定和章程组建、运行。学术委员会主任一般由不担任行政职务的资深教授担任。 　　学术委员会的主要职责是： 　　（一）对学校学术发展规划、科学研究和学科建设中的重大问题提出建议和意见； 　　（二）审议科研计划方案，审议推荐科研项目，审查评定科研成果； 　　（三）讨论审批校内科研机构设置； 　　（四）制定学术规范，维护学术道德，处理学术纠纷等事项； 　　（五）完成校长委托的其他学术事项； 　　（六）其他需要学术委员会决策的重大事项。 　　学术委员会会议由委员会主任主持，实际到会人数达到应到会人数的2/3以上方可召开，采取表决制作出决定，赞成人数超过实际到会人数的1/2方为通过。

续表

学 校	学术委员会与学术自由
东南大学	第十五条　学校举办者根据法律、行政法规的规定……保障学校的科学研究、文学艺术创作和其他文化活动的自由，支持学校成为国家科学研究基地，履行法律规定的其他义务。 　　第四十二条　学校根据需要，依法设立学术委员会、学位评定委员会，自主设立教学委员会、职称评审委员会、学部等学术组织。其主要职责是： 　　（一）审议学科、专业建设规划，审议学科、专业的设置； 　　（二）审议学术机构设置方案； 　　（三）拟定人才培育规划，审议教育教学方案及发展政策，确定学生培养方案，审议人才培养质量标准及考核办法； 　　（四）评定教学、科学研究成果； 　　（五）评议教师的学术成就，评审教师的职称晋升； 　　（六）学生学位的授予标准及规则，学历及非学历教育的标准； 　　（七）联络、协调相关及相近学科、专业之间的合作与发展； 　　（八）审议学术评价、争议处理规则，受理学术争议，监督、检查和裁定全校师生员工的学术不端行为； 　　（九）其他法律法规和规章规定，应由学术组织审议、评定的学术事项。 　　各类学术组织的章程、议事规则另行制定。
东华大学	第二十四条　学校设立学术委员会。 　　校学术委员会是学校最高学术审议机构。校学术委员会按其章程组建，由学术委员会主任主持开展工作。其主要职责是： 　　（一）审议论证学校的学科和专业设置的规划、事项及相关的重大事项； 　　（二）评议评审教师学术成就、学术水平，博士生指导教师和教授职务的任职资格； 　　（三）受理学术争议问题，调查评判学术行为规范，开展学风建设咨询； 　　（四）审议论证和咨询学校委托的其他重要学术事项； 　　（五）法律法规和规章规定的其他职责。 　　第四十八条　学校积极营造宽松的学术环境，尊重并保障教职工在教学、研究和学习方面依法享有学术自由的权利。 　　第五十五条　学校积极营造宽松的学术环境，尊重并保障学生在学习和研究方面依法享有学术自由的权利。

学　校	学术委员会与学术自由
上海外国语大学	第七条　学校坚持促进人的全面发展的理念，以学生和教职员工为本，以教学和科研为中心，尊重学术自由，鼓励学术创新。 第十五条　学校设立学术委员会。 校学术委员会是学校学术事务的最高决策机构。 校学术委员会的主要职责是： （一）审议学校教育教学、科学研究、学科建设、师资队伍等学术相关发展规划； （二）审议学校学科及专业的设置、改革与调整，以及与学术发展相关的重大制度和措施等； （三）提议校学位评定委员会、教学指导委员会、专业技术职务聘任委员会等与学术发展相关委员会的提名和组成，审议由上述委员提请校学术委员会审议的学术事项； （四）评定重大学术奖励的申报推荐和重要学术组织任职的申报推荐；评议教学科研成果水平、教师学术水平和教师个人学术荣誉（称号）等； （五）评定教育教学、科学研究、学科建设、师资队伍等方面重大项目的立项验收等； （六）评议学术争议和学术不端行为，建设和维护学校科学道德规范，维护学校学术声誉； （七）审议由三分之一以上委员联名提出的学术发展方面的重要议题； （八）指导、促进学科交叉和学术交流，建设和倡导自由创新的学术文化； （九）审议、咨询由校长委托的其他重大学术事宜。 校学术委员会根据国家相关规定和其章程确定组成人员和议事规则等。 各学科根据需要，组建学科学术委员会。学科学术委员会在校学术委员会指导下，参照校学术委员会职责，负责本学科学术事务。 校学术委员会设学风建设委员会。学风建设委员会受校学术委员会委托，管理学校学风建设工作。
武汉理工大学	第二十一条　学校营造自由宽松的学术环境和科学研究氛围，提倡学术自由。倡导严谨求实的学术风气，反对和杜绝学术不端行为。 第五十四条　学校设立学术委员会。学校学术委员会委员由治学严谨、学风正派、学术水平高、学术思想活跃并具有较大学术影响的优秀专家学者担任，根据国家相关规定和其章程组织运行、履行职责、开展活动。学校学术委员会委员由学术分委员会推选产生，学术委员会主任由学术委员会委员推选产生。 学校学术委员会是学校最高学术权力机构，领导学校学术发展，审议学科专业设置与调整方案，评定学术价值和科学研究成果等有关学术事项，负责学校学术道德规范工作，根据工作需要或受学校委托，对相关事项进行论证并接受咨询。 学术委员会实行例会制，每学期召开一次全体委员会议，遇有特殊情况可由校学术委员会主任临时组织召开。

续表

学　校	学术委员会与学术自由
华 中 师 范 大 学	第二十三条　学校实行教授治学，保障学术自由和学术民主，促进学术发展。 第二十九条　学术委员会是学校最高学术机构，统筹行使对学校学术事务的咨询、评定、审议和决策权。 学校下列事务，提交党委会、校长办公会讨论之前，应当提交学术委员会审议或者直接由学术委员会审议决定： （一）学科、专业建设规划，自主设置或者申请设置的学科专业； （二）学术机构设置方案； （三）科学研究规划及年度计划方案； （四）教学科研成果、人才培养质量评价标准及考核办法； （五）学位授予标准及规则，学历及非学历教育的标准、教育教学方案以及发展政策； （六）学校教师职务聘任标准、政策和办法； （七）学术评价、争议处理规则，学术道德规范； （八）重大学术交流活动、对外学术交流合作规划； （九）学术委员会专门委员会组织规程，学院（中心）学术委员会章程； （十）学校章程或者学术委员会章程规定的其他事务。 学校实施以下事项，涉及对学术水平做出评价的，应当由学术委员会或者其授权机构组织评定： （一）学校教学、科学研究成果和奖励，对外推荐国家优秀教学、科学研究成果奖励； （二）高级教师职务聘任人选、高层次人才引进岗位人选、名誉（客座）教授聘任人选，推荐国内外重要学术组织的任职人选、各级政府部门组织人才选拔培养计划人选； （三）学校自主设立的各类学术、科研基金，科研项目以及教学、科研与学生培养奖项评定； （四）其他需要评价学术水平和学术标准的事项。 学术委员会可以就学位评定、教师聘任、教学指导、科学研究、学科建设、学术道德等事项，设立若干专门委员会；可以根据需要，在教学科研机构设置分学术委员会或者委托教学科研机构设立的教授委员会等基层学术组织承担相应职责。 学术委员会依照国家有关规定及其章程组建、运行并履行职责。

如表 4 所示，六校章程对学术委员会与学术自由都做了规定，具体涉及学术委员会职权、人员组成、任期、会议规则等方面，但在具体事项的规定上仍存在很大差异，具体如下：

（1）审议事项范围不同：中国人民大学的规定是科研计划方案、科研项目；东南大学的规定是学科、专业建设规划和设置、学术机构设置方案、教育教学方案及发展政策以及人才培养质量标准及考核办法；东华大学的规定是学校的学科和专业设置的规划、事项及相关的重大事项；上海外国语大学的规定是学校教育教学、科学研究、学科建设、师资队伍等学术相关发展规划，学校学科及专业的设置、改革与调整以及与学术发展相关的重大制度和措施等；武汉理工大学的规定是学科专业设置与调整方案；华中师范大学的规定最为详细，多达 10 项，仔细对比发现其与《高等学校学术委员会规程（征求意见稿）》第 13 条一致。

（2）评议教师的学术成就、职称晋升的权限不同：中国人民大学的规定是"审查评定科研成果"；东南大学的规定是"评定教学、科学研究成果；评议教师的学术成就，评审教师的职称晋升"；东华大学的规定是"评议评审教师学术成就、学术水平，博士生指导教师和教授职务的任职资格"；上海外国语大学的规定是"评定重大学术奖励的申报推荐和重要学术组织任职的申报推荐；评议教学科研成果水平、教师学术水平和教师个人学术荣誉（称号）等；评定教育教学、科学研究、学科建设、师资队伍等方面重大项目的立项验收等"；华中师范大学规定得最为详细，"涉及对学术水平做出评价的，应当由学术委员会或者其授权机构组织评定"同时又列举了 4 项；而武汉理工大学对此没有规定。

（3）处理学术纠纷权限范围不同：中国人民大学的规定是"处理学术纠纷等事项"；东南大学的规定是"受理学术争议，监督、检查和裁定全校师生员工的学术不端行为"；东华大学的规定是"受理学术争议问题，调查评判学术行为规范"；上海外国语大学的规定是"评议学术争议和学术不端行为"；而武汉理工大学、华中师范大学没有具体规定。

（4）学术委员会委员、主任的产生办法、任期及会议规则不同：中国人民大学规定了会议议事规则，同时特别规定了委员会主任的任职资格，"学术委员会主任一般由不担任行政职务的资深教授担任"；东南大学没有具体规定，只是表明"各类学术组织的章程、议事规则另行制定"；武汉理工大学对学术委员会委员的任职条件、产生办法做了原则性规定；东华大学、上海外国语大学、华中师范大学对此没有规定。

（5）章程对学术自由规定的差异很大：中国人民大学和上海外国语大学的规定是"尊重学术自由"；东南大学的规定是"保障学校的科学研究、文学艺术创作和其他文化活动的自由"；华中师范大学的规定是"保障学术自由和学术民主"；武汉理工大学的规定是"提倡学术自由"；东华大学的规定是"尊重并保障……依法享有学术自由的权利"。从保护学术自由的程度来讲，东华大学规定得最为详细，且具体列明教职工、学生所享有的学术权利。

综上，六校章程对学术组织与学术自由的规定主要存在以下问题：一是学术委员会职责范围不明，比如在审议学术事项范围、评议教师的学术成就与职称晋升以及处理学术纠纷的权限方面六校章程有很大不同；二是学术委员会的组成、人员任期、会议规则缺乏详细规定；三是保障学术自由流于形式。

鉴此，笔者建议：一是树立教授治学、学术自由的理念；二是明确学术委员会职权，使学术委员会职权法定化、具体化、程序化、制度化，让学术的归学术、行政的归行政；三是具体规定学术委员会的组成、人员任期、会议规则。

（三）学生权利

学生是大学的主体之一。近十多年来，高校学生诉高校案频发①，究其原因，一方面可能与人们的权利意识、法治观念的提高有关，另一方面则与高校缺乏对师生教育人权的保护密不可分，特别是缺乏对师生权益救济的程序性规定。对此有必要就章程中涉及学生权利的条款进行对比分析，探析六校章程中学生享有哪些权利，有何不同，以及救济途径如何。

---

① 如田永诉北科大案、刘燕文诉北大案等。

表5　学生权利对比

学　校	学生权利
中国人民大学	第九条　学生享有下列权利： （一）公平接受学校教育，参加学校教育教学计划安排的各项活动，平等利用学校提供的公共教育资源； （二）参加素质拓展、社会服务、勤工助学，在校内组织、参加学生社团及文化体育等活动； （三）公平获得在国内外学习深造和参加学术文化交流活动的机会； （四）在思想品德、综合素质、学业成绩等方面获得公正评价，达到学校规定学业标准时获得相应的学历证书、学位证书； （五）按国家及学校规定的标准和程序申请奖学金、助学金及助学贷款； （六）知悉学校改革、建设和发展及其他涉及个人切身利益的事项； （七）参与学校民主管理，对学校发展和教育、教学改革提出意见、建议和批评； （八）对学校给予的处分或者处理进行陈述、申辩，向学校或者教育行政主管部门提出申诉；对学校、教职员工侵犯其人身、财产等合法权益的行为，依法申请复议或提起诉讼； （九）法律、法规和规章规定的其他权利。
东南大学	第二十五条　学生根据法律、行政法规、规章以及本章程的规定享有下列基本权利： （一）平等地接受学校教育、使用学校公共教育资源，以及获得在校学习生活所必需的基本条件保障； （二）依照法律、行政法规和学校规定组织和参加学生社团，参加合法的社会活动及文体活动； （三）公正地获得学业和道德上的评价，按照规定获得各级各类荣誉称号和各种奖励； （四）对纪律处分和涉及其权益的相关决定表达异议，提出申诉，并请求处理； （五）知悉涉及个人切身利益的事项，对教学活动、校园文化、后勤服务、校园安全等工作提出意见和建议，参与民主管理； （六）按规定公平获得海外交流、学习和深造的机会； （七）获得就业指导和职业生涯规划指导； （八）法律、行政法规、规章、章程以及学校规章制度规定的其他权利。 第二十八条　学校建立学生听证、申诉等权利保护机制，保障学生的合法权益。

续表

学　校	学生权利
东华大学	第五十二条　学生除享有法律、法规规定的权利外，依据学校规章制度还享有下列权利： （一）接受学校教育教学计划安排，合理使用学校公共教育资源； （二）按学分制相关规定选择专业，选修课程；公平获得在国内外学习和参加学术文化交流活动的机会； （三）参加社会实践、勤工助学，在校内组织和参加学生团体及文体活动等； （四）在思想品德、学业成绩等方面获得公正评价，达到学校规定学业标准后获得相应的学历证书、学位证书； （五）申请奖学金、助学金及助学贷款，公平获得各级各类荣誉称号和奖励； （六）对学校给予的处分或者处理有异议，对学校、教职工侵犯其人身权、财产权等合法权益的行为，向学校、教育行政部门提出申诉； （七）学校规章制度规定的其他权利。
上海外国语大学	第五十九条　学生享有下列权利： （一）公平接受学校教育、使用学校公共教育资源，获得在校学习、生活所必需的基本条件保障； （二）公平获得各级各类荣誉称号和奖励，公正获得学业和道德上的评价； （三）公平获得境内外学习、交流和深造的机会； （四）公平获得奖学金、助学贷款、助学金，以及勤工助学、困难补助或减免学费的机会； （五）按规定条件和程序选择专业，并可跨学科、学院（系、部）选修课程； （六）知悉涉及个人切身利益的事项，对学校教学活动、学术研究、校园文化、管理服务等工作提供意见和建议； （七）组织和参加学生社团，依法参加社会活动和文体活动； （八）对于纪律处分和涉及其权益的相关决定表达异议，提出申诉； （九）获得就业指导和职业生涯规划指导； （十）获得心理健康指导，养成健全人格； （十一）国家法律和学校规定的其他权利。 第六十三条　学校建立学生权益保护机制，维护学生合法权益。 　学校定期召开校学生代表大会和学生座谈会，听取学生意见和建议；在学代会闭会期间，学校支持校学生代表大会常设机构学生委员会按规定参与学校管理，维护自身权益。 　学校设立学生申诉委员会，按规定程序受理学生申诉。

学　校	学生权利
武汉理工大学	第七十八条　学生在校学习期间依法享有下列权利： （一）依据学校规定自主选择专业和课程； （二）参加学校教育教学计划安排的各项活动，使用学校提供的教育教学资源； （三）自主开展科学研究、发表学术成果、参加各类学术活动； （四）依法依规参加社会服务，在校内组织和参加学生团体及文娱体育等活动； （五）申请奖学金、助学金、勤工助学和助学贷款； （六）在思想品德、学业成绩等方面获得公正评价，完成学校规定学业后获得相应的学历证书、学位证书； （七）知悉涉及个人切身利益的事项，参与民主管理和监督，对学校工作提出意见和建议； （八）对学校给予的处理或处分有异议，向学校或教育行政部门提出申诉；对学校或教职工侵犯其人身权、财产权等合法权益，提出申诉或依法提起诉讼； （九）宪法、法律、法规、规章和学校制度规定的其他权利。
华中师范大学	第四十九条　学生除享有宪法、法律、法规及规章规定的权利外，还享有下列权利： （一）公平接受学校教育，平等利用学校公共教育资源，获得增强实践与创新能力的基本条件保障； （二）按规定条件和程序重新选择专业，跨学科、学院选修课程； （三）公平获得在国内外深造学习和参加学术文化交流活动的机会； （四）为发展个性获得全面的素质教育； （五）依照法律和学校规定组织和参加学生社团； （六）公平获得各级各类荣誉称号和奖励； （七）知悉涉及个人切身利益的事项，对教学活动及管理、校园文化、后勤服务、校园安全等工作提出意见和建议； （八）对纪律处分和涉及自身利益的相关决定表达异议和提出申诉； （九）学校规定的其他权利。 第五十二条　学校保护学生正当的申辩、申诉权利。 学校依法建立学生权益保护机制，维护学生合法权益。

如表 5 所示，六校章程都用专门条款以列举的方式规定学生权利，从中可以看出各个学校对学生权利的重视，其中相同的权利有：平等接受、使用教育资源；获得公正评价等。而权利规定的差异性也非常明显，具体如下：

（1）"知情权"范围的差异：东南大学、上海外国语大学、武汉理工大学、华中师范大学针对的是"涉及个人切身利益的事项"，较为概括，不具有可操作性；中国人民大学针对的是"学校改革、建设和发展及其他涉及个人切身利益的事项"；东华大学对学生的知情权没有规定。从中可以看出，中国人民大学对学生知情权的范围规定得最为详细。

（2）"参与学校民主管理权"的差异：东南大学、华中师范大学规定"对教学活动、校园文化、后勤服务、校园安全等工作提出意见和建议"；中国人民大学规定"参与学校民主管理，对学校发展和教育、教学改革提出意见、建议和批评"；上海外国语大学规定"对学校教学活动、学术研究、校园文化、管理服务等工作提供意见和建议"；武汉理工大学规定"对学校工作提出意见和建议"，规定得较为笼统；东华大学则没有规定。

（3）"表达异议、申诉权"的差异：中国人民大学、东华大学、武汉理工大学规定的"陈述、申辩"针对的是"学校给予的处分或者处理"；东南大学、上海外国语大学、华中师范大学规定的"表达异议，提出申诉"针对的是"纪律处分和涉及其相关权益的决定"。

（4）对"学校、教职工侵犯其人身权、财产权等合法权益的行为"，对比六校章程文本发现，东南大学、上海外国语大学、华中师范大学没有规定，其余三所学校虽有规定，但规定大不相同，中国人民大学规定"依法申请复议或提起诉讼"，武汉理工大学规定"提起申诉或依法提起诉讼"，而东华大学则规定"向学校、教育行政部门提出申诉"。

（5）在学生权利救济上，东南大学建立学生听证、申诉权利保护机制，上海外国语大学设立学生申诉委员会，按规定程序受理学生申诉，其他四校章程没有具体规定学生权利救济机制。

（6）华中师范大学规定学生按规定条件和程序有重新选择专业权，而其他五所高校没有此项规定。

综上所述，六校章程在学生权利与救济上主要存在以下问题：一是学生权利的规定不明确、不具体；二是救济渠道不畅通且缺乏程序性规定等。

鉴此，笔者建议：一是明确学生的主体地位；二是对学生权利采用"除外+列举"的方式加以规定，同时兜底条款的依据要具有一致性；三是具体落实学生知情权、民主参与权；四是增加权利救济渠道，特别是增强程序性救济，比如建立校内听证制度及听证程序、设立申诉委员会等。

四、章程制定和修改程序

大学章程的制定是一系列治理规范的创制过程，是一个收集、整合和反映各教育主体共同意志的过程，是多方权益博弈的过程。大学章程在法律属性上应属"软法"，其制定过程理应遵循法定程序，这不仅是程序正义的体现，更是实体正义的要求。参照立法原理和法律规范制定程序，大学章程制定程序应经过提案、起草草案、审议、表决、核准和公布几个阶段。下面结合六校章程文本，重点分析章程的制定和修改程序（表6）。

表6　章程制定与修改程序

学　校	制定程序	修改程序
中国人民大学	提交教职员工代表大会讨论并征求意见→由校长办公会研究审议→最终由学校党委会讨论审定→报教育部核准。	同制定程序。
东南大学	校长办公会议审议→提交教职工代表大会审议→经学校党委会审议通过→报教育部核准。	校长办公会议提议修改→校长办公会审议章程修正案→报经学校教职工代表大会审议→提交学校党委会审议通过→报教育部核准。
东华大学	章程经学校教职工代表大会讨论→校长办公会议审议通过→学校党委全委会审定→报教育部核准后生效。	章程根据国家政策及法律法规调整和学校发展需要进行修改、补充和完善。同制定程序。
上海外国语大学	—	章程的修改由校长提议→提交校教职工代表大会讨论→经校长办公会议审议→由校党委会讨论审定→报教育部核准。

学　校	制定程序	修改程序
武汉理工大学	章程草案经学校教职工代表大会讨论、校长办公会议审议通过→由学校党委讨论审定→章程草案经讨论审定后形成章程核准稿和说明→由校长签发，报教育部核准→经教育部核准后，学校予以发布。	如需修改，由学校教职工代表大会五分之一以上代表提议→教职工代表大会讨论→校长办公会议审议→学校党委同意后修订。学校教职工代表大会闭会期间，由校长办公会议提议，经学校党委同意后修订。 章程修订案的审核程序同制定程序。
华中师范大学	经教职工代表大会和校长办公会议讨论通过→由党委常委会审定→经校长签发→报教育部章程核准委员会核准后生效。	同制定程序。

如表 6 所示，除上海外国语大学外，其余五校章程都规定了章程的制定程序，但上述五校章程制定程序中普遍缺少提案、起草程序。虽然"审议与表决"是章程制定与修改程序的核心，但从程序的完整性以及程序本身的价值来看，上述五校章程的制定程序有很大瑕疵。另外，六校章程都没有规定章程的废止程序及原因。章程制定、修改程序虽然复杂，仔细对比，仍能发现不少差异，具体如下：

（1）审议主体不同，东南大学的规定是"校长办公会议审议后，提交教职工大会审议，校党委会审定"；中国人民大学、武汉理工大学、东华大学的规定是"教代会讨论，校长办公会审议，校党委会审定"；华中师范大学的规定是"教代会和校长办公会议讨论通过，校党委会审定"。

（2）武汉理工大学、华中师范大学在"校党委审定"后，增加了"校长签发"程序，使得章程制定程序更加完整和科学。

（3）针对章程的修改，中国人民大学、东华大学、武汉理工大学、华中师范大学规定与制定程序一致。但需注意的是章程修改提议主体不同：东南大学修改提议权属于校长办公会议；武汉理工大学规定修改提议权属教代会代表，但要达到五分之一以上人数，教代会闭会期间，则由校长办公会提议；而上海外国语大学章程的修改则由校长提议。

（4）除东华大学外，其余五校章程没有对章程修改的原因做出规定，六校章程都没有对章程的修改做出限制性规定。

综上，六校章程在章程制定与修改程序上存在以下问题：一是缺少提案与起草程序；二是审议主体、提议修改主体不明确；三是对章程修改缺乏限制；四是没有规定章程的废止程序及原因。

为此，笔者建议：一是章程制定中要重视提案、起草程序，应专门成立章程草案起草小组，起草小组应由学校各权力（利）主体代表参加，同时也应吸纳举办者、社会知名人士、退休教职工代表以及校友代表等参加，广泛征求意见，使得章程尽可能体现各个主体的意志；二是规范章程的审议、审定、签发程序，按照《章程暂行办法》第20—22条的规定，章程草案应先由教代会讨论，校长办公会审议，学校党委审定，形成章程核准稿和说明，由校长签发报核准机关；三是为了保障章程的稳定性，应对章程修改的事项、原因、时间加以一定的限制，应明确章程修改的提议主体，保证章程的权威性；四是增加对章程废止程序、原因的规定。

五、余 论

随着我国高等教育改革的深化，通过大学章程建设推动现代大学治理，以此作为实现建立现代大学制度的改革路径已成共识，并逐渐成为越来越多高校的生动实践。本文对六校章程文本所做的比较分析还是很初步的，对其异同的比较还需要透过现象探究问题的深层次原因，有必要从法理上做深入的剖析与阐发。如法治思维与学校管理思维的张力，强调章程特色与条款合法性之间的矛盾，章程章节顺序与主体法律地位的彰显，政策性表述与立法技术规范的冲突，实体性规范与程序性规范的协调等，都是在当下大学章程制定热潮中容易被忽视或者尚未引起足够重视的问题。上述问题如不解决，即使章程在大学不缺位，也难以保证大学章程法治精神的不缺位，而缺乏法治精神的大学章程是难以建立真正的现代大学制度的。

参考文献

陈立鹏,杨阳. 2010. 贯彻落实《教育规划纲要》全面推动大学章程建设[J]. 国家教育行政学院学报(8):25-30.

段炼炼. 2011. 大学章程的国际比较研究:五国五校的样本分析[J]. 国家教育行政学院学报(12):40-44.

黄小舫,余功文. 2010. 谈大学内部治理结构及现代大学章程的作用[J]. 湖北大学成人教育学院学报(2):63-65.

王烽. 2012. 完善现代大学制度须重点理顺四个关系[J]. 中国党政干部论坛(10):21-23.

徐少华,章兢. 2012. 中国特色现代大学制度的内涵与要素[J]. 大学教育科学(1):13-17.

湛中乐,谢珂珺. 2011. 大学章程制定程序探析[J]. 中国高校科技(7):64-67.

张苏彤. 2010. 大学章程的国际比较:来自中美两国六校的样本[J]. 中国高教研究(10):54-59.

张文显,周其凤. 2006. 大学章程:现代大学制度的载体[J]. 中国高等教育(20):7-10.

To Promote Modern University Governance for the Opportunity of Establishing and Developing University Statutes: Textual Analysis on Six University Statutes

Cheng Yanlei

Abstract: Establishing and developing university statutes are critical for the promotion of modern university governance and the construction of modern university system. This study primarily analyzed statute texts from six universities, which were published by the Ministry of Education in November 2013, from four dimensions of length and structure, the relationship between university and government, the internal relationship in university, and the procedures of establishing and developing the statute. This study was aimed to compare and contract the differences and similarities of these six university statutes, and discuss the shortcomings of these texts. The implication of this study was proposing full suggestions for future university statutes establishments and developments.

Key words: university statutes   university system   textual analysis

作者简介

程雁雷，女，武汉大学法学院博士研究生，安徽大学法学院教授。

□ 胡斌

论大学章程制定权

【摘 要】在法治的语境下，大学章程制定权是制定大学章程的基础，其本质和内容决定着章程制定相关制度，特别是主体和程序制度的设计。就本质而言，大学章程制定权具有自治权、社会公权力、缔约权和规则创制权多重属性。就内容而言，大学章程制定权分为可以委托行使的权力和不可以委托行使的权力。大学章程制定权的行使应当受到禁止性规范、法定权利以及宪法精神和原则的约束。大学章程制定权配置给相关主体时应当遵循合法性、利益相关性、专业性、组织化与制衡性原则。

【关键词】大学章程制定权 本质 归属原则

当前，中国的大学正面临着转型的压力，如何去行政化、保障大学自治、促进高校健康发展成为摆在各个大学面前的难题。大学章程这一具有"法治"味道的药丸，被认为是医治中国大学痼疾的良药①。因此，大学章程的制定问题成为理论界与实务界共同关注的话题。大学章程的制定涉及多方面的理论问题，其中，制定主体和程序问题对于大学章程的科学性和有效性具有决定作用，不容忽视。而在法治的语境下，要科学地设计制定主体和程序制

———————————

① 追溯大学的发展历程可知，大学章程在保障大学自治、保护优秀传统、促进大学发展方面起到了重要的作用。

度，又无法回避也不应回避章程制定权问题。因为大学章程本质上具有"法规范"的属性，而其制定活动本质上是一个"立法过程"，因此章程制定权便成为章程制定的基础问题。章程制定权的归属和行使者就是制定主体，章程制定权的运行需要遵循正当且规范的程序。遗憾的是，目前学界对于章程制定权的本质、内容、来源和归属原则等理论问题鲜有关注。大学章程制定权相关理论的空白必然会带来章程制度设计上的知识阻滞。本文试对大学章程权的概念、本质、内容、界限、来源和归属原则进行探讨，以期搭建系统的大学章程制定权理论体系，为章程制度设计提供理性支撑。

一、大学章程制定权的概念、本质与来源

法学的规范研究路径是从权力（利）和义务开始，推及制度的设计与建构的，因而从应然的逻辑顺序来看，章程制定权是其他制度的基础。而章程制定权的概念、本质和来源又是讨论大学章程制定权，建构科学的章程制定权理论体系的基础。

（一）章程制定权的概念

概念、判断、推理是理性认识的三大要素，而概念又是判断和推理的前提。同时，概念是人们进行研究的基本工具，也是沟通的重要媒介。德国伟大哲人康德曾在《纯粹理性批判》中述及"无内容之思维则空，无概念之直观则盲"（康德，1960），因而探讨大学制定权需要首先对其概念进行界定。

基于对章程制定理论和实践的考察，笔者认为，章程制定权是指特定主体享有的以组织起草、审议和表决大学章程文件为形式，以规定大学内外权利、义务和责任为内容的规则创制权，是一种立法性质的权利（力）。把握章程制定权的概念应当注意以下几点：其一，章程制定权为特定主体享有，即制定权主体具有特定性；其二，章程制定权是一种"立法"性质的权力，其功能在于设定大学内部和外部的权利、义务和责任；其三，章程制定权是以创制规则为目标和指向的，其规定的是大学内部最根本、最重要的权利和义务，且具有原创性。

（二）章程制定权的本质

从哲学意义上讲，本质是事物固有的根本属性。把握事物的本质才能科学认识该事物，从而更好地对其进行科学的解构与建构。基于大学以及大学章程的特殊性，大学章程制定权是一种特殊的权力形式。从不同的角度来看，大学章程制定权具有多元化、综合性的属性。

1. 大学章程制定权是一种自治权

无论从大学章程本身的性质和内容来看，还是从其与国家权力的关系来看，大学章程制定权是一种自治权。首先，就大学章程本身的性质和内容而言，大学章程是自治规则的集合（湛中乐 等，2010）[108]，作为一种设定和规范自治规则的权力，大学章程制定权是一种自治权。其次，从其与国家权力的关系来看，大学章程制定权虽然来源于法律的授予或者确认，但是，其一旦独立存在就显著不同于国家权力。大学章程制定权是组织大学治理结构，设定大学内外权利、义务和责任的权力，是对大学自身做出相应安排的"自我立法"的权力，不同于国家权力本身的对外性。总之，大学章程的自治性决定了大学章程制定权是一种自治权，而且是"大学自治权的核心"（湛中乐，2011）。需要指出的是，源于法律授权的权力并非就不是自治权，比如，《村民委员会组织法》、《居民委员会组织法》分别赋予了村民委员会和居民委员会进行自治的权力，因此法律赋予的权力也有可能是自治权。

2. 大学章程制定权是一种社会公权力

从大学章程中关于大学与其内部成员之间关系的内容来看，大学章程的制定权具有社会公权力的性质。公权力是人类共同体（国家、社团、国际组织等）为生产、分配和提供"公共物品"（安全、秩序、公交、通信等）而对共同体成员进行组织、指挥、管理，对共同体事务进行决策、立法以及执行和实施决策、立法的权力。公权力包括国家公权力、社会公权力以及国际公权力（姜明安，2011）。大学章程一般会对大学内部的组织管理关系、学校与教职工、学校与学生之间的关系做出安排，并且会规定对内部成员（教职工或者学生）奖励和惩戒的内容，实际上是对内部成员的权利、义务和相关利益做出调整和安排。大学章程的制定在一定程度上具有立法的性质，执行章程的行为具有行政性质。这都决定了大学章程制定权是一种社会公权力。按照法治的精神和要求，任何权力的设定和行使都应当有法律依据并且遵守正当的法律程序，章程制定权作为一种特殊的社会公权力，其主体的设定应当符合法律规定，权力的行使应当遵循正当的程序，唯此才能使该项权力在法治的轨道上运行，制定出合法与科学的章程文本。

3. 大学章程制定权是一种"缔约"权

大学是一种特殊的法人组织，法人的章程具有契约性，因而大学章程在一定意义上也是大学成立的契约。大学章程本身的契约性质决定了章程制定权在本质上是一种"缔约"权。大学的举办者或相关利益主体制定大学章程的过程实质上是一种"缔约"过程，因而其行使的权利是一种"缔约"权利。缔约权强调意志性和主体性，即各利益主体之间具有独立的地位能够独立表达自己的意志。大学章程制定权的缔约权性质使其显著区别于行政立法行为所具备的单纯的规则制定的公权性，而具有明显的私权性质。另外，这种缔约权与社会契约论中的缔约权具有相似性，同时，又有显著的区别①。

4. 大学章程制定权是一种规则创制权

"创制"强调规则的原始性和原创性。就大学章程的内容以及其在大学中的"法律地位"而言，大学章程的规则都具有原创性，是大学中其他规则的本源和基础。大学章程具有"宪法"的地位，在大学内部，章程即为大学之"根本法"，即"宪法"，是大学之最高行动纲领和基本行为依据（湛中乐 等，2010）[110]。既然大学章程具有大学"宪法"的地位，那么大学章程所设定的规则即应当是原创性和根本性的。当然，大学章程制定权所创制的规则主要是其自治范围内的规则，对于法律的具体规定，其应适当地执行和体现。承认和保障大学章程制定权的规则创制权属性，是保障大学自治的关键，唯此才能使大学章程满足大学自身的特殊性需要，满足自治的需要。

（三）大学章程制定权的来源

权源问题直接决定权利（力）的性质和效力，同时也对权利（力）的配置和行使规则起制约作用。有学者认为，"大学章程制定权作为大学自治权的核心，在法治原则下来源于法律的授予"（湛中乐 等，2011）[3]，这种观点有失偏颇。大学章程制定权的权源问题至少要考虑两个因素：大学章程制定权和大学本身的性质。笔者认为，大学章程制定权的来源分为实质来源和

---

① 相似性在于二者规定的都是根本性问题，都具有权力让与的性质，都具有"自治性"；不同之处在于社会契约是一个虚拟的缔约过程，而且其解决的是政治性问题。

形式来源两种。

1. 实质来源

大学章程制定权的实质来源即法理层面或者哲学层面的权力来源，探究的是大学章程制定权的深层次来源，具有根本性和基础性。大学章程制定权的实质来源是大学本身所具有的自治属性所应当享有的以及大学内部相关主体让与的权力的集合。首先，大学章程制定权源于其自治的属性。大学是一个法人自治体。法治视野下的自治是章程（自治规范）之治，大学要实现自我管理的有序化和合法化，必然需要制定一定的章程，因而章程制定权是大学自治属性使然。其次，大学章程制定权源于大学内部相关利益主体的让与。从理论上讲，社会公权力的产生是基于社会共同体成员对于自身权利的让与。大学章程制定权作为一种社会公权力，其本质上也是基于章程所影响的相关主体的权利让与。

2. 形式来源

大学章程制定权的形式来源是指大学章程制定权的规范来源，即章程制定权的直接依据。大学章程的形式来源更为直接地影响着大学章程制定权相关制度的建构。从大学本身属性来看，章程制定权是一种行政法权力和民事权利的混合体（王琴华，2011）。现代大学具有双重属性，其既是依法成立，享有民事权利和义务，独立承担民事责任的私法意义上的法人，又是依据法律法规行使一定公权力的法律法规授权组织，具有行政主体资格①。大学章程既涉及大学作为一种法律、法规授权组织管辖的行政事项（招生、发放学位证和毕业证等），也涉及大学作为一个普通的私法人内部的管理和服务事项。大学的双重属性决定了大学章程的混合性，而章程的混合性又决定了大学章程制定权性质的双重性。大学章程制定权本身的双重性决定了权源本身的复合性。大学章程制定权部分来源于法律的授予，部分来源于法律的确认。首先，按照法治的原则，行政权力来源于法律的授予，因而大学章程制定权中公权力部分应当源于法律的授予。法律授予的含义意味着权力本身的非原始性，即权力不是天然的。其次，大学章程对于私法事务的规定权源于法律的确认，而非授予。自治权是一种天然权利，是与生俱来的。法律只是

---

①　马怀德教授持类似观点，他认为：作为事业单位，学校的法律地位比较特殊。一方面，学校像其他民事主体一样，享有普通的民事权利，也承担一般的民事责任。另一方面，学校与政府、学生、教职员工之间的关系既有民事法律关系，又存在民事法律关系以外的其他关系。因此，学校作为事业单位，既享有一般民事主体的法律地位，又区别于民事主体而近似于行政主体的法律地位。参见：马怀德. 2000. 公务法人问题研究 [J]. 中国法学（4）：41-48.

确认该权利的法律地位并进行规制和引导。

值得指出的是，抛开举办者的身份（资金来源）这一要素不论，公立大学与私立大学之间并不应该有本质的区别。大学章程制定权之于公立大学和私立大学的性质并无二致，因而其来源也不应该有所差异。

二、大学章程制定权的内容

（一）大学章程制定过程中的权力（利）体系

大学章程的制定过程实质上是各种权力（利）的运行过程，即各种权力（利）的交织共同促成大学章程的诞生，而这些权力（利）就构成了章程制定的权力（利）体系。按照各项权力（利）在大学章程制定过程中的功能和地位差异，大体上可以将其分为两大类：决策权和参与权。

1. 决策权

决策权是对大学章程制定的全过程起组织、指挥、推动、审议和表决等作用的权力集合，是一种立法性质的权力。大学章程的制定权主要是指决策权。在大学章程制定过程中，决策权是起决定作用的，行使决策权的主体就是章程制定主体。决策权在章程制定的权力体系中处于核心地位，决策权的配置和行使的科学性是保障章程制定科学性的关键。

2. 参与权

除了决策权之外，大学章程制定过程中还存在一类权利，这里统称参与权。参与权是指相关主体享有以知悉制定信息、提出意见建议等为内容的权利。参与权对于大学章程制定的全过程虽然不起指挥或者决定的作用，但是，参与权的存在和行使主要旨在促进大学章程本身的科学性，决策权主体与参与权主体之间的良性博弈促成大学章程的科学制定。

在涉及大学章程制定的权利体系中，决策权是核心和关键，参与权是辅助性权利。参与权在章程制定过程中起到两个方面的作用：其一，辅助决策权主体，为决策提供知识和信息，从而提升章程制定的科学性；其二，制约决策权，参与权作为独立的权利类型，在客观上也会对决策权产生制约作用。

权力（利）本身的功能不同，其对应的主体也不同。决策权对应的是制定主体，对于大学章程的制定起组织、指挥、推动和审定作用。参与权对应的是参与主体，也可以称为影响主体，对章程制定起辅助和影响作用。

（二）大学章程制定权的内容

章程制定权作为一种规则创制权，是一种"立法性质"的权力，因而在权力内容上与一般意义上的立法权的内核具有相似之处。章程制定是由多个环节组成的"立法"过程，每一环节都需要由相应的主体完成，特定的主体基于特定的权力完成该环节的任务或者行为，因而每一环节对应一项权力。按照一般立法过程推知，制定权包括组织起草权、提案权、审议和表决权、公布权等。

尽管大学章程制定权体系中，不同权力的地位和作用具有差异性，但是，它们之间应当具有统一性，即都属于大学章程制定权，并且都应当归属于大学章程的制定主体。大学章程制定主体可以将某些权力委托给其他主体行使，但是并不意味着这项权力不属于制定主体享有。因而可以将大学章程制定权分为不可委托行使的权力和可以委托行使的权力。

1. 不可委托行使的权力

在大学章程制定权的权力体系中，审议和表决权对于大学章程的内容和效力起决定作用，因而是制定权的核心，这一项权力只能由法定的制定主体行使，不可委托其他主体行使。制定主体行使审议权对大学章程草案进行评价，审议过程是发现问题、辩论争议、提出质疑的过程，审议权是确保大学章程合法性和科学性的重要权力。表决权的作用在于使章程草案经过合法性程序变成正式的规范，从而使得大学章程产生法律效力。既然审议和表决权在大学章程制定过程中起着决定作用，那么行使这两项权力的只能是法定的制定主体。从某种意义上说，享有审议权和表决权的主体就是章程的制定主体。因此，大学章程的真正制定主体其实就是行使审议和表决通过权的决策主体，行使其他权力的只是影响主体（湛中乐 等，2011）[3]。

2. 可以委托行使的权力

除了审议权和表决权之外，在大学章程制定过程中还存在其他权力（利），如提议制定章程的提案权、章程草案的组织起草权、章程草案的建议权、草案的公布权等。虽然这些权力对于大学章程的效力和内容不起决定作用，但是，它们在章程制定的各环节发挥着各自的作用。基于专业性和能力的有限性，大学章程的制定主体不可能也没有必要事必躬亲，它可以将上述权力以某种方式委托给特定组织或者个人来行使。以组织起草权为例，为了保证草案本身的科学性或者提高草案起草的效率，制定主体可以将起草权委托给一个由专家或者相关人员组成的起草委员会来行使这项权力。按照委托代理理论，起草委员会应当按照委托人的要求行使起草权，同时，制定主体可以对起草活动进行适当的指挥和安排。

三、大学章程制定权的界限

孟德斯鸠曾说："一切权力都极易被滥用，这是千古不易的一条经验。有权力的人们使用权力一直到遇到边界的地方才休止。"（孟德斯鸠，1964）作为具有公权力和自治权双重属性的权力，大学章程制定权亦可能出现异化。为了防止大学章程制定权的异化，应当为其设定明确的边界。在法治的语境下，大学章程制定权的边界是宪法法律，具体而言包括：禁止性规范边界、法定权利边界以及宪法原则和精神边界。

（一）禁止性规范①边界

法治语境下，最基本和最明确的规范性边界是宪法、法律的禁止性规定。与授权性规范和义务性规范相比，禁止性规范的突出特点在于为权利、义务或者行为设定明确的边界。尽管大学章程制定权具有自治的性质，不需要完全遵从法律的规定，但是，章程制定权的行使也不得违反宪法和法律的禁止性规定。如《宪法》第36条规定：任何国家机关、社会团体和个人不得强制公民信仰宗教或者不信仰宗教，不得歧视信仰宗教的公民和不信仰宗教的公民。第38条规定：中华人民共和国公民的人格尊严不受侵犯。禁止用任何方法对公民进行侮辱、诽谤和诬告陷害。在制定大学章程时不得设定可能侵犯公民宗教信仰和侮辱公民人格尊严的内容。宪法与法律中的禁止性规范是大学章程制定权的最基本边界，也是必须要严格遵守的边界，否则章程制定权的行使就是违法的，是不能产生法律效力的。

---

① 禁止性规范主要是宪法、法律规定不得为一定"行为"的规范。

（二）　法定权利边界

大学章程制定权具有公权力的性质，涉及相关主体权利和利益配置。在某种意义上，权利是对权力的一种制约和抗衡，因而章程影响的相关利益主体的法定权利就构成了大学章程制定权的边界。权利分为基本权利和一般权利，这些权利的重要性有别，法律保护的力度亦存在差异。被规范的主体①的法定权利客观上为大学章程制定权设定了边界。大学章程的制定，原则上不得侵害被规范者的法定权利，否则可能被认定为违法行为。当然，权利边界并不是非常严格的，而是有一定灵活度的。面对法定权利，章程制定主体在行使章程制定权时应当遵循以下规则：首先，区分权利的重要程度，对于基本权利（比如人身自由、人格尊严、通信自由和通信秘密）是绝对不能限制和剥夺的，法律另有规定的除外；对于一般权利的限制和剥夺以必要为限度。比如，对学生或者教师设定一定的惩戒权，对其进行警告或者留校察看等惩罚，是对其一般权利的限制，这是可以的，但是以必要为限。其次，应当遵循比例原则，即对权利的限制应当以必要、适当为限，不能超过合理的限度。

（三）　宪法原则和精神边界

宪法原则和精神是贯串于宪法之中，统领整部宪法的核心要素，是宪法实质约束力和控制力的保障，是明文规定的有效补充。宪法原则和精神是更高的法，是法治的最后保障。大学章程制定权的行使不仅不得违反宪法和法律的明确规定，而且不得违反宪法的原则和精神。应该说，宪法原则和精神为章程制定权设定了一个虚拟的边界，这一边界因为内含法治的精神和崇高的道德诉求，因而是不可逾越的。当然，这一边界又是不断发展变化，而且需要权威的第三方进行解释的。一般而言，法院是对此类边界进行界定的最佳主体，而且此类边界只能在个案中进行界定。

---

① 包括学生、教师和其他职工等。

四、大学章程制定权的归属原则

大学章程制定权的归属原则是指章程制定权属于何种主体所应当遵守的原则。任何权力（利）都只是一种可能性，只有配置给特定的主体才能转变成一种现实性。将权力配置给适格的主体是确保权力得以有效行使的重要前提，而权力的归属应当与该权力自身的特殊性相契合。大学章程制定权作为一项复合性权力，其归属主体也需要遵循一定的原则。大学章程制定权的归属原则主要有以下几项。

（一）合法性原则

在法治语境下，配置大学章程制定权的首要原则是合法性原则。大学章程制定权作为一种法律赋予或者确认的权力形式，在进行权力配置时亦应当符合法律的规定。这里的合法性原则主要有两层含义：第一，符合法律的明确要求；第二，不违反法律的禁止性规定。这两个层面似乎是同义反复，但是实际上二者存在较大差别。前者是要求遵循法律对章程制定权配置的明确规定，而后者是不违反禁止性规定，后者的范围更加宽泛，是配置章程制定权时应当着重关注的。

（二）利益相关性原则

"法律的作用和任务在于确认、实现和保障利益。……在调节、调和各种错杂和冲突的利益时……使各种利益中大部分或我们文化中最重要的利益得到满足，而使其他的利益最少地牺牲。"（马斯福，1999）法国哲学家爱尔维修说："如同物质世界为运动规律所支配，精神世界为利益规律所统治。"（赵振江，1998）从哲学的角度来看，利益表现为某个特定的（精神或者物质）客体对主体具有意义，并且为主体自己或者其他评价者直接认为、合理地假定或者承认对有关主体的存在有价值（有用、必要、值得追求）（沃尔夫 等，2002）。

大学章程作为大学内部的最高法，其本质的功能也在于调整大学内部的利益关系。无论从大学章程制定权的自治、缔约本质来看，还是从大学章程本身所具有的利益调整性来看，大学章程制定权的配置都应当符合利益相关性的原则。在大学章程制定层面，利益相关性原则是指大学章程制定权主体中应当包含与大学章程具有一定利益关系的组织或者个人。之所以应当坚持利益相关性原则有三点理由：其一，大学章程制定权具有缔约权属性。既然是一种缔约权，那么与大学章程有利害关系的主体就应当成为缔约主体，成为制定权主体的组成部分。其二，大学章程制定权的行使意味着利益和资源的调整和配置，需要适当考虑利益相关者的意志，从有助于检验和确证这种调整和配置的科学性。其三，大学章程制定权本质上还是规则创制权，这种规则的有效实施除了需要一定的监督和保障措施之外，更多的有赖于被规制主体的自觉遵守。利益相关者能够直接参与并且决定规则，可以增强规则的公信力，从而促使被规制者更好地遵守章程中的规定。

（三）专业性原则

大学章程是大学组织和管理的"根本法"，因而大学章程的制定必须满足大学本身的特殊性要求。大学自身的特殊性包含两个层次：其一，大学作为学术和教学共同体，区别于其他团体的特殊性；其二，不同的大学基于历史和文化背景的差异，其自身所具有的区别于其他大学的特殊性。大学自身的特殊性决定了大学治理和建设具有较强的专业性，需要专业智识的支撑。大学章程作为大学治理和建设的根本依据，其本身亦需要满足大学的特殊性需求。大学治理和建设的特殊性和专业性，决定了大学章程制定主体应当具有一定的专业性，一方面能够把握大学区别于其他社会团体的办学规律，另一方面又能够深刻领会大学自身的历史、文化以及办学的特殊性，实现大学治理的共性和个性的统一。大学章程制定权分配的专业性原则就是要求在设定制定主体时，应当注重引入具备专业知识的人员参加。

（四）组织化与制衡性原则

章程制定过程输出的是规则等制度性产品，因而其中需要不同主体的意志表达和博弈，这就要求章程的制定主体必须由一定数量的人组成，而且为了使这一人的集合体能够具有较高的行动能力，应当强调制定主体的组织化。制定主体组织化原则是指章程制定主体由一定数量的成员组成，这些成员按照一定的组织规则集合起来，形成一定的组织形式，从而更好地完成一定任务。制定主体的组织化使得主体的行动能力增强，办事效率提高，并且使得行为的结果更加具有可控性。

与组织化相关的原则是制衡性原则，由于章程制定主体是由不特定数量的成员组成的，他们具有不同的利益诉求和身份背景，为了防止成员内部部分人垄断话语权或者制定权被滥用，应当强调制定权归属的制衡性。这里的制衡性原则主要是指制定主体内部不同成员之间应当形成一种制约与平衡关系，从而防止任何人垄断话语权和决定权，在制约与平衡之中有效博弈从而使得章程制定主体的决定更加符合理性。当然，这里的制衡也可以包括制定主体和政府权力之间、制定权与参与权之间的制衡。比如，"西方国家大学与政府的关系主要通过法律的明确规定，确定二者的权力分配从而使二者的权力制衡"（祁占勇，2009）。美国著名高等教育学家阿特巴赫指出："大学不是一个整齐划一的机构，而是一个拥有一定自治权的各种团体组成的社会。"（阿特巴赫，2001）因而应当强调大学内部参与者之间的制约与平衡。

五、结　语

大学章程作为治疗大学痼疾的一剂良药，其本身具有很大的"法治"的味道。"药品"的质量和药效取决于生产者的资质和程序，更依赖于科学的原理和生产工艺。法治韵味浓厚的章程制定权理论的合理搭建，一方面可以促进章程制定的法治化，另一方面也可以为章程制定提供制度理性。本文对于章程制定权的概念、本质、来源、内容、边界和归属原则进行了探讨，指出章程制定权的本质决定了其内容和归属原则，而其内容和归属原则又决定了章程制定的主体、程序以及相关制度的建构。在进行具体的制度建构时，应当注重与章程制定权相关理论的契合。

参考文献

阿特巴赫.2001.比较高等教育:知识、大学与发展［M］.北京:人民教育出版社:5.
姜明安.2011.行政法与行政诉讼法［M］.第5版.北京:北京大学出版社;高等教育出版社:6.

康德.1960.纯粹理性批判[M].蓝公武,译.北京:商务印书馆出版:73.

马斯福.1999.法律社会学原理[M].吉林:吉林大学出版社:65.

孟德斯鸠.1964.论法的精神:上册[M].张雁深,译.北京:商务印书馆:165.

祁占勇.2009.现代大学制度的法律重构[M].北京:中国社会科学出版社:172.

王琴华.我国高等学校章程制定主体刍议[J].江汉大学学报:社会科学版(2):91.

沃尔夫,等.2002.行政法:第1卷[M].高家伟,译.北京:商务印书馆:324.

湛中乐,等.2011.大学章程制定主体及其相关问题探讨[J].高校教育管理(6).

湛中乐,等.2010.通过章程的现代大学治理[J].法制与社会发展(3).

湛中乐.2011.通过章程的大学治理[M].北京:中国法制出版社:182.

赵振江.1998.法律社会学[M].北京:北京大学出版社:244.

On the Power to Make University Chart

Hu Bin

Abstract: In the context of the rule of law, the power to make university chart is foundation of the university chart. The subject and process of making university chart are determined by its essential and content. As to essential, it has the nature of autonomous right, public social power, treaty-making power and rules of initiatives. In terms of content, it can be divided into two parts: some may be entrusted to others to exercise, the others can not. The power should be restrained by prohibitive norm, statutory right and spirit and principle of the constitution. To deploy the power to related bodies should abide by the principle of legality, interest related, professional, organized, and check and balance.

Key words: the power to make university chart   essence   principle of affiliation

作者简介

胡斌,男,1987年生,北京大学法学院2013级宪法与行政法学博士,研究方向为宪法与行政法。

□ 胡甲刚

学术自由宪法规范比较分析①

【摘　要】学术自由已成为当今多数国家宪法所保障的一项基本权利，但各国关于学术自由的宪法规范在内容和形式上都存在不少差异。在学术自由的内容确认上，各国宪法规范宽窄不一，主要有四种类型：对学术自由的单一确认、对学术自由及其制度性保障的确认、对学术自由及其国家促进义务的确认、对学术自由及其制度性保障和国家促进义务的综合确认。在学术自由宪法规范的形式结构、要素结构和类别结构等方面，各国宪法亦体现出不同的特点。不管是什么内容和何种形式的学术自由宪法条款，都从最高法角度确定了学术自由的宪法权利属性，为学术自由的法律保障奠定了根基。

【关键词】学术自由　宪法规范　内容比较　形式比较

学术自由不仅仅是一种哲学和道德意义上的应有权利，更是一项实实在在的宪法权利，在很多国家的宪法中都有明文规定。通观当今世界各国宪法渊源形式，即成文宪法典、宪法性法律、宪法惯例、宪法判例、宪法解释等，可以发现，对学术自由宪法规范意义上的保障是一个

① 本文系教育部人文社会科学研究规划青年基金项目"学术自由权利及其宪法保障研究"（项目批准号：14YJC820020）阶段性研究成果之一。

相当普遍的现象。据本人初步统计，在全世界可查的 129 个国家的现行成文宪法中，79 个国家的宪法直接而独立地确认了对学术自由的保障，所占比例为 61.24%①。其中，在亚洲 39 个国家的成文宪法中，23 部宪法有明确的学术自由宪法条款，比例为 58.97%；在欧洲 39 个国家的成文宪法中，29 部有明确的学术自由宪法条文，比例为 74.36%；在美洲 28 个国家的成文宪法中，20 部有直接的学术自由宪法规定，比例为 71.43%；在非洲 15 个国家的成文宪法中，7 部有明确的学术自由宪法条款，比例为 46.67%；在大洋洲 8 个国家的成文宪法中，没有直接的学术自由宪法条款。而在其余 50 部没有明确而直接的学术自由条款的现行成文宪法中，均有与学术自由关联密切的思想自由、表达自由、意见自由、出版自由等的宪法规定，通过具体的宪法判例、宪法解释等，这些宪法中的大多数实际上已确认了对学术自由的保障。在拥有不成文宪法的国家，虽然没有明确的学术自由宪法性规范，但对学术自由的宪法性保障实则隐含于权利宪章（法案）、出版自由法等宪法性法律，以及宪法惯例、宪法判例中。为了研究的便利和研究的针对性，本文将仅从成文宪法条文的内容和形式上对学术自由宪法规范进行比较分析。

一、学术自由宪法规范的内容比较

尽管在已知 79 个国家的成文宪法中都有明确而直接的学术自由条款，但由于历史传统、具体国情和文化背景等差异，关于学术自由的表述和规定不尽相同，由此也带来了学术自由宪法规范具体内容上的差异。经过比较分析，可将各国宪法对学术自由具体内容的确认归纳为以下四种类型。

（一）对学术自由的单一确认

有 20 多个国家的成文宪法对学术自由进行了宣示和直接确认，在表述上主要有两种方式：一是"公民有从事学术活动（科学、文化、艺术等）的自由"，二是"保障学术（科学研究、教学等）自由"。从对学术自由的限定性程度看，可分为绝对主义宪法规范模式、相对主义宪法规范模式和折

---

① 宪法文本的资料来自《世界宪法大全》（姜士林等主编，青岛出版社，1997），以及国际宪法网站（http：//www. servat. unibe. ch/law/icl）。

中主义宪法规范模式。绝对主义的宪法规范模式强调学术自由的绝对性，即不得对学术自由加以任意限制或规定例外情况。采用这种学术自由宪法规范模式的国家很少，仅有比利时等个别国家。如比利时现行宪法第17条规定："教学自由。禁止一切妨碍教学自由的措施。"相对主义的宪法规范模式强调学术自由的相对性，对学术自由有明确的限制性规定或限定性条款，或者允许其他法规对学术自由加以直接有效的规定。采用这种学术自由宪法规范模式的有卡塔尔、泰国、德国、格鲁吉亚、委内瑞拉、刚果、卢旺达等少数国家。如卡塔尔现行宪法（2003年颁布）第47条规定："依法保障表达自由和科学研究自由。"泰国现行宪法第42条规定："每个人都享有学术自由。保护依据学术原则进行的教育、培训、学习、教学、研究和传授，只要它们不与公民义务或公共道德相抵触。"委内瑞拉现行宪法（1961年颁布）第79条规定："任何人都可以自由地使自己专心致志于艺术或科学，并且可以在国家的最高监督和管理下，建立关于教授的和教育的组织机构。"折中主义的宪法规范模式没有明说学术自由的绝对性与相对性，只是以平实的条文确认了对学术自由的保障。绝对多数国家都采用这种学术自由宪法规范模式，包括蒙古、日本、土耳其、吉尔吉斯斯坦、乌兹别克斯坦、塔吉克斯坦、亚美尼亚、阿塞拜疆、阿尔巴尼亚、南斯拉夫联盟共和国、斯洛伐克、瑞士、俄罗斯、拉脱维亚、芬兰、匈牙利、阿根廷、埃及、阿尔及利亚、毛里塔尼亚、南非等国。如亚美尼亚现行宪法（1995年颁布）第36条规定："每个人都享有从事文学、艺术、科学和技术创造的自由，都有利用科学成就和参与社会文化生活的权利。"瑞士现行宪法（1999年颁布）第20条规定："保障科学研究与教学自由"。阿尔及利亚现行宪法第38条第1款规定："保障公民的知识、艺术和科学创新自由"。若对这些国家学术自由宪法规范的内容做进一步细分，可以发现学术自由包括科学研究自由、教学自由、学习自由、学术表达及传播自由、办学自由等。

（二）对学术自由及其制度性保障的确认

尽管现代宪法意义上的学术自由是一般公民都享有的基本权利，但学术自由与中世纪的大学自治制度却有很深的渊源，正是在大学自治制度的庇荫下，大学的教师和学生在教权横行和王权专制的夹缝中赢得了一定程度的学术自由。尤其是近代以来，学术自由权利的孕育、生长与发展都是以大学这一组织实体为起点的，学术自由一开始就是指大学教师的教学自由、研究自由以及大学生的学习自由，而为了保障大学教师和学生的学术自由必须赋予大学以自治权，以大学自治制度来抗衡外来势力对学术自由的侵犯与干涉，这就奠定了学术自由制度性保障①的理论基石和制度传统。为了加强对学术自由的宪法保障，一些国家通过对学术自由的宪法解释和宪法判例确认了大学及其他学术机构的自治制度，即大学以及其他与学术性研究机构或团体对其内部的管理和运作，享有一定程度的自主管理权，而另一些国家则在宪法条文中确认了学术自由，同时还专门规定了学术自由的制度性保障。从宪法条文上看，既确认学术自由，又有明确的学术自由制度性保障条款的国家有韩国、土库曼斯坦、波兰、斯洛文尼亚、爱沙尼亚、希腊、海地、墨西哥、尼加拉瓜等国。如韩国现行宪法（1987 年颁行）第 22 条第 1 款规定："全体国民有学术和艺术活动的自由"；第 31 条第 4 款规定："依法保障教育的自主性、专门性、政治中立性及高等教育机构的自治性"。波兰现行宪法（1997 年颁布）第 70 条第 5 款规定："依据法律原则确保高等教育机构自治"；第 73 条规定："每个人都享有艺术创作、科学研究自由及其成果传播的自由，教学及享受文化成果也是自由的"。墨西哥宪法（1917 年公布）第 3 条第 8 款规定："法律给予自治权的大学和其他高等教育机构，有自我管理的职权和责任；在尊重教学和调研自由、自由考试和讨论观点的前提下，根据本条的原则实现其教育、调研和传播文化的目的；制定自己的计划和教学大纲；规定接受、晋升和留用自己的教学人员的条件；管理自己的财产。"第 7 条规定："写作或发表任何作品的自由不可侵犯。任何法律或当局不得规定事先审查制度，不得要求著作者或出版者做出担保，也不得限制出版自由——出版自由除尊重私人生活、道德和公共安宁外不受其他限制。在任何情况下不得将出版物作为犯罪手段予以查封。"

（三）对学术自由及其国家促进义务的确认

现代意义上的学术自由不仅是一种消极权利，即尽可能避免外来势力

---

①　制度性保障理论要旨有三点：（1）除了对个人的基本权利进行直接保障外，宪法还对一些在历史上形成的传统制度加以确认和保障；（2）宪法并非保障这些制度的现状，而是强调保障其"本质内容"，国家立法只能对其周边部分进行界定和变更，但不可侵害其核心部分；（3）这些制度对个人自由的保护和强化具有补充功能。参见：林来梵.2001.从宪法规范到规范宪法：规范宪法学的一种前言［M］.北京：法律出版社：160-161.

（主要是公共权力）对学术活动自身进行不当的干预或限制，而且还是一种积极权利，即要求国家担负起学术发展的积极促进义务，为公民的学术活动提供必要的物质条件、机构保障和资金支持等。学术自由权利的这种复合性特征，使一些国家在其宪法中不仅确认了传统消极权利意义上的学术自由，也明确规定了国家对学术自由的促进义务，肯定了学术自由的积极权利属性。这些国家主要有朝鲜、科威特、也门、越南、乌克兰、巴西、古巴、乌拉圭、智利等。如越南现行宪法（1992年颁布）第37条规定："科学和技术在发展国家的经济社会事业中起关键的作用。国家制定和实施国家科学技术政策；建立先进的科学和技术事业；同步发展各科学部门，以便为制定路线、政策和法律，为革新科技、发展生产力、提高管理水平、确保经济发展的质量和速度提供科学论证；为确保国防和国家安宁做出贡献"；第38条规定："国家通过许多不同渠道的资金来源对科学事业进行投资和鼓励资助，优先对尖端科学技术方向投资；关心培养和合理使用科技干部队伍，尤其是具有高水平的人、技术熟练的工人以及艺人；为科学家们的创造和贡献创造条件；发展各种形式的科学研究组织和活动，把科学研究与经济社会发展联系在一起，把科学研究、培训和生产经营密切结合起来"；第60条规定："公民有权研究科学、技术，进行发明、创造，有权对改进技术提出合理化建议，进行合理化生产，对文学艺术进行批评和参加其他文化活动。国家保护工业版权和所有权"。乌克兰现行宪法（1996年颁布）第54条规定："保证公民进行文字、艺术、科学和技术创作的自由，保护知识产权及其著作者权益，以及因各种智力活动而出现的精神和物质利益。……国家鼓励发展科学及建立乌克兰同世界大家庭的科学联系。"古巴现行宪法（1976年颁布）第8条规定："社会主义国家应该：（一）……保障人民的创造性劳动，保护社会主义祖国的财产和财富。……保证国家教育、科学技术和文化的发展"；第38条规定："国家指导、促进和推动教育、文化和科学的全面发展。国家的教育、文化政策遵循下列原则：……（五）有艺术创作的自由，但其内容不应危害革命，有艺术表现形式的自由；（六）为提高人民文化水平，国家努力繁荣和发展艺术教育、创作才能、艺术研究和欣赏能力；（七）有科学创造和科学研究的自由，国家鼓励和指导科研，优先开展解决涉及社会利益和人民福利问题的科研项目"。

（四）对学术自由及其制度性保障、国家促进义务的综合确认

有些国家现行宪法中关于学术自由的条款相当详尽与完备，不仅明确保障学术自由本身，而且对学术自由的制度性保障及国家促进义务做出了具体规定。这些国家包括菲律宾、巴林、克罗地亚、马其顿、葡萄牙、西班牙、保加利亚、意大利、立陶宛、摩尔多瓦、秘鲁、巴拉圭、巴拿马、厄瓜多尔、危地马拉、萨尔瓦多、尼加拉瓜等①。如菲律宾宪法（1987 年颁行）中有多个条款关涉学术自由，其中第 5 条规定："（一）国家应考虑地区和部门的需要及条件，鼓励地方制定发展教育的政策和计划；（二）一切高等学校享有学术自由；（三）每个公民有权利按照公平、合理和平等的录取条件和学术条件，选择专业或研究科目；（四）国家应扩大教师在专业发展上的权利。非教职和学术人员应得到国家的保护；（五）国家给予教育最高的预算优先权。通过适当的报酬和满足职业上的其他要求，以保证教育能从现有优秀人才中吸引和保留应有的份额"；第 10 条规定："科学和技术是国家发展和进步的基本要素。国家对科学技术的研究和开发、发明创造及其应用，以及科学技术的教育、训练和服务提供优先权，支持适于本地的、自力更生的科技能力，以及在本国生产和国民生活中的应用"；第 11 条规定："国会应制定包括减税等奖励办法，鼓励私人参与基础科学研究和应用科学研究计划，为优秀的理科大学生、研究人员、科学家、发明家、技术人员、具有特殊才能的公民，提供奖学金、补助金或其他形式的奖励"；第 13 条规定："国家保护和保障科学家、发明家、艺术家和其他有才能的公民，对他们的知识财富和发明创造，特别是有利于人民的知识财富和发明创造的专有权，保护期限由法律规定"；第 14 条规定："国家根据在艺术和知识自由表达的气氛中又统一又多样的文化原则，促进菲律宾民族文化的保存、丰富和蓬勃发展"；第 18 条规定："……（二）国家鼓励和支持对艺术和文化的研究"。立陶宛宪法（1992 年颁布）规定："保障高等教育机构的自治"（第 40 条第 3 款）；"文化、科学、研究和教学不受限制；国家促进文化和科学的发展，

---

① 在这些国家中，除了意大利现行宪法于 1947 年颁布外，其他国家的现行宪法均于 20 世纪 70 年代后重新制定或修改。这些国家在制定或修改学术自由的宪法规范时，学习和借鉴了学术自由研究的理论成果和先进国家关于学术自由的宪法规定，以及大量关于学术自由的宪法解释和宪法判例，从而对学术自由内涵的理解也更具现代性，对学术自由宪法保障的考虑也更加周全，因此在具体的学术自由宪法条款上自然而然得到了更加全面、完备和细致的体现。

应注意保护立陶宛的历史、艺术和其他文化遗产；依法保护科学、技术、文化和艺术工作者的精神与物质利益"（第42条）。巴拉圭宪法（1992年颁布）第74条规定："（1）保障没有任何歧视的学习权利以及平等地接近人类文化、科学和技术的权利；（2）教学自由，除了道德伦理的一致性和工作素质外，没有任何要求，且保障接受宗教教育和多元意识形态的权利"；第79条对大学和高等教育机构做了专门规定："（1）大学和高等教育机构主要培养专业人员、从事科学技术研究和其他事务。（2）大学是自治机构。因此，它们根据国家教育政策和发展规划，制定规章制度和建立组织机构。教学自由受到保障。大学，不管是公立，还是私立，都依法设立。法律也规定个人必须具有大学学历才能从事大学工作"；第80条对学术投入与资助做了明确规定："依法为学术活动提供资金和其他资助，提高个人的知识、科学和艺术技能，优先为学术配备资源"。萨尔瓦多宪法（1983年颁布）规定："个人对教育和文化的权利与生俱来；因此，文化的保存、发展和传播，是国家的义务和首要目标。国家鼓励科学研究和科学事业"（第53条）；"……保障学术自由"（第60条）；"圣萨尔瓦多大学在教学、行政和财政诸方面享有自治权，并提供一种社会服务。该大学按章程治理，其章程将以一项确定该大学组织和运作的总方针的法律为基础制定。国家资助该大学固定资产的保持和增长，并在年度预算中列入该大学运行维持费用项目，但这些预算项目受相应组织的审计。私立大学的建立和运行受法律管制。私立大学在教学、行政和经济诸方面自治，必须尊重学术自由，并不得追逐利润"（第61条）。

二、学术自由宪法规范的形式比较

宪法规范的形式与宪法规范的内容相辅相成，尽管内容决定形式，形式服务于内容，但在不同国家，同一内容的宪法规范却有着不同的表现形式。在这里，我们将从宪法规范的形式结构、要素结构和类别结构①三个层面对

---

①　学术自由宪法规范的形式比较方法借鉴自汪习根教授对发展权宪法规范的形式比较分析。在他看来，形式结构意义上的分析属于宏观分析，要素结构意义上的分析属于微观剖析，而类别结构意义上的分析则属于中观分析。而只有同时从这三个层次进行比较分析，才能获得关于某一项目宪法规范形式的整体见识。参见：汪习根.2002.法治社会的基本人权：发展权法律制度研究［M］.北京：中国人民公安大学出版社：186-187.

学术自由宪法规范的形式进行比较分析，以揭示学术自由宪法规范不同的形式特征。

（一）形式结构意义上的比较

宪法典的形式结构由名称、目录、序言、正文（总则、分则、附则）、附件以及制定机关、制定时间和公布令等组成（周叶中，2000）。目前，各国成文宪法典中有关学术自由的规范均出现于正文部分，尚未发现有哪一个国家在宪法序言中直接确认学术自由的理念或原则（作为一项后起而"普通"的宪法权利，学术自由似乎也没有在宪法序言中予以强调的必要）。在宪法正文部分，关于学术自由的宪法规范在结构形式上主要有两种模式：一是集中规范型，二是分散规范型。

所谓集中规范型，指的是学术自由的宪法规范集中在宪法典某一篇或章、节中。作为一项宪法权利，学术自由的宪法规范一般位于公民基本权利的篇、章或节中，但也有个别国家的宪法将学术自由的条款置于总纲或总则之下。如也门现行宪法（1991年颁布）在第3章"社会与文化基础"第18条规定："国家保障科学研究自由，文学作品和文化成果应与宪法的精神与目的相一致。为这些文化成果提供各种形式的资助，为科学和艺术发展给予各种必要支持。同时鼓励科学和技术发现、艺术创作，保护所取得的成果。"在宪法典公民基本权利篇、章下的学术自由规范也有两种情况。第一种情况是基本权利不做细分，学术自由的宪法条款与其他公民权利一样并行列举于其下，这样的现行成文宪法有20多部。如日本现行宪法（1946颁布）第3章"公民的权利与义务"第23条规定："保障学术自由"。俄罗斯现行宪法（1993年颁布）第2章"人权、公民权利与自由"第44条规定："（1）保障每个人的文学、艺术、科学、知识及其他类型的创造性活动的自由。知识产权受法律保护。（2）每个人都享有参加文化生活、使用文化设施和接触文化珍品的权利。"更为常见的是第二种情况，即在宪法基本权利篇、章下细分为公民权利、政治权利，以及经济、社会和文化权利等若干章节，有关学术自由的宪法条款多置于经济、社会与文化权利章节下，如斯洛伐克现行宪法（1992年颁布）第2章"基本权利与自由"第5节"经济、社会与文化权利"第43条规定："科学研究和艺术的自由受到保障。创造性智力活动的成果受法律保护。"但有些国家关于学术自由的宪法规范非常详尽，相关条款散布于公民权利（人权）及经济、社会与文化权利章节中，典型的如葡萄牙现行宪法（1976 年颁布，后经多次修订）第 1 部分"权利、自由与保障"第 2 章"个人权利、自由与保障"第 42 条规定："（1）知识、艺术和科学创造不受限制。（2）这种自由权利包括发明、创作自由以及传播科学、文学、艺术作品自由，著作权受法律保护。"第 43 条规定："（1）保障学习与教学自由。……"而第 3 部分"经济、社会和文化权利与义务"第 3 章"文化权利与义务"第 76 条又规定："……（2）大学依法自主制定规章制度，享有学术、教学、管理和财政等自治权。"

所谓分散规范型，指的是在宪法的形式结构中，以两个或两个以上的层次规定学术自由的内容，亦即关于学术自由的宪法规范分布于总纲、原则或公民权利等章节中。一般而言，有关学术自由促进义务的条款通常置于宪法总纲或原则中，而关于学术自由权利的直接规定则置于公民基本权利的相应章节中。如巴林现行宪法（2002 年颁布）在第 2 章"社会的基本要素"第 7 条第 1、4 款分别规定："国家为科学、人文和艺术提供资助，鼓励科学研究。国家也为公民的教育和文化服务提供保障。……国家保障教学场所不受侵犯。"同时又在第 3 章"公民权利与义务"第 23 条规定："言论自由和从事科学研究的自由受到保障。依照法律规定的条件和方式，每个人都有以口头、书面或其他方式表达和宣传其意见的权利。"保加利亚现行宪法（1991 年颁布）第 1 章"基本原则"第 23 条规定："国家为科学、教育和艺术的自由发展创造条件并给予帮助。国家关心保护我国的历史和文化遗产。"第 2 章"公民的基本权利和义务"第 53 条规定："……高等学校享有学术自治权。"第 54 条又规定："一、每个人都有权享用全民的和全人类的文化财富，按其种族归属发展自己的文化，这一权利得到法律的承认和保障。二、艺术、科学与技术创造得到法律的承认和保障。三、发明权、著作权和与之类似的权利受到法律的保护。"

（二）要素结构意义上的比较

宪法规范是由一系列互相关联、相互作用的要素所构成，具体而言，包括宪法规则、宪法原则、基本国策、宪法概念，以及程序性和技术性规定等（李龙，1999）[123-128]。以宪法规范的构成要素为参照标准，学术自由的宪法规范也分别表现为基本国策、宪法原则、宪法规则、宪法概念等几种形式。

1. 基本国策意义上的学术自由条款

只有极少数国家直接以基本国策的形式规定了学术自由的内容。如泰国现行宪法第 5 章"国家的政策路线"中关于学术自由的规定有："……高等教育培养工作，国家应允许教育机构在法律规定范围内独立自主地组织进行工作"（第 65 条）；"国家应资助各种艺术和学术的研究工作，鼓励与促进加快科学技术的发展，以运用于国家的发展"（第 66 条）。

2. 宪法原则意义上的学术自由条款

在现行成文宪法中，以宪法原则的形式确认和规范学术自由的也不多见，主要有叙利亚、土库曼斯坦、保加利亚、白俄罗斯、古巴等少数几个国家，其内容主要是强调国家对学术自由的促进义务。即便如此，这几个国家的宪法对学术自由内容的原则规定也不尽相同，主要有两种情形：一是体现在"宪法制度的原则"中，二是在直接命名为"基本原则"或"政策原则"的宪法规范中加以规定。第一种情形主要体现在白俄罗斯和土库曼斯坦等国的宪法中。如土库曼斯坦现行宪法（1992 年颁布）第 1 部分"宪法制度原则"第 10 条规定："国家负责保护民族历史文化遗产和自然环境，保证各社会、民族共同体之间平等，鼓励科学、艺术创造及其成果的推广，促进科学、文化、培养教育、体育运动和旅游方面国际联系的发展。"而叙利亚、保加利亚和古巴等国的现行宪法则体现为第二种情形。如叙利亚现行宪法（1973 年颁布）"基本原则"专章对"教育和文化原则"做了规定："科学、科学研究和一切科学成就是阿拉伯社会主义社会进步的基本要素。国家将不断扩大对科学事业的全面支持。"（第 24 条）古巴现行宪法（1976 年颁布）在"国家的教育、文化政策原则"中规定："……有艺术创作的自由，但其内容不应危害革命；有艺术表现形式的自由；为提高人民文化水平，国家努力繁荣和发展艺术教育、创作才能、艺术研究和欣赏能力；（七）有科学创造和科学研究的自由。国家鼓励和指导科研，优先开展解决涉及社会利益和人民福利问题的科研项目。"

3. 宪法规则意义上的学术自由条款

从宪法规则的逻辑结构来看，宪法规则与一般法律规则一样，应由假定、行为模式和法律后果三部分构成。但各国现行宪法中关于学术自由的条款绝大多数都不是严格意义上的宪法规则，往往只设定行为模式，而很少直接规定法律后果，这与宪法自身的抽象性、纲领性和根本性特征是相一致的。

4. 宪法概念意义上的学术自由范畴

宪法概念是宪法规范所体现的各种权利义务关系的基本连接点，是形成以判断或命题为主要形式的法律规范的基础（汪习根，2002）。宪法概念的清晰、明确是宪法规范成熟和发达程度的重要标志，也是宪法实施的基础和前提。目前，有不少国家如日本、韩国、菲律宾、泰国、德国、瑞士、意大利、芬兰、萨尔瓦多、南非等的宪法直接采用了"学术自由"这一概念，并在具体的宪法规范中明确体现出来。但也有不少国家的宪法使用了与"学术自由"意旨相通或相近的概念。如巴林、卡塔尔、波兰、斯洛伐克、爱沙尼亚等国宪法采用的是"科学研究自由"；朝鲜、也门、土耳其、阿尔巴尼亚、斯洛文尼亚、马其顿、葡萄牙、乌克兰、摩尔多瓦、匈牙利、秘鲁、古巴、阿尔及利亚、毛里塔尼亚等国宪法使用的是"科学活动（工作）或创作（创造）的自由"；比利时、西班牙、巴拉圭、厄瓜多尔、哥斯达黎加、卢旺达等国宪法采用的是"教学自由"或"讲学自由"；巴拿马、乌拉圭、智利等国宪法使用的是"教育自由"。学术自由的多义性及其表述的多种方式，充分表明学术自由的宪法概念目前还不够成熟，尚没有得到普遍一致的认可。

（三）类别结构意义上的比较

从不同的角度或者依据不同的标准，宪法规范可以分为多种类别。从表达方式来看，可分为宣告性规范与确认性规范；从宪法规范作用的时间来看，可分为纲领性规范和现实性规范；从宪法规范的约束力的强弱来看，可分为提倡性规范、任意性规范和强行性规范；从宪法规范的功能来划分，可分为调整性规范与保护性规范（李龙，1999）[128-133]。不同种类的规范在宪法结构中发挥着不同作用。世界各国宪法中关于学术自由的规范表现为多种类型，主要有以下三类：一是保护性规范；二是确认性规范；三是禁止性规范。

1. 以保护性规范强调对学术自由的保障

大多数关于学术自由的宪法规范属于保护性规范，主要表述形式为"（依法）保障学术自由"或者"学术自由受（法律）保障"。如巴林现行宪法（2002 年颁布）第 23 条规定："言论自由和从事科学研究的自由受到保障"；卡塔尔现行宪法（2003 年颁布）第 47 条规定："依法保障表达自由和科学研究自由"；日本现行宪法（1946 年颁布）第 23 条规定："保障学术自由"；韩国现行宪法（1948 年）第 22 条规定："保护学术和艺术活动的自由和权利"；芬兰现行宪法（1999 年颁布）第 16 条第 3 款规定："保障科学、艺术与高等教育自由"。

2. 以确认性规范直接宣示和确认学术自由

这在不少国家的宪法中都有所体现。如朝鲜现行宪法（1972 年颁布）第 60 条规定："公民有科学及文学艺术活动的自由"；菲律宾现行宪法（1986 年颁布）第 14 章第 5 条第 2 款规定："一切高等学校享有学术自由"；波兰现行宪法（1997 颁布）第 73 条规定："每个人都享有艺术创作、科学研究自由及其成果传播的自由，教学及享受文化成果也是自由的"；德国现行宪法（1949 年颁布）第 5 条第 3 款规定："艺术与学术、研究与教学是自由的"。此外，意大利、巴西、古巴等国关于学术自由的宪法规范也属于此类。

3. 以禁止性规范限制对学术自由的干涉，或以禁止性规范限定学术自由的范围

第一种情况比较少见，只存在于个别国家的宪法中。如比利时现行宪法规定："禁止一切妨碍教学自由的措施"（第 17 条）；格鲁吉亚现行宪法规定："……不许干涉创作过程，同时不许在创作活动领域中进行书刊稽查。只要创作作品不妨碍他人的合法权利，则不许查封或禁止其传播"（第 23 条）。第二种情况也不多见，如德国现行宪法第 18 条规定："如任何人滥用自由表达的权利，特别是出版自由、教学自由、集会自由、结社自由、通信、邮政、电讯秘密权、财产权和避难权，此种滥用法定权利与自由、民主的基本法令相抵触，即丧失上述各种基本权利。联邦法院将宣布褫夺此类权利，并确定褫夺的范围。"

综上所述，各国学术自由的宪法规范在内容与形式上都存在很大差异，这不仅与各国的文化背景、具体国情及宪法自身的结构体系有关，而且与学术自由的历史基因、学术自由的概念认知、学术自由权利在宪法中的地位等紧密相关。宪法是一国的根本大法，是公民权利的保障书。不管是什么内容和何种形式的学术自由宪法条款，都从最高法角度确定了学术自由的宪法权利属性，为学术自由的法律保障奠定了根基，开掘了源头。当然，需要明确的是，学术自由的宪法规范是一回事，学术自由的法律保障是另一回事。学术自由的切实保障并不取决于学术自由宪法规范内容的疏密多寡和形式的不同样态，而是取决于对宪法权威的尊重和宪法的有效实施，取决于国家和社会对公民权利的珍视、保护，以及对学术自由促进义务的履行。否则，无论是多么细密的学术自由宪法条款，还是五花八门的学术自由宪法规范形式，都不过是一张写满学术自由权利而难以落到实处的纸。

参考文献

周叶中.2000.宪法[M].北京:高等教育出版社,北京大学出版社:117.

李龙.1999.宪法基础理论[M].武汉:武汉大学出版社.

汪习根.2002.法治社会的基本人权:发展权法律制度研究[M].北京:中国人民公安大学出版社:192.

Comparative Analysis on the Academic Freedom Constitutional Regulations

Hu Jiagang

Abstract：Academic freedom has been a fundamental constitutional right in most countries nowadays. But there are many differences between the constitutional regulations of academic freedom, not only in the content, but also in the form. The content of academic freedom constitutional regulations are inconsistent, there are mainly four types, including the unitary confirmation of academic freedom, confimation of academic freedom and institutional guarantee, confirmation of academic freedom and state promotes obligations, comprehensive confirmation of academic freedom, institutional guarantee and state promotes obligations. In the form of academic freedom constitutional regulations, there are different features on the formal structure, factor structure and category structure of various constitutions. The constitutional clauses of academic freedom confirm the constitutional right of academic freedom from the supreme law, and establish the foundation of the legal protect of academic freedom.

Key words：academic freedom　constitutional regulations　content comparison form comparison

作者简介

　　胡甲刚，男，1975 年生，湖北丹江口人，法学博士，武汉大学发展研究院副院长、研究生教育中心副主任，主要研究方向为宪法学、教育法学、高等教育改革与发展。

□ 申素平

高等教育阶段我国残疾人教育机会平等权的法律保障①

【摘　要】高等教育阶段，残疾人的受教育权主要表现为教育机会平等权。我国立法规定高等学校必须录取符合国家规定录取标准的残疾考生，国家应对残疾人参加国家升学考试提供便利条件。但与国外立法或与残疾人教育机会平等权的内涵要求相比，还存在立法不足以及法定权利未能转化为现实权利的问题，应从转变立法理念、细化相关立法、侧重补偿以及强化程序实现权利救济等方面予以改进。

【关键词】残疾人　高等教育　教育机会平等权

尊重与保障残疾人的受教育权，是一个国家和社会文明发展水平的标志之一。《国家中长期教育改革和发展规划纲要（2010—2020年）》在提及"形成惠及全民的公平教育"时，特别指出要"保障残疾人的受教育权利"。从世界残疾人教育发展的历程与趋势来看，通过立法实施残疾人教育已经成为各个国家教育政策和法制的一个重要组

①　本文系教育部人文社会科学研究青年基金项目"残疾人教育法律制度研究"（项目批准号：10YJC880102）研究成果。特别对中国人民大学教育学院硕士研究生孟博宇为本文所做的资料收集整理工作致谢。

成部分，并成为本国残疾人的教育需求是否得到满足、参与机会是否平等、是否享受平等人权的基本尺度。残疾人高等教育的产生和发展是社会前进和教育事业发展的必然规律（朴永馨，2004）。残疾人在高等教育阶段的受教育权主要表现为教育机会平等权，具体包括两个方面：一是残疾人同其他受教育者一样，享有平等的受教育机会，不因残疾而被拒绝入学；二是残疾人由于身心方面存在障碍，是受教育者中的弱势群体，需要国家为其接受教育提供必要的支持，包括在入学考试阶段根据残疾考生的特点在考试时间、地点、形式等方面提供便利条件，建设无障碍环境的学校满足残疾学生的需求，并视情况在录取名额、教育费用和其他服务措施上为残疾学生提供更多的援助。

一、我国对高等教育阶段残疾人教育机会平等权的法律保障现状

在我国，残疾人高等教育主要覆盖了盲、聋、肢残等三类学生，涉及的专业有医学、中文、艺术、经济、法律、外语、数学、哲学、教育、机电等，学历层次主要是专科、本科，只有极少数的高校招收残疾学生攻读研究生。我国残疾人进入高等教育的途径目前主要有普通高考和单独招录两种形式。参加普通高考的残疾考生多数是肢体残疾或者轻度的盲聋考生，他们同普通考生一起参加考试，报考普通高等学校并参加录取。

与此同时，由普通高等学校下设特殊教育学院或开设系和专业，采取单独考试单独录取的方式招收残疾考生，是残疾考生接受高等教育的另一种重要途径。北京联合大学特殊教育学院、长春大学特殊教育学院、天津理工大学聋人工学院、山东滨州医学院医疗二系、河南中州大学等专门面向残疾考生招生的院校，主要是采取单独考试、单独录取的方式为残疾考生提供高等教育。这种针对残疾考生的水平和特点组织的有针对性的考试，避免了残疾考生跟健全考生竞争，增加了残疾考生接受高等教育的可能性。但是由于其招生数量、招生对象、招生专业的限制性，能够进入此类高校就读的考生数量十分有限。并且其办学层次相对不高，难以满足残疾考生接受高等教育的需求。

我国现有的对高等教育阶段残疾人教育机会平等权的法律规定，主要集中在以《教育法》、《高等教育法》为基础、以《残疾人保障法》、《残疾人

教育条例》为重点的法律体系中。此外，国务院、教育部、中国残联等相关部门也先后制定了《普通高等学校招生体检工作指导意见》、《关于进一步加快特殊教育事业发展意见的通知》、《关于加快推进残疾人社会保障体系和服务体系建设的指导意见》、《中国残疾人事业"十五"计划纲要》等规范性文件，在残疾人高等教育机会平等的保障方面也起到了不容忽视的重要作用。上述法律法规及政策文件对高等教育阶段残疾人教育机会平等权的保护主要集中在以下三个方面。

（一）不得拒绝符合条件的残疾人入学

《残疾人保障法》第 25 条、《高等教育法》第 9 条、《残疾人教育条例》第 29 条均规定，高等学校必须招收符合国家规定录取标准的残疾考生入学，不得因其残疾而拒绝招收。《职业教育法》第 15 条规定残疾人职业教育除由残疾人教育机构实施外，各级各类职业学校和职业培训机构及其他教育机构应当按照国家有关规定接纳残疾学生。教育部、卫生部、中国残联关于印发《普通高等学校招生体检工作指导意见》（以下简称《意见》）的通知明确指出，该《意见》只作为高等学校录取新生时对其身体健康状况要求的指导性意见，高等学校可根据本校的办学条件和专业培养要求，提出对考生身体健康状况的补充规定，补充规定必须合法、合理，有详细的说明和解释，但不得以不具备办学条件或不符合培养要求为由，拒收确能进行所报专业学习的残疾考生，补充规定要在招生章程中向社会公布。《意见》在保障肢体残疾学生的入学方面做出了特别规定："对肢体残疾、不影响所报专业学习，且高考成绩达到录取要求的考生，高等学校不能因其残疾而不予录取。"同时，《意见》还针对残疾人招生与就业工作的关联性，明确区分录取受限专业和不宜就读专业。其中由于所患某种疾病或生理缺陷，不能按专业培养方案完成学业的为录取受限专业，学校有关专业可不予录取；对患有不影响专业学习，但今后对在该专业领域内就业可能有影响的某种疾病或生理缺陷，确定为不宜就读专业，指出其仅"供考生报考专业志愿时参考。学校不得以此为依据，拒绝录取达到相关要求的考生"。

（二）为残疾人参加入学考试等提供便利条件

针对残疾人在参加高等教育入学考试方面可能面临的困难和障碍问题，

《残疾人保障法》第54条规定："国家举办的各类升学考试、职业资格考试和任职考试，有盲人参加的，应当为盲人提供盲文试卷、电子试卷或者由专门的工作人员予以协助。"《北京市实施〈中华人民共和国残疾人保障法〉办法》第28条规定："教育行政部门应当根据实际情况为残疾人参加国家各类升学考试提供大字试卷、盲文试卷等便利条件或组织专门服务人员予以协助；鼓励和支持教育机构通过远程教育等方式为残疾人接受教育提供便利。"

在残疾学生的学习生活环境提供方面，《残疾人保障法》第55条规定，公共服务机构和公共场所应当创造条件，为残疾人提供语音和文字提示、手语、盲文等信息交流服务，并提供优先服务和辅助性服务。《残疾人教育条例》第47条规定"普通学校应当根据实际情况，为残疾学生入学后的学习、生活提供便利和条件"。

（三）为残疾人入学提供优惠待遇

目前我国立法对这方面的规定较少。国务院《关于进一步加快特殊教育事业发展的意见》提出，普通高校全日制本专科在校生中家庭经济困难的残疾学生和中等职业学校一、二年级在校生中残疾学生要全部享受国家助学金。地方性立法中有《湖北省残疾人优惠待遇规定》明确指出：省内普通高级中学、中等专业学校、技工学校、高等学校及成人教育机构，在招生时应当录取符合国家规定录取标准的残疾考生。残疾考生和在校残疾学生可免试体育，听力残疾考生可免试外语听力，并以不低于当年考生或在校学生平均体育成绩、外语听力成绩的分数计入考试总成绩。该规定还明确提出接受中高等教育的贫困残疾子女，优先享受助学金和助学贷款。对考上高等院校的残疾学生，由户籍所在地残联给予一次性奖励。

二、国外对高等教育阶段残疾人教育机会平等权的法律保障

通过立法推进和实施残疾人高等教育，保障残疾人平等接受高等教育的权利，是很多国家和地区的共识与经验。美国是对残疾人教育立法较多的国家，其主要特色在于通过联邦立法帮助解决各州在实施残疾人教育方面所面

临的经费不足和意愿不够的问题。在其通过的大量有关残疾人教育的立法中，1973 年颁布的《康复法》第 504 节条款确立了保护残疾人高等教育机会平等权的基本原则——高等学校必须录取"有残疾的合格个人"，美国联邦最高法院后在相关判例中将"有残疾的合格个人"界定为"虽有残疾但能满足所有教育要求的人"。英国 2001 年颁布《特殊教育需要与障碍法》，首次明确高等教育提供机构须保证其不因学生的障碍或相关理由而对其歧视、不当对待或不为其提供合理的调整措施。澳大利亚分别于 1992 年与 2005 年颁布《残疾歧视法》和《残疾歧视法教育标准》，规定基于残疾的歧视是不合法的，高等教育机构要保证残疾人的高等教育权利，提供就读机会及支持服务。爱尔兰则出台系列法律，包括《1997 年大学法》、《1998 年教育法》、《1999 年资格法》和《2000 年平等地位法》等，支持其高等教育扩充，为过去被忽略的障碍人群提供接受高等教育的可能（茅艳雯 等，2010）。

　　这些国家的立法除了规定高等学校不得歧视残疾考生、不能因残疾而拒绝录取合格残疾考生之外，还有以下较为突出的重点和特色。

（一）对残疾人参加入学考试及入学后的学习生活提供充分的便利条件

　　丹麦规定残疾学生可以申请免除某些科目的考试，利用信息技术手段、磁带或盲文、延长准备或考试时间，允许视力残疾儿童回避涉及地图或图片的试题等措施保障残疾学生和其他学生有同等的受教育机会。残疾学生在接受高等教育时，为完成其学业有权要求其所在院系提供必要的特殊教育支持，为他们提供这种补偿性措施是其所在院系应该承担的职责，这些措施主要包括对学校物理环境的改善，现代翻译设备、录音教材和其他新技术的利用等（牟玉杰，2006）。

　　韩国通过提供辅助人员和延长考试时间的方式来维护残疾考生的教育机会平等权。2004 年 11 月 17 日，大约 61 万名韩国中学毕业生参加了大学学力考试，其中有 31 名患痉挛性麻痹的学生。为保证这 31 名学生顺利参加考试，韩国教育部组织了大约 80 名来自特殊教育学校的考试辅助人员（其中包括 45 名督学）对这些考生提供帮助。在考试的中间休息时间，残疾学生可以将他们画好了记号的纸交给这些辅助人员，而后者将按照纸上的记号为他们填写试卷。残疾考生考试的时间比正常考生长 20 分钟，但每次中间休息时间短 10 分钟。对于那些有严重残疾的考生，辅助人员会把试题念给他们听，并将他们的答案代填到试卷上（新馨，2004）。

（二）在录取中引入对残疾人的补偿措施

一些国家除了规定同等条件下，不得因残疾拒绝录取符合条件的残疾考生外，还引入了一些补偿措施来增加残疾人接受高等教育的可能性，以补偿残疾人在高等教育入学中的弱势地位，具体形成了配额法和加分法两种方式。

所谓配额法，即是在每年的录取名额中预留或单独增加部分名额给残疾学生，专门用于保障残疾人的高等教育入学。所谓加分法，主要是通过加分或在原有成绩的基础上加权计算成绩，增加残疾考生达到高校录取分数线的可能性。如西班牙 1992 年的皇家法令要求各大学在一年级新生招生名额中留出 3% 的比例给残疾学生，包括非听力损伤或言语损伤的其他类型残疾学生。（赵向东，郝传萍，2004）1996 年，美国加州为保障残疾人的高等教育机会平等权，在考试调整等特别措施的基础上，也采取了一些带有补偿性质的措施，如在以特殊才能合格性决定标准录取的新生中预留 2% 的名额录取包括残疾人和退伍军人在内的由于特殊情况未能达到其他录取标准的学生。1995 年韩国政府制定的残疾青年大学录取特别制度，允许大学录取一些定员外的残疾学生，扩大残疾学生接受高等教育的机会。

（三）对高等学校招收残疾学生进行补助

一些国家对高等学校录取残疾学生实施激励，进行专门的经费支持和政策鼓励。如丹麦政府规定学校在向残疾人提供入学特别支持时，可以向丹麦国家教育助学及贷款事务所寻求经济援助。意大利的做法是每所大学的校长任命一位教授负责接待残疾学生，大学向残疾学生提供全部必需的教学设备，并在住宿安排方面给予他们帮助。对残疾学生的照顾，实行一对一的安排，由该残疾学生同班的其他学生承担。残疾学生的专业分布也呈现出多元化的特征，就读于科学、文学、法律以及社会学等院系。

三、对我国高等教育阶段残疾人教育机会平等权法律保障的思考与建议

我国残疾人高等教育虽然在过去近 30 年里取得了很大成绩，但残疾人的高等教育入学率仍远远低于我国高等教育的总体入学率。即使排除智力残疾、情绪残疾、精神残疾等因智力发展水平而导致无法达到高考录取分数线的残疾障碍类型，依然存在部分肢体残疾学生、低视力考生达到高考录取分数线却被普通高校拒之门外的现象。残疾人高等教育入学率低、进入高等教育的残疾学生类型有限，都显示出我国在高等教育阶段残疾人教育机会平等权保护方面还有很多不足。

通过对我国相关立法的分析可以发现，我国对高等教育阶段残疾人教育机会平等权的保护主要是在"必须录取符合规定的残疾考生，不得因其残疾而拒绝录取"的阶段，而对根据残疾人自身特点在考试方式、形式、条件保障方面给予便利措施的规定还不够充分，对残疾人高等教育提供的激励措施比较零散、覆盖面较低，对残疾人在录取中给予的补偿措施基本缺位。

国外有关残疾人高等教育的立法与我们相比，有两个重要的特点：首先，其所保护的残疾类型范围较宽，不仅包括肢体残疾、视力残疾、听力残疾，还包括情绪障碍以及患有某些特殊疾病的人[1]。而我国进入普通高等学校的残疾人多是肢体残疾或轻度视力残疾、听力残疾的考生，其他类型的残疾考生被普通高校接纳的机会十分有限。其次，相较于我们主要关注避免合格考生因为残疾而被拒绝录取的现实，国外立法已经更多的将关注重心转移到了弹性的、可调整的考试方式和形式，以及政府的条件保障、激励和补偿措施上来，更为看重的是从提供便利、给予奖励等角度来给予特别优待，增加残疾人进入高等教育的可能性。显然在以上两个方面，我国立法都还有进一步扩展完善的空间。

除此之外，就我国残疾人现有的"法定权利"而言，如何使其得到落

---

[1] 以美国《康复法》第 504 节条款为例，其对残疾人的定义是那些有残疾状况的人、过去曾受过损害的人和那些被认为有损害的人，包括语言、听觉、视觉与脸部的损伤，或疾病、脑性麻痹、癫痫、肌肉营养不足、多重硬化症、癌症、糖尿病、心脏病、心智迟缓、情绪障碍、知觉障碍以及识字困难、轻微脑功能失常与发展性失语症等特殊学习障碍。

实、切实转化为残疾人的实有权利，也是一项重要的任务。一方面，虽然我国立法已经明确残疾考生不能因其残疾而被拒绝录取，但在国内高校目前无障碍环境普遍不足，担心招收残疾学生会给教学和管理增加不便和风险以及可能给毕业生就业率带来不利影响等考量下，残疾人所应享有同时也已为立法所确认的这项权利在现实中仍不时遭受侵犯。另一方面，针对残疾考生特殊的应考需求，我国虽然已在修订的《残疾人保障法》中规定了可以更改考试形式、弹性调整考试时间等以适应残疾人的特殊性，但是实施机关的权限、职责、经费来源和法律责任规定等还不够明晰，特别是高等学校及招收研究生的科研院所等的权责不够清晰，也在一定程度上影响了残疾人法定权利的实现。举例来说，《北京市实施〈中华人民共和国残疾人保障法〉办法》第 28 条规定，"教育行政部门应当根据实际情况为残疾人参加国家各类升学考试提供大字试卷、盲文试卷等便利条件"。那么在研究生入学专业课考试等自主命题的考试中，究竟是由高等学校还是由教育行政部门承担为残疾考生提供大字试卷、盲文试卷等便利条件的法律义务，高等学校等是否可以及从何处获得经费或者专业与技术上的支持，是否可能因此承担法律责任及承担什么样的法律责任等，这些不明确的问题都会成为阻碍该项法定权利实现的因素。

　　总体来说，我国关于残疾人高等教育的法律规定较少，其中一些规定原则性又较强，缺乏立法或司法的解释以及相关案例的积累，导致其在现实中的可操作性不足，未能发挥应有的作用。因此，加强和改进残疾人高等教育立法，特别是残疾人高等教育招录的相关细化工作已经变得十分迫切。具体来说，应该从以下几个方面予以改进。

（一）转变理念，深化对高等教育阶段残疾人教育平等权的认识

　　当前情况下，首要是深化对高等教育阶段残疾人教育机会平等权的认识，转变轻视残疾人高等教育的观念和立法理念。我国《残疾人教育条例》第 3 条规定："发展残疾人教育事业，实行普及与提高相结合、以普及为重点的方针，着重发展义务教育和职业教育，积极开展学前教育，逐步发展高级中等以上教育。"虽然提到逐步发展高级中等以上教育，但该条例全文仅有第 29 条涉及高等教育："普通高级中等学校、高等院校、成人教育机构必须招收符合国家规定的录取标准的残疾考生入学，不得因其残疾而拒绝招

收。"从其立法意图和具体条文分布均可看出，残疾人高等教育并未得到足够重视。社会上也普遍存在"残疾人接受高等教育有什么用?"的质疑，过于注重高等教育为社会提供人才的功能而忽视了其对人的发展的作用，进而在效率优先的思维框架下严重忽视了作为残疾人基本权利的教育平等权的实现。而教育又给残疾人带来了身体劣势以外的不平等，"通过灌输'由于教育成就上的差异而造成的不平等是合理的'观念，又使新形式的不平等合法化"（刘精明，2005）。

（二）细化残疾人高等教育招录工作的法律规定

要通过立法和制度建设继续细化残疾人高等教育招录工作的法律规定。规定高等学校等在招生过程中，必须将其宣传资料、课程资料和申请表格、网页等，以多种方式如点字、大字体、录音带、电话讲解、语音软件等方式提供，让残疾人能够顺利地获得相关资料。在考试过程中，教育行政部门应成立常设或非常设的机构以及专家委员会，研究针对各类型残疾考生的弹性考试方式。针对视力残疾考生，可以通过提供盲文、大字试卷的方式来予以调整；针对听力残疾的考生，可由考生提出申请，免除口语、听力等相关科目的考试，为考试过程提供手语翻译、文字说明材料等；针对肢体残疾考生，可以提供无障碍考场或弹性的考试程序，避免肢残考生因为行动不便而无法顺利进行考试，使残疾考生能够不受残疾限制展示他们的能力。针对考试的时间、考试过程中涉及的技术支持手段，同样可由专家委员会加以评估测定，通过适当延长或分割考试时间，增加考场辅助人员等手段，在不影响考试的公平和水准的前提下，为残疾人参加教育考试提供便利。在此方面，一是可以成立国家特殊教育资源中心，负责国家教育考试中残疾人相关扶助措施和技术标准的研发和提供，并在各地开展培训和推广，逐步实现各级各类招生考试的无障碍化。二是可以通过财政拨款的方式，由招考单位负责残疾人招生考试中无障碍技术和措施的提供，政府通过提供资金和技术顾问的方式予以支持和鼓励。

（三）侧重对残疾人高等教育的补偿

残疾人身体上的劣势对其实现受教育权会带来一些不利影响。在实现高等教育机会平等的时候有必要消除残疾人因身体劣势所面临的负面结果，根据高等教育阶段残疾人教育机会平等权的内容，侧重对残疾人的补偿。可以参考我国现有的少数民族加分政策，探讨对残疾人高等教育实施补偿措施的可行性，通过在高等教育录取名额中预留或额外增加部分名额，为残疾人考试分数的计算单独设定一定的计算公式或直接根据残疾程度进行相应的加分等措施，增加残疾人进入高等学校的机会，弥补残疾人在与健全人的竞争中所处的不利地位。

此外要加强对高等学校招收残疾学生的激励和奖励。我国已有的残疾人生均经费标准和中央财政特殊教育补助专款主要是面向高等特殊教育学院执行，招收残疾学生的普通高校并不能享受这部分津贴。而且，我国目前对残疾大学生的教育投入同健全大学生一样，这也与残疾大学生所需教育投入远高于健全大学生的事实不符，这些都影响了普通高等学校招收残疾学生的积极性。因此，中央和地方政府应当通过经费支持帮助高校落实《残疾人保障法》所规定的无障碍环境建设，还应提高残疾大学生的生均经费补助标准以及拨付专项经费用于残疾人招录工作，提升普通高校招收残疾考生的意愿和主动性。在具体做法上，可以借鉴我国台湾地区的经验，通过制定补助奖励办法，根据学校最终录取、报到注册并具有学籍的残疾学生的数目，按人头补助一定的教育经费，用于充实教学设备；为每年举办残疾学生入学考试的高等学校每一学年度补助一定的经费，用于残疾人招生、考试和录取工作及改善校园无障碍环境。

（四）加强程序立法并充分实现权利救济

"我国目前未有统一的行政程序法，而教育领域的法律、法规在程序方面的规定都比较简单和粗糙，且偏重于管理而忽略相对方的权利救济……加快立法是解决之道。"（沈岿，2002）合理正当的程序是对残疾人的受教育权进行行政保护和司法保护的重要依据，没有正当程序，招生考试部门及高等学校的招考过程就难以实现公开和公平，残疾学生合理的知情权、选择权和请求权就难以得到保障和维护，其教育机会的平等就难以实现。只有严格规范残疾人高等教育各个环节的程序性规定，才能使残疾人明确自己享有的具体权利，确知自己的权利如何受到了侵犯，也才能在权利受到侵犯后，按照明确的途径和程序去加以维护。这些具体的程序性规定不仅包括在招生、考试、录取阶段残疾人所拥有的权利，可以获得支持的种类、范围，服务提供主体，还应包括在教育机会平等权受损后，残疾人寻求权利救济的途径、程序。加强程序立法是我国教育立法面临的一个重要任务，而对于相对弱势的残疾人来说，程序的透明、公正更为必要和紧迫。只有不断完善残疾人高等教育招录工作中的程序性规定，才可以充分发挥现有权利救济制度的功能，畅通教育申诉制度和行政诉讼制度的联系，有效提升现有残疾人受教育权的救济水平。

参考文献

刘精明.2005.国家、社会阶层与教育获得:教育获得的社会学研究[M].北京:中国人民大学出版社:35.

茅艳雯,马红英.2010.发达国家残疾人高等教育研究综述[J].中国特殊教育(3):8-13.

牟玉杰.2006.丹麦特殊教育的特点及思考[J].南京特教学院学报(1):69-72.

朴永馨.2004.残疾人高等特殊教育的产生与发展[J].中国听力语言康复科学杂志(3):4-6.

沈岿.2002.公立高等学校如何走出法治真空:学校与学生关系维度[J].行政法论丛(1):54-104.

新馨.2004.韩国大学入学考试适应残疾学生的需要[J].当代韩国(4):91.

赵向东,郝传萍.2004.西班牙高等教育中的残疾学生[J].中国特殊教育(10):3-7.

Legal Protection of the Right to Equal Educational Opportunities for Persons with Disabilities in Higher Education of China

Shen Suping

Abstract: Right to equal educational opportunities is the most important right for persons with disabilities in higher education. According to Chinese legislation, higher educational institutions must accept qualified persons with disabilities and provide convenience for them to attend national examinations. However, it is not enough compared with overseas legislation or requirements of the right to education for persons with disabilities. It is necessary to change legislation ideas, further refine the relevant laws and regulations, emphasize supportive and compensation measures, strengthen procedural rules and provide effective remedies.

Key words：persons with disabilities　right to equal educational opportunities higher education

作者简介

申素平，博士，中国人民大学教育学院教授，教育政策与法律研究所所长，博士生导师，研究方向为教育法学。

□余雅风

论在家教育入法的价值目标与规范重点①

【摘　要】在家教育是以父母可以选择更适合子女潜质、能力的教育为前设的。在家教育入法，其目的在于通过确立父母在家教育子女权利的方式来实现儿童发展。儿童发展权保护构成了在家教育立法的终极价值目标，其法律规范的构架也应以此为基准。在家教育入法要避免法律工具主义，真正以未成年人发展权为立法价值目标。法律规范则要围绕未成年人发展权，围绕政府职责、父母职责、在家教育与现行学制的融通三个重点进行设计。

【关键词】在家教育　价值目标　未成年人发展权

在家教育在全国各地的迅速兴起，引发学界关于在家教育合法性与立法规制的大讨论。研究者普遍认为，与学校教育相比，在家教育具有自身的优势，对于具备在家教育的条件、具有在家教育能力的父母，法律应允许其选择在家教育子女，继而提出修改现行法律，赋予在家教育以合法性的建议。然而，相关文献通常都是从父母的教育自由权、教育选择权出发阐释在家教育的理论基础，进行在家教育的"法理分析"（殷晟，2010）。对此，笔者有不同看法。

---

　　① 北京市哲学社会科学"十二五"规划项目"北京市在家教育的立法规范研究"（项目编号：12JYA002）。

法理分析主要是发现事实背后所隐含的"事物本然之理"与"法"之间的关系，是关于法律的分析。在以命题为分析对象时，法理分析更多的是探究该命题的正当性问题，其目的在于解释法律为什么如此规定（陈金钊 等，2004）。从这个逻辑出发，若仅仅是以父母的教育自由权、教育选择权作为在家教育入法的理论与合理性基础，其法律规定的重点必然是对父母在家教育场所、方式、内容等选择权的保护，这显而易见忽视了作为受教育权主体的儿童及其权利保护，从而导致法律制定中立法价值目标的偏差以及规范重点的混乱。

法律的价值目标，表现为广泛认同、预见和期望的法律价值关系运动的方向和前途，其在人们的法律实践中具有重要的指引和导向作用（谢鹏程，2000），不仅指导构建法的基本框架、设立具体法律制度，同时也指导司法实践。歪曲或误解立法的价值取向，法律就难以实现其社会功能，就不可能产生良法。在社会经济文化迅速发展的今天和未来，必将会有越来越多的人有能力选择在家教育。允许在家教育并通过立法加以规范是世界发达国家的普遍选择，在家教育入法也是我国教育法治建设不可回避的问题。当下首要的问题，是深入研究在家教育入法的理论基础，确立在家教育立法正确的价值目标，并妥适地建构具体法律规范。

一、未成年人发展权：在家教育入法的基础与价值目标

为了了解我国在家教育发展的现状，以便更好地论证在家教育的立法问题，"北京市在家教育的立法规范研究"课题组于 2013 年对北京市实施在家教育的父母进行了调查。对于"在家教育是否合理，应否允许在家教育存在"问题，所有家长都认为在家教育的存在是合理的，我国应该允许在家教育的存在。对于"是否赞同制定法律来规范在家教育"问题，80%以上的父母提出，在家教育可以自行发展，不需要管制，反对立法。反对的原因则是一旦立法就会对父母的教育资格、教育内容等进行管理、约束，而他们不希望立法干预其教育活动。这样的回答对于具有良好立法愿景的立法者和研究者来讲无疑是一个打击。这迫使我们在建构具体的法律规范体系之前慎重审思并明晰一个重要的问题，那就是：在家教育为何要入法？是为了保护父母的教育自由权还是为了保护在家接受教育儿童的健康发展权？国家应该放任

父母在家教育行为还是应该通过立法加以规范，使在家接受教育的儿童真正接受到适合自己的教育？这就是在家教育立法的价值目标问题。

（一）发展权对未成年人的特殊意义

立法是国家机关依照法定职权并通过法定程序创制法律和其他规范性文件的活动，它的实质是价值目标法律化的过程（秦策，1998）。准确地抽象社会关系，概括社会及经济发展中规律性的东西，科学设计、严密构思未来的法律，是立法者首要的任务（孙潮，1993）。由于在家教育与学校教育相比具有自身的特殊性及制度要求，其立法的价值目标也必然存在特殊的表现形式。

在家教育立法是以儿童发展权保护为价值目标的。发展权是法律赋予的，未成年人在社会化过程中充分发展其全部体能和智能的权利（余雅风，2009）。联合国《儿童权利公约》专门确认了 18 岁以下未成年人的发展权。发展权一般包括：享有通过大众传播媒介获得有利于身心健康的信息的权利；享有接受教育的权利；享有娱乐、休闲和游戏的权利；享有自由参加文化生活和艺术活动的权利；享有思想、信仰、宗教自由的权利；享有结交朋友、参与社会活动的权利；享有获得充足而有营养食物的权利（袁海军，2007）。我国《宪法》将"在品德、智力、体质等方面全面发展"作为国家培养青年、少年、儿童的重要价值。《未成年人保护法》亦将发展权作为未成年人保护的一项重要权利，而《义务教育法》则提出，学校教育教学活动要促进学生全面发展。虽然接受良好的教育是未成年人实现发展权的主要途径，但其他权利也是父母在家教育过程中需要考虑的方面。在家教育并不仅仅是传递知识，它还包括发展能力、培养良好的行为习惯与心理品质等。从立法目的与规范的内容看，与其他教育部门法通过经费投入、学校、教师、教学与课程、管理等规范教育的过程来实现教育、学校、教师、学生的发展不同，在家教育立法的重点更多地在于如何判断父母是否给儿童提供了适当的教育，是否让儿童充分发挥了自身潜能，而不是对父母在家教育的权利以及教育方式进行刻板的规制。

确立在家教育立法的价值，有利于突出在家教育立法价值目标的特殊性，有利于正确把握在家教育立法的价值追求，有利于正确认识在家教育法的地位以及与其他法律部门的区别，有利于在家教育法律规范体系的构建。

（二）在家教育入法是对未成年人发展权的特殊保护

在完整而统一的法律体系中，总体性价值目标通过层层分解，落实于立法目的、基本原则直至具体的法律条文之中。每一款法律条文都包含着一定的价值判断，为总体性价值目标服务。课题组的调研显示，希望立法的被调查者有三个良好的立法诉求，一是使儿童学业发展得到具体制度的保障，包括在家教育与现行学制的融通，享受教育资源以及国家经费资助；二是让父母名正言顺、自主实施在家教育；三是确立不同教育形态的合法地位，促进教育理念创新、民间教育的多元化。随着社会的发展与进步，法的价值从一元论走向多元论时代，多元价值目标之间的冲突在所难免，立法必须在多种价值目标之间做出选择。在家教育立法的价值目标之间亦存在冲突与重叠，存在不同价值的博弈，需要在其中进行评价和判断，确立其总体性价值目标。

在家教育，重视的是在家教育的特殊优势，关注的是儿童是否能够通过在家教育得到更好的发展，设立规则的目的是防范在家教育可能给儿童造成的不良影响。如果说，义务教育法、未成年人保护法是对所有适龄"入学"儿童受教育权实施普遍、普通保护的法律，那么，在家教育法就是对选择在家接受教育的儿童发展权进行例外、特别保护的立法。

一种行为入法并不等于法律在肯定它，有可能是要加以限制、禁止或制裁。不可否认，在家教育入法，确立了父母在家对子女实施义务教育的合法性，在一定程度上满足了父母教育子女的需求，保护了父母的教育权，但这并非在家教育入法的终极目的。在家接受义务教育的学生一般是心智发展尚未完全的未成年人，因而需要外力的协助和监护，才能顺利开展学习并在学习中逐步达至人的自我实现（倪洪涛，2008）。因此，《德国民法典》第1626条第1项规定，"子女未成年者，应服从父及母的亲权"。虽然在家教育是基于父母的亲权而实施的，但这并不表明父母教育权是一种权利或利益。现代亲权制度的实质意义是以保护和教养未成年人为终极目的的、对父母的一种义务性规定。正因如此，《德国民法典》第1627条又规定："父母应以自行承担责任的方式并在相互一致的情况下，为子女的利益行使亲权。意见歧异的，父母需尝试成立合意。"《日本民法典》第820条亦规定："行使亲权者，有权对子女进行监督和教育，承担义务。"建立在亲权基础之上的父母教育权，具有权力义务的复合性。在家教育制度，也应以父母履行义务、以子女利益为基础。

在家教育关注的是儿童健康发展，是以父母可以选择更适合子女的教育、管理方式为前设的。由于家庭中父母与未成年子女的关系具有特殊性，有关父母与子女间的抚养、教育、管理等的权力与服从，人们持普遍的理解与心理认同。在家教育入法，一般是基于以下三个考虑：①父母是子女的天然监护人与保护人，最了解子女的特点与成长需求。鉴于学校教育的负面性，可以通过确立父母的在家教育权，使儿童得到适合自己的教育与环境，健康成长。②义务教育具有一定的专业性，并非所有父母都可以胜任。可以通过确立一定的标准，对父母的自由权进行限制，使儿童真正得到必要的、适应社会发展需要的教育与基本能力。③儿童是国家的未来，政府对在家教育亦有管理权。需要在父母教育权与政府管理权之间进行协调，二者权力的划分是以是否有利于儿童发展为考量的。可见，在家教育入法最终落脚点都是身体和心智均处于弱势地位的儿童。儿童是在家教育中的学习主体，在在家教育法律关系中，儿童是权利主体，父母的教育权只是辅助性的。

二、我国在家教育入法的现实条件

目前，我国义务教育强制"入学"的要求虽然基本实现了"人人有学上"，但学校教育存在的各种问题并不能保障所有儿童真正接受到适合自己的教育。对于实践中越来越多的选择在家教育的群体，管理者踯躅于合法性与合理性之间，或者不作为，或者放任一些教育机构的搭便车行为。立法的基础是社会客观实际，既不允许立法上的唯意志论，也要消除立法落后于经济发展的状况（汪毓，1992）。在家教育入法，不能脱离对我国社会、经济发展的客观、实际考虑，也不能不顾我国教育发展的现实以及公民对教育与制度的诉求。

（一）义务教育强制"入学"的要求不能全面保障儿童发展权的实现

现代学校在面对来自不同个人的诉求时产生了极大的不兼容性，其原因就在于以同一性为前提的学校制度和以差异性为基础的学生多样性发展之间的冲突（思豫 等，2013）。为满足不同人对于教育的不同需求，需要建立多元的、可以让学习者自主选择的办学形式，这其中也应包括义务教育。随着我国经济、文化、教育的迅速发展以及学校教育负向功能的显现（党亭军 等，2014），越来越多的家庭有条件，也有意向选择在家教育（孟四清，2002）。可以说，在家教育是社会发展到一定阶段出现的现象，也是我国社会和教育进步的标志。

我国《义务教育法》规定："凡年满六周岁的儿童，不分性别、民族、种族，应当入学接受规定年限的义务教育。"（义务性规范是规定人们必须积极做出一定行为的法律规范。）"父母或者其他监护人必须使适龄的子女或者被监护人按时入学，接受规定年限的义务教育。适龄儿童、少年因疾病或者特殊情况，需要延缓入学或者免予入学的，由儿童、少年的父母或者其他监护人提出申请，经当地人民政府批准。""适龄儿童、少年的父母或者其他法定监护人无正当理由未依照本法规定送适龄儿童、少年入学接受义务教育的，由当地乡镇人民政府或者县级人民政府教育行政部门给予批评教育，责令限期改正。"我国《未成年人保护法》也规定："父母或者其他监护人应当尊重未成年人受教育的权利，必须使适龄未成年人依法入学接受并完成义务教育，不得使接受义务教育的未成年人辍学。"这种把"必须""入学"接受教育作为儿童受教育权保护唯一举措的规定，显然并不真正有利于所有儿童的健康发展，甚至已经成为儿童根据自身潜能多样性发展的桎梏。

（二）我国在家教育实践中的随意性以及"搭便车"行为不利于儿童健康发展

结合研究者的观点不难看出，在家教育一般是指以父母为主要的教育、管理者，以特定学龄阶段的儿童为教育对象，以家为主要教育场所，结合儿童潜能及发展需要而实施的个性化教育。为了全面了解在家教育的现状，我们对北京市除公立学校、民办学校以外的非学校形态的教育类型进行了调查。调查发现，非学校形态的教育虽然名目众多，但基本上可以划分为两类。一类是以父母为主实施的教育。这种类型较为符合在家教育的界定。而在家教育要能有效实施，父母拥有一定的经济基础、较高的知识背景和教育教学的方法经验以及足够的闲暇时间是关键（贺武华，2012）。据我们调查，由父母实施的在家教育存在较大的随意性，表现为：其一，父母在对孩子的教养方式、目标诉求等方面普遍存在一定的功利性、盲目性与包办性；其二，有的父母仅初中毕业就自己在家教育子女，无视作为教育者的基本教育能力，更忽视了社会发展对于一个人未来生存、生活的基本素质要求。

另一类则是冠以私塾、书院、学堂等名称，以在家教育为名存在的教育服务机构。调查发现，所调查的私塾、书院、学堂等通常都确立了特定的办学和教育理念，设置专门的课程体系，都有固定的教育场所，聘用具有一定学历水平要求的教师，收取一定规模的学生和学费，与在家教育的内涵相去较远，应属于民办教育的性质。正如某学堂管理者所述："它不是私塾，不是家校，不是工业化的公立学校，而是一个要走出一条新路来的有个性的私立学校。我们就是定位为民办教育机构，但由于严格按照国家标准达不到（民办学校的办学）条件不被批准。"某书院举办者亦认为该书院属于民办学校，属于多元化的民间教育。然而，这类"把几十、上百学生集中在一起学习"的教育形式，从形态看是办学，而不是个体的在家教育（熊丙奇，2011），如果不注册为民办学校或培训机构就存在"非法办学"的嫌疑，这使其在招生、校舍建设与安全、政策与资源支持等方面陷入发展困境。由于没有法律对在家教育做出明确界定，有些教育服务机构打起擦边球，宣称其属于"家长联合、自助性质的在家教育"，或"坚持在家办学、家庭寄养的模式"（宋亮，2011），从而躲避政府监管，规避法律。还有的教育机构缺乏完整的教学安排，学习内容存在偏科问题。

（三）在家教育入法，有利于通过完善的教育法体系保障儿童发展权

我国《宪法》第 49 条规定，"父母有抚养教育未成年子女的义务"。家庭是儿童发展的重要环境和条件，父母不但承担抚养子女的义务，还必须承担教育子女的宪法义务。为落实父母对子女的教育这一宪法义务，我国《婚姻法》第 23 条规定，父母有保护和教育未成年子女的权利和义务。《未成年人保护法》第 12 条也强调，父母或者其他监护人应当学习家庭教育知识，正确履行监护职责，抚养教育未成年人。从这些规定可以看到，我国《宪法》确认了父母的教育义务，并力图通过《婚姻法》、《未成年人保护法》等具体法律规定加以落实。然而，我国《宪法》规定的"教育"只是一个

宽泛的概念，相关法律依然仅仅停留在宏观的、抽象的层面上，并未将父母可以实施的教育具体化。由此产生父母教育子女义务的虚化现象，实践中父母怠于履行教育职责导致子女走上犯罪道路或教育方式不当侵犯子女人身权利、受教育权利的案例的大量呈现，与此不无关联。因此，把父母的教育职责分解为具体义务，写入相关部门法中就是对儿童发展权的最好保护，也能让宪法保障人权这一终极价值目标在不同法律系统中得到体现。

保障儿童受教育权，促进其健康发展是教育立法的基本目的。通过立法对在家教育进行必要的规制是教育法体系的重要内容。因为义务教育是国家法律强制要求的、作为一个国家合格的公民所必须接受的教育，其教育的内容具有特定性。义务教育阶段是否允许在家教育，对此世界上许多国家立法都经历了从禁止到许可的过程，现在这已为许多国家的法律所确认。通过权利义务的分配，努力使儿童得到适合自己的个性化教育，实现儿童健康发展，这其中反映的教育法治建设的进步历程，是一个从绝对保护国家教育权演变为兼顾保障个人发展权的过程。在我国教育法制建设进程中，需要通过立法在确立儿童在家接受义务教育的权利的基础上，对在家教育实施必要的法律规制，确保在家教育能真正促进儿童健康发展，使在家教育有"良法"可依。

三、在家教育入法要避免法律工具主义

法律工具主义，就是把法律作为政府管理社会的一种工具来看待，不认为法律本身具有目的和价值意义。这种观点致使法律被社会公众普遍理解为只是管理和维护秩序的工具，甚至只是限制公民权利的工具而加以反对。从我国教育法律体系来看，明显存在着"重管理者权力与秩序，轻被管理者权利与救济"的法律工具主义倾向。表现为政府的立法数量猛增，规定和反映公民权利的教育法律只有7部，而宣示权力的行政法规、规章经清理后还有90多部。从内容看，规定政府管理职权的法规规章多，相应的责任条款与监督机制少；规定政府行使管理职权的方式和手段多，公民权利保护的救济途径和正当程序少。这也导致了相当多的人对法律采取机会主义的态度：法律对我有利就服从，对我不利就绕过甚至践踏。正因如此，在我们的调查中，多数实施在家教育的被访者即使有通过立法确立在家教育合法性的渴望，但

同时也对立法可能给在家教育带来的限制表现出强烈的忧虑，进而排斥立法。在明确了在家教育入法目的的前提下，我们需要进一步考虑：如何使在家教育立法的规范理性与价值理性契合，发挥在家教育立法的规范功能与社会功能，实现"良法之治"？

（一）明确在家教育立法的目的与价值，使儿童发展权保护成为相关主体的法定义务

　　一个健康的法律制度将根据这样一种计划来分派权利、权力和责任，这种计划既考虑了个人的能力和需要，同时也考虑了整个社会的利益所在（博登海默，1987）。法治社会，法律应当首先被当作社会的普遍准则来理解。在家教育立法不仅仅要保护儿童个体在家接受适合自己潜能和发展需要的教育，而且还要促进在家教育符合社会关于义务教育阶段对于公民素质要求的基本规范与需要。它不是任何人、任何集团的工具和手段，相反，它应是通过多元教育发展而对儿童发展权实施保护的利器，是中国社会文明进步所凝成的、公民自觉遵守的理性和正义规范。所以，未来的在家教育立法必须小心警惕，避免法律工具主义的影响。必须明确，在家教育立法不是要用严格的立法来限制在家教育的存在和发展，而是要促进教育的多元化，使父母可选择适合儿童个人能力与兴趣的教育形式，确保儿童能够得到适当的教育，实现其健康发展权。父母、政府及其教育行政部门都要在法律之下履行义务、享有权利，平等地接受法律的管辖。

（二）以法律的形式规范在家教育，从形式上保护和反映社会与公民的利益诉求

　　一方面，法律工具主义的一个突出表现就是政府及其行政部门的立法数量猛增。从法律渊源来看，法律是由全国人民代表大会及其常委会制定的，体现的是社会的立法诉求。通过法律的形式规范在家教育，有利于从形式上保护和反映社会与公民的利益诉求，防止政府及其行政部门的权力滥用。另一方面，由于行政法规、政府规章的法律效力低于法律，用行政法规、政府规章规范在家教育，难以确立在家教育的合法性，还可能与现有法律产生冲突。可以通过以下三种方式，通过法律的形式确立在家教育的合法性：一是

修订《义务教育法》，对选择在家实施义务教育的儿童进行例外规范；二是利用修订《民办教育促进法》的契机，将在家教育作为民办教育的一种特殊形式，与民办学校相区别并加以规范；三是制定专门的在家教育法，就在家教育的相关问题分别进行规范。

（三）合理界定在家教育，防止在家教育立法、执法上的随意性

立法首先面临的一个问题是概念选择，一个恰当的概念不但要明确、具体、确定，便于人们理解，同时要有利于法律之间的协调，便于法律的实施以及法律的体系化。在家教育立法首先面临的一个问题就是明确在家教育的内涵。目前，我国大多数研究者都使用了"在家教育"这个概念，也有研究者使用了"家庭学校"、"在家上学"等概念。在我国，学校是一个确定性的法律概念，作为一个学校必须具备《教育法》规定的法定条件，而在家教育显然并不需要具备。因此，家庭学校这个概念入法容易引发人们误解，特别是容易引发法律概念的冲突。而上学则是一个口语化的概念，具有不确定性，因此在家上学亦不利于入法。

而在家教育是一个较为确定的概念。在家教育，说明了教育、管理的主要场所是家庭环境，从而与法律上的学校教育区别开来。从国外实践以及研究者对在家教育的界定来看，在家教育有以下基本特征：①教育的场所主要在家庭中；②教育和管理者主要是父母；③教育的对象主要是家庭中的子女；④法律规范的教育阶段一般是义务教育阶段；⑤在家教育不是"家庭里的学校教育"，这在灵活的教学时间、个性化的教育方式、多样化的教育内容上表现明显。明确"在家教育"的内涵不但有利于明确在家教育法律规范的适用范围，而且有利于与其他形式的教育相区别。

四、在家教育立法规范的重点内容

任何法律都反映着一种价值追求，而这种价值追求只有体现在法律中才是有实效的。通过法律，不但社会主体的行为都将按照法律所预设的人类价值追求而进行，而且主体可控的物质世界亦将按照法律预先约定的方式而被运用（谢晖，1997）。规范理性是法治的重要基石，它要求在家教育立法的

规则体系架构科学合理，充分反映和满足在家接受教育的儿童健康发展权特殊保护过程中对法律的全方位要求。以儿童发展权为在家教育立法的价值目标，以下三个方面的内容应是法律的规范重点。

（一）确立政府对在家教育的义务与法律责任，明晰政府管理权边界

政府对于在家教育的职责，取决于一个国家对于政府促进在家教育发展作用的认识。从法学视角看，则取决于政府在在家教育立法中的法律地位，即政府与在家教育实施者之间的法律关系，主要涉及政府对在家教育的支持义务以及政府与父母在教育上的权力划分和合作问题。结合国外在家教育立法的经验，可从以下几个方面加以规定。

1. 经费投入与物质帮助的义务

经费投入与物质帮助的义务包括：①经费支持。由于国家具有供给义务教育的义务，对于在家接受义务教育的儿童，同样需要通过分配具体的权利义务，使义务教育阶段在家接受教育的儿童得到国家应有的物质支持。体现在立法中，可以规定对义务教育阶段实施在家教育的儿童进行经费资助。②弱势扶助。平等权是我国《宪法》赋予每一个公民的基本人权，在家教育立法不可以忽视处境不利家庭儿童平等的在家受教育权。可以通过对家庭困难儿童的补贴，使经济状况不佳的家庭也有机会选择在家教育，促进教育机会平等。③设施共享。义务教育的实施需要基本的文化体育设施。举办学校、学校建设要符合教育教学需要是我国《义务教育法》规定的政府法定职责。为促进在家教育达到公民素质要求的基本规范，立法应赋予在家教育儿童具有使用公立学校文化体育设施、社会公共文化体育设施等的权利并通过具体规定加以实现。

2. 依法对在家教育实施管理与监督的义务

目前，我国父母实施的在家教育存在的一个重要问题是：父母的教育资格、教育质量保障等缺乏必要的基本监督，儿童是否真正接受到了适合自己潜能和发展需要的教育受到质疑。必须强调，父母教育的选择权是有限的，一定是基于儿童健康发展的基础价值之上的。不能无视儿童是否接受到适合其潜能和发展需要的教育，无视社会对于公民素质的基本要求。另外，市场能够促进教育的多元化供求关系，但却不能避免其中的违法行为。因此，立

法要重视和明确政府及其职能部门依法履行管理与监督的职责，从两个方面具体规定。①对在家教育的法律监督。对在家教育的法律监督是对在家教育活动及其他相关责任者的监督，即只监督其实施在家教育的行为是否符合法律规定，政府及其职能部门应对相关主体的行为是否符合法律规范进行审查。根据被监督主体的不同，可分为：上级政府对下级政府的监督、政府对公立学校相关行为的监督以及对实施在家教育的父母自身教育条件（如父母的教育资格等）的监督。②对在家教育的专业管理。对在家教育的专业管理是对在家教育活动的适当性及合目的性进行管理，即对在家教育的内容、效果是否促进儿童情感、身体、社会性和智力发展以及儿童特殊需要的满足进行管理，对于不利于儿童身心健康发展的，政府应有法定的撤销权或者取缔权。通行的三种管理模式包括：严格的教育过程控制、适当的过程控制与适当的教育结果评估相结合、以教育结果评估为主的控制。基于亲权的权力义务性，从立法上看对父母持信任态度，采取放任主义，对亲权人的限制较少（余雅风，2004）。应考虑各地不同情况，以后两种模式为主。

3. 政府及其工作人员怠于履行义务应该承担的法律责任

每项公民权利的背后，隐含着的不仅是公民个人义务的履行，也包括在现实社会条件下，政府为保障公民权利实现而应当承担的职责。如果政府未能履行法定义务，从而导致儿童享有发展权之不能，那么政府及其工作人员应当为此承担法律责任。

（二）明确父母对在家教育儿童的义务，保证儿童可以在家真正接受到合适的教育

从法律规定看，父母是儿童的法定监护人，具有对被监护人进行管理和教育的法定职责，有为未成年子女选择适合其潜能的教育权。而从亲权的视角看，为未成年子女提供适合其年龄、能力和需要的教育既是父母的权力，同时又是作为亲权人的父母对于未成年子女的责任与义务。为教育好子女、保护子女的发展权，实施在家教育的父母应履行以下义务：①为子女提供适合其年龄、能力和需要的教育的义务。作为在家教育的主要教育者与管理者，父母应从子女的年龄、能力和需要出发，制订有针对性的教育方案与计划，配备基本的教育设施与用具，采取灵活多样的教育方式，对子女实施适当的教育。②接受政府的监督的义务。儿童发展需要适应未来社会。为了了

解父母是否实施了适当的教育，同时防范父母以在家教育为名，损害儿童受教育权，甚至威胁儿童人身安全，实施在家教育的父母应依照规定在政府部门注册，并汇报子女的学习情况，接受政府部门的审查以及包括抽查、家访等在内的监督。

（三）保障在家教育与现行学制的融通，为儿童发展提供必要的制度支持

学制是一个国家各级各类学校的系统及其管理规则，规定各级各类学校的性质、任务、入学条件、修业年限以及之间的关系。由于我国立法并未就在家教育做出规定，导致在家接受教育的儿童无法获得相应学籍，进而没有权利依法参加中考接受学校高中教育，也难以合法参加高考接受普通高等教育。为解决此问题，应从两个方面进行规范。一是在家教育儿童的学籍确认制度。对于接受在家教育并完成义务教育、普通高中教育基本学习任务的儿童，规定学籍确认制度，使在家教育与普通高中教育、普通高等教育有效衔接。二是在家教育与学校教育的融通制度。由于父母的教育能力或态度、在家教育的条件以及子女发展的变化，一些父母在实施一段时间的在家教育后选择让子女回到学校。对此，需要规定相应的在家教育与学校教育的融通制度，就学生能力测评、入学等做出规定，保证儿童能够顺利回到学校接受与其水平相应的学校教育。

参考文献

博登海默.1987.法理学:法哲学及其方法[M].邓正来,等,译.北京:华夏出版社:379.

陈金钊,等.2004.关于"法理分析"和"法律分析"的断思[J].河南省政法管理干部学院学报(1):125-132.

党亭军,冯亚妮.2004.试论学校教育负向功能的表现及改进措施:英国义务教育学龄儿童"在家上学"现象启示[J].现代教育科学(1):45-47.

贺武华.2012.我国"在家上学"现象深度分析:中美比较视角[J].浙江社会科学(11):84-89,158.

孟四清.2002.关于在家上学问题的调查与思考[J].上海教育科研(2):53-56.

倪洪涛.2008.论义务教育阶段学生的学习权:从"孟母堂"事件谈起[J].法学评论(4):16-24.

秦策.1998.法律价值目标的冲突与选择[J].法律科学(3):40-46.

思豫.2013.劳凯声:给予每个人自主选择的教育[N].人民政协报,06-05(C2).

宋亮.2011.需要为在家上学立法[J].教育(28):27.

孙潮.1993.立法技术学[M].杭州:浙江人民出版社:5.

汪毓.1992.立法条件的论证[J].法学(4):10-14.

谢晖.1997.法律信仰的理念与基础[M].济南:山东人民出版社:168-169.

谢鹏程.2000.基本法律价值[M].济南:山东人民出版社:18.

熊丙奇.2011.应立法允许并规范"在家上学"[J].生活教育(19):25-26.

殷晟.2010.在家教育法制化研究[D].南昌:江西师范大学.

余雅风.2006.亲权与监护的功能差异与我国未成年人监护制度的完善[M]//劳凯声.中国教育法制评论:第4辑.北京:教育科学出版社:245-256.

余雅风.2009.改革开放30年:青少年发展政策的回顾与展望[J].新华文摘(11):14-18.

袁海军.2007.四项权利:构筑未成年人的法律保护屏障[J].小学校长(2):8-10.

Legislation on Homeschooling: Special Protection for Children's Rights to Development

Yu Yafeng

Abstract: The premise of homeschooling is parents can choose appropriate education for their children. The larger aim of legislation on homeschooling is to protect children's rights to development, which is also the value goal of it. The compulsory education law of school attendance can't afford the general protection to children's rights to development, free rider and randomness in practice are also unfavorable for children's sound development. We should avoid legal instrumentalism to ensure the requirement of children's rights to development is achieving. State's and parents' responsibility and link to school education should be the focal point of homeschooling legislation.

Key words: homeschooling　value goal　children's rights to development

作者简介

　　余雅风,浙江江山人,博士,北京师范大学教授、博士生导师,中国教育学会教育政策与法律研究分会秘书长,研究方向为教育法学、未成年人法学。

□张利洪

游戏权是学前儿童受教育权的核心内容①

【摘　要】游戏有一漫长的过去，但游戏权仅有一短暂的历史。游戏人的命题使游戏权在人权体系中具有不可替代的地位，但是游戏权的实现离不开生存权、发展权和受教育权的保障。提出游戏权是学前儿童受教育权的核心内容的命题有利于促进两种权利成为实有权利。作为学前儿童受教育权的游戏权具有自由权和社会权的双重属性，游戏权的实现有利于儿童各方面的协调发展，对于公民意识和自由精神的养成具有重要价值。作为学前儿童受教育权的游戏权可按年龄段分类，也可分为游戏受保护权、游戏参与权和游戏设施权，以及自发游戏权和组织游戏权。

【关键词】学前儿童　受教育权　学前儿童受教育权游戏权

已有受教育权研究基本上将学前儿童排除在外，更少研究其内容构成。近来有人对3—6岁儿童受教育权内容进行了研究，并提出其本质和核心就是游戏权（何善平，2013）[14,31]，然而在论述过程中几乎将3—6岁儿童受教育权等同于游戏权（何善平，2013）[31]。这严重地窄化了受教育权的内容，但是论者提出：游戏权是3—6岁儿童受

① 本文系西华师范大学启动项目"我国学前儿童受教育权理论与实践研究"（项目编号：13E007）的成果之一。

教育权的核心，具有独特的意义和现实指导价值，本文将在认同此命题的基础上将范围扩展为 0—6 岁儿童，进而讨论作为学前儿童受教育权的游戏权的提出、性质与价值以及分类。

一、游戏权的提出

游戏是儿童的存在方式，权利是现代法律的原点和核心内容之一。那么游戏与法律是何关系？赫伊津哈以其特有和出色的历史眼光与比较意识为我们展现了一幅游戏与法律互动的历史画卷。赫氏循着"游戏先于文化"，"文明是在游戏中并作为游戏兴起而展开的"的观念，通过列举三个例证，即运气游戏、比赛和舌战，论证了法律起源于游戏的观点。在赫氏看来，法律与游戏具有四个方面的共同特征：特定的时空、接受规则、愉悦的感受和异于日常生活。游戏先于法律，法律产生于游戏（薛小都，2002）。对于接受和习惯了生产力与生产关系的二元分析模式的我们来说，这个观点是难以理解的。正如赫氏所言："乍看上去，没有比法律、正义、法学与游戏更风马牛不相及的了。"（赫伊津哈，1996）[前言2] 不管我们如何理解和是否认同，赫氏确实从游戏的角度给我们提出了法律是如何产生的重大问题。如果我们认同赫氏的观点，那么在法律产生于游戏的观点基础上，游戏权将对既有的权利体系带来巨大的挑战。显然，对这个问题的讨论超出了本文的需要。

从游戏与法律的关系中推演出游戏权仅是理论上的讨论。作为一种相对独立权利形态的游戏权是在 1959 年的《儿童权利宣言》中提出的。该宣言中第 7 条原则第 3 款指出："儿童应有游戏和娱乐的充分机会，应使游戏和娱乐达到与教育相同的目的；社会和公众事务当局应尽力设法使儿童得享此种权利。"1989 年的《儿童权利宣言》对游戏权正式予以确认，其中第 31 条第 1 款规定："缔约国确认儿童有权享有休息和闲暇，从事与儿童年龄相宜的游戏和娱乐活动，以及自由参加文化生活和艺术活动。"但是国内学者极少对游戏权的内涵、性质等做出讨论。有论者认为："儿童游戏权就是指为法律所认定为正当的，体现儿童的尊严和平等、自由和全面发展价值的，带有普遍性和反抗性的，以游戏自由权、游戏社会权及个体的发展权构成的统一体。"（刘智成，2012）不论该定义是否真正揭示出游戏权的本质，仅从自然权利与法律权利的关系来看，该定义隐含的是实证主义权利观，这种观点认为只有法律所认定的权利才是正当的权利。其实，只要细加追问就会看出实证主义权利观的破绽，这种破绽就是某种利益、主张、资格、权能和自由没有被法律所认可却依然可以成为权利，它不是法律权利而是自然权利。数万年以来，动物和儿童自小就会游戏，难道没有法律的认可它们都在干非法的事情？因此，为了真正认识游戏权的本质，我们不能仅仅停留在法律权利的角度，而务必从自然权利和法律权利的关系性视角去考察。笔者并不对游戏权下确当的定义，这是因为"游戏"就任何方式而言都是一种难以界定的功能和现象（function and phenomenon）（Jamber，1990）。接下来讨论游戏人与教育的关系。

对人的游戏本性最早和最经典的表述非德国美学家席勒莫属。席勒指出："只有当人是完全意义上的人的时候，他才游戏；只有当人游戏时，他才完全是人。"（席勒，1985）在这句话中，第一个"人"的起点就是刚刚降临人世间的新生儿，此时的人从生理学角度来说已经是完全意义上的人，但是从社会学角度来说完全不是人，他们仅仅是具有人的精神胚胎的自然人，第二个"人"是完全意义上的人，是经过游戏化的社会人。那么，经过社会化的人的形象是什么？石中英在批判传统的"宗教人、自然人、理性人、社会人"等形象之后，提出了重塑教育知识中"游戏人、文化人、制造人"等形象（石中英，2004）[95-113]。若从完全理性到有限理性的角度来看，从理性人到游戏人是人的形象的根本转变。理性人形象的建立是在笛卡尔的"我思故我在"和斯宾诺莎的"人是理性的动物"等哲学命题之后，在牛顿力学为标志的自然科学技术知识取得了对人类知识和自然的控制之后。这种知识形成的传统受到了休谟、狄德罗等哲学家的强烈质疑。哈耶克等人在以休谟理论为核心的经验主义哲学传统的基础上提出了有限理性或理性不及的命题。

其实在高扬理性主义塑造的理性人的时代里，对理性人形象的反思就已出现。赫伊津哈指出："一个比我们更为愉悦的时代一度不揣冒昧地命名我们这个人种为：Homo Sapiens（理性的人）。在时间的进程中，尤其是十八世纪带着对理性的尊崇及其天真的乐观主义来思考我们之后，我们逐渐意识到我们并不是那么有理性的；因此现代时尚倾向于把我们这个人种称为Homo Faber，即制造的人。……无论如何，另有第三个功能对人类及动物生活都很贴切，并与理性、制造同样重要——即游戏（playing）。依我来看，紧接着 Homo Faber，以致于处于同一水平的 Homo Sapiens 之后，Homo

Ludens，即游戏的人，在我们的用语里会据有一席之地。"（赫伊津哈，1996）[1]赫伊津哈所说的"游戏人"是与"理性人"相对的。唯理主义哲学家把理性当作人区别于动物的重要标志。斯宾诺莎认为："狗是会叫的动物，人是理性的动物。"而文化哲学家认为当游戏时人与动物是极其相似的。正如赫伊津哈所说："动物做游戏看起来很像人。我们只要观察一下小狗们在其亲密嬉戏中的表现，就能明白人类游戏时所有的特点。它们以略有客套的神态和友好表示邀请对方游戏，它们恪守规则：不许咬哥儿们的耳朵或不许咬得太重。它们假装变得可怕地愤怒。"（赫伊津哈，1996）[1]

理性人的形象对于教育理论和实践的影响表现为：教育必须培养和训练人的理性；教育活动必须合乎理性；教育必须树立理性和教师的权威，反对非理性和对教师的公开反抗；强调纪律和秩序（石中英，2004）[100]。今日之学校教育大体上属于理性人形象的制度设计和实践操作。重视智育轻视德育和体育，重视理科轻视文科就是其中的集中表现。当把这种现象推向极致，强调到教旨主义的程度上，一切都变成"科学主义观"之后，教育就极有可能变成培养只重权威，只唯上不唯下的专制主义的温床。

游戏人形象以有限理性为基础，尊崇理性但又不唯从理性，它对教育理论和实践影响的表现就是"教育的游戏性"命题的提出。何谓游戏性？"即自主的精神、平等的精神以及在自由与限制之间保持适当张力的精神。"（吴航，2001）在这种精神指导下的教育活动的特征为：教育培养理性为主，同时也不忽视感性的训练；教育活动是理性和非理性的耦合；教育尊崇权威，允许对话；强调内部秩序和外部秩序的统一（哈耶克语）。在充满"游戏性"的教学交往过程中，教师与学生之间的关系就是一种游戏者与游戏者之间的平等关系，双方必须共同创造一种游戏的氛围，承担游戏过程中各自的角色，理解和共同维护游戏的规则，并根据游戏双方的需要不断地重新修订这种规则。这样的教育就是"灵魂的教育，而非理智知识和认识的堆集。通过教育使具有天资的人，自己选择决定成为什么样的人以及自己把握安身立命之根。谁要是把自己单纯地局限于学习和认知上，即便他的学习能力非常强，那他的灵魂也是匮乏而不健全的"（雅斯贝尔斯，1991）。这样的教育目的是要帮助人们理解游戏本性，促使他们形成具有"公平竞争"（fair play）的责任意识和能力的现代国家公民。

以上通过讨论游戏与法律和游戏人与教育的关系，确认了游戏权作为人权的重要地位。由于游戏最能体现学前儿童的存在感和发展不可逆性，游戏权作为学前儿童受教育权的内容就具有更加特殊的作用。下面讨论游戏权的性质与价值。

二、游戏权的性质与价值

有人主张游戏权兼具社会权和自由权双重特性（刘智成，2012）。笔者的观点是自由权乃游戏权之内在的本质属性，而社会权乃游戏权在社会中获得的属性。其理由是在文化哲学来看，自由与创造是儿童游戏的精神内核，同时也是孩子之所以乐此不疲地进行游戏的原动力（杨晓萍，2009）。游戏权首先是自由权的属性也是由人之为人的属性所规定的，亦即这种属性不为其他的条件所限制。多数儿童游戏的开展不需要社会提供专用的活动场所和设施，因为自然界和人类社会在一般社会活动运行中就可以满足儿童的游戏需要。随着人类创造物越来越多，城市化带来的空间布局的极大改变导致了人与自然的严重脱离，此时儿童游戏的正常进行离不开社会和国家的专门考量。即使这样，也不意味着游戏权的本质属性从自由权变成社会权。如果我们颠倒了二者之间的这个关系，那么游戏权对儿童游戏来说并不能给他们带来真正的利益最大化，而极有可能破坏儿童游戏的内在结构。当儿童自己无法处理好对游戏的内在支配力时只能听任成人的摆布，这种摆布到了成人阶段就变成国家对公民的支配和控制。正如马卡连柯所言："游戏在儿童生活中具有重要的意义，游戏对儿童的意义犹如事业、工作、公务之于成年人具有的意义一样。儿童在游戏中的表现是怎样的，长大以后在工作中也大体上会是怎样的。因此，培养未来的活动家首先应该在游戏中进行……"（阿瓦涅索娃，2004）因此，理解和发挥儿童游戏权的价值就变得尤为重要。

游戏权的价值系于游戏本身对于人的意义。许多人都对游戏下过经典的论断。比如，德国美学家席勒在《审美教育书简》中阐发了游戏与人的经典命题，除此之外，爱尔兰剧作家萧伯纳也表达了类似的观点，"人不会因为变老而不再游戏，反而会因为不游戏而变老"（Guddemi，1992）。不用多说，游戏权的价值对于儿童的发展具有其他任何权利所不能替代的价值，倘若能够替代则意味着两点：一是人非游戏人，二是游戏人非人。有论者指出，游戏权的现实价值是现代社会文化体系的和谐构建和保障儿童拥有童年生活权利的需要，是现代儿童教育的人本化发展和儿童和谐而健康发展的需要（丁海东，2010）。游戏权不仅具有现实价值，而且还有超越价值。这种超越性是人的自由本质和未完成性决定的。哈耶克指出："自由之所以如此重要，乃是因为我们并不知道个人将如何使用其自由。如果情况正相反，人们可以预知个人将如何使用其自由，那么自由的结果就可以通过多数决定个人应当做什么的方式来达致。"（哈耶克，1997）游戏对于儿童的意义之一就是其不确定性，倘若我们成人真能完全预知游戏对于儿童的价值，那么儿童完全可以听凭成人的安排。事实上，成人往往凭借主观上的认知而为儿童设计出种种自以为最有利于儿童发展的游戏，但是儿童们却常常不买大人的"账"。儿童不"买账"的原因就是他们有他们的逻辑，成人设计的游戏路径并不符合他们的逻辑。游戏权的超越价值只能由儿童自我去追求，外在的任何干预都无法替代儿童本身的作为。所以，成人在游戏面前，"无为就是最大的作为"。"在您同孩子一起游戏时，请注意不要把现成的游戏强加给孩子，因为这样会使他失掉对游戏的兴趣。您在使游戏复杂化、多样化和延长游戏的时间上多下功夫就行了。"（阿瓦涅索娃，2004）

三、游戏权的分类

（一）从权利主体看游戏权的分类

权利主体一般是指具有某种权利能力或行为能力资格的人。因此，可以将游戏权的主体定义为：具有游戏权利能力和行为能力资格的人。权利能力又称"人格"，是指能够参与一定法律关系，依法享有一定权利和承担一定义务的法律资格。行为能力是指法律关系主体能够通过自己的行为实际取得权利和履行义务的能力。一般而言，自然人的权利能力是相对不变的，而行为能力则会随着权利主体的身心发展和认知变化而进退。但是享有权利能力不等于实际享有了该权利，这就涉及行为能力。就游戏权而言，从理论上讲，其权利主体属于所有的自然人，但出生之后，随着年龄的增长，人的生理发展、心理变化和生活阅历的丰富导致人的游戏行为能力随之变异。这里依据年龄段来划分游戏权，讨论不同发展阶段的学前儿童游戏权的行为能力和类型。

1. 0—2 岁

围产期的儿童是否具有游戏的行为能力①？欲回答这个问题，可能需要追问这个时期的儿童是否具有最初级的听力和视觉能力。听视能力是感觉的最基本能力。感觉是婴儿探索世界、认识自我过程的第一步，是以后各种心理活动产生和发展的基础。心理学研究表明，围产期的胎儿或新生儿已经具有了一定听视能力（庞丽娟 等，1993）。也就是说，围产期的儿童具有初级的游戏能力，但是这种能力带有很强的生物本能，即不属于社会性的游戏能力。从足月儿到2岁，"他们从整天只能躺着到会抬头、翻身、坐、爬、站、行走；他们要学会自我和客体，认识和掌握周围环境中物体的物理特性和社会特性，游戏是他们的学习方式"（刘焱，2004）。

0—2岁儿童的游戏类型主要有社会性游戏（亲子游戏、伙伴游戏和语言游戏）、动作游戏、玩物游戏等。在这个阶段的游戏中，儿童的特殊性决定了成人（主要是父母）应扮演重要的角色。尤其是在亲子游戏中，亲子游戏的发起者一般是父母，但是只有当婴儿对成人的行为做出反应，游戏才真正开始。因此，在游戏中成人要遵循：从模仿婴儿开始，追随婴儿的兴趣，享受和幼儿的游戏，以及了解婴儿的发展水平和特点。

2. 2—6 岁

2—6岁是幼儿典型的游戏期。2岁以后，幼儿从过去主要和父母进行亲子游戏，到逐渐学会独立游戏及与伙伴共同游戏；从最初的依赖于实物，要求玩具的逼真性，到对实物的依赖逐渐减少，可以使用象征性和去情景化的动作、物及言语来游戏。各种不同类型游戏的社会性水平和认知水平都显著提高，各种不同类型的游戏之间出现整合的趋向。角色扮演游戏、语言游戏、运动游戏、力量游戏和规则游戏开始成为游戏的主要类型。在这一时期，父母不再是幼儿游戏的最经常的伙伴，但是，幼儿的游戏仍然需要成人的大力支持。成人的角色从最初的直接发起者逐步变成间接的帮助者。

（二）从《儿童权利公约》条款看游戏权的分类

《儿童权利公约》中的54个条款通常分为三个范畴：设备权（基于生存

---

① 医学上从孕期满28周到出生后4周的这段时间成为围产期。纪录片《子宫日记》中记录了双胞胎在四五个月大时就开始游戏。

和发展的基本手段）、受保护权和参与权（Lester et al，2010）。这就是著名的"3Ps"①。基于此，游戏权可分为游戏设施权、游戏受保护权和游戏参与权。但是就学前儿童所处的身心发展阶段来说，这三种权利的价值排序应为游戏受保护权、游戏参与权和与年龄相宜的游戏设施权。

游戏权的实现有赖于生存权、发展权和福利权等的实现，同时游戏权的实现又能促进其他权利的实现。为了兑现学前儿童的游戏权，虐待、剥削、性侵等行为必须远离学前儿童。游戏受保护权并不直接指向游戏活动本身，而是为了让学前儿童的游戏权能得到兑现，成人仅需要消极作为排除各种干扰因素即可。受保护权是实现学前儿童游戏权的前提。游戏参与权有两层含义，一是参与游戏本身的权利，二是将游戏作为一种手段参与其他文化和社会生活的权利。与年龄相宜的游戏设施权的意义在于：游戏是一种体力活，但也容易因成人过大的压力而受到干扰。为了保护儿童游戏的能力需要确保一个有利于游戏、便于游戏和能够游戏的社会和物理环境。游戏参与权是实现儿童游戏权的基础。没有受保护权和参与权的游戏权是不可能的，但是仅有受保护权、参与权而缺失设施权也是没有保障的。与年龄相宜的游戏设施权要求社会和国家提供适宜的游戏设施。好的游戏设施必须符合"3 Fs"，即免费、就近和自由选择（Davey et al，2011）。随着城市化的推进，这三个标准对于居住在公共空间越来越少、商业化色彩越来越浓的城市儿童来说满足的难度越来越大。

（三）从哈耶克自发秩序论看游戏权的分类

虽然要给游戏下一个确切的定义几无可能，但是关于游戏的本质众多学者存有较高的共识。赫伊津哈认为，游戏需要特定的时空、接受规则、愉悦的感受和非功利性。国内有学者认为："游戏是儿童在某一固定时空中，遵从一定规则，伴有愉悦情绪，自发、自愿进行的有序活动。"（邱学青，2008）[13]在游戏的操作性定义中，自发性是一个关键的环节，其他环节可以从中自然延展获得。因此，判定一项活动是否是游戏，以上述标准为依据即可，关键是自发性，具备即为游戏，反之就是非游戏。这本不是难事，但是

---

① "3Ps"即"provision，protection and participation"。这三个范畴后来成为我国《未成年人保护法》中确立未成年人受保护权利类型的基础。该法第 3 条规定："未成年人享有生存权、发展权、受保护权、参与权等权利。"

在当下学前儿童进行游戏的实际过程中就远不是这么简单的事情。比如在幼儿园里，儿童的游戏在很多时候都不是由他们自主进行的，而是教师为了达到所谓的教育目标在高度结构化的课程控制下"井然有序"地进行教学游戏，在此过程中儿童少有愉悦的情绪，多是被迫地游戏。但是，"被迫游戏就不再是游戏了：它至多也不过是对游戏的一个强制模拟而已"（赫伊津哈，1996）[8]。游戏都是自主的，声称自主性游戏都是多余的，比如"自主性游戏包含所有的游戏"（邱学青，2008）[101]。判定游戏的标准就是判定游戏权的标准。上述的幼儿园教育中的"游戏"已经不是幼儿的游戏权利了，而是教师"游戏"或者导演权利。为了解决此问题，不妨借鉴哈耶克的自发秩序论将游戏权分为自发游戏权和组织游戏权。

哈耶克的自发秩序理论本身比较复杂和繁复，其较为系统的论述集中在《法律、立法与自由》第 1 卷第 2 章（哈耶克，2000）。在这章中，哈耶克借用希腊语"cosmos"（内部秩序）来指代由内力形成的自发秩序（endogenous order），这种秩序独立于人类任何有目的的意图而存在。同时，他借用希腊语"taxis"（外部秩序）来指代一种由外力产生的组织秩序（exogenous order），这种秩序是人对各种因素特意进行安排或指定其明确的功能而产生的，以某个特定的目标为前提。根据这种区分，哈耶克进一步比较了这两种秩序在运行机制上的区别。①自发的秩序是在那些追求自己的目的的个人之间自发生成的；组织中的有序性是一致行动的结果，因为组织中的合作与和谐乃是集中指导的结果。②自发秩序的要素是在回应他们的即时环境时遵循某些规则的结果；而组织秩序中协调一个组织中的劳动分工的社会结构则是一种命令与服从的等级关系。③自发秩序为个体发展提供最大的空间和可能；组织秩序是一种有助于实施某个先行确定的具体目的的集体工具，但是如果运用过度，极容易为个人的发展设置一个"天花板"而束缚个人的卓越发展。自发秩序是一种内在的原生事态，组织秩序是一种外在的延伸事态。自发秩序和组织秩序二者之间的关系是对立统一的关系，在个人或社会的发展中，哈耶克认为：自发秩序居于支配地位，其中非理性和隐性知识起决定作用；组织秩序以理性为绝对主导，其中显性知识起决定作用，但是这并不意味着组织秩序能够取代自发秩序的作用。

以哈耶克的秩序理论为基础，笔者提出两个概念：自发教育和组织教育。二者之间的关系类似于自发秩序与组织秩序的关系。自发教育始于个体内部的需要和动机，其过程是在试错机制下指向不断超越，因此个体发展的结果难以精确计划。组织教育始于社会或国家的需要，其教育过程是在理性规划指导下有意识地达成预期的目标，因此其结果比较容易预测。好的组织教育与自发教育是不矛盾的，二者相得益彰就是个体发展和教育的最好途径。游戏是学前教育的基本形式，将游戏权分为自发游戏权和组织游戏权的重大意义在于，破解游戏权实现过程中儿童自己主导游戏权和成人"游戏"权利之间的矛盾。自发游戏权属于消极权利，其实现主要在于成人的不作为。组织游戏权属于积极权利，其自主性弱于自发游戏权，其实现依赖于成人的积极作为。组织游戏权集中体现在幼儿园中，其最初发起者为教师，游戏干预和引导当以遵循儿童的身心发展规律为前提，以追求游戏的连续性和愉悦性为旨归。区分自发游戏权和组织游戏权有利于我们认识两者的不同限度，让两者珠联璧合以实现儿童发展的最大化。

参考文献

阿瓦涅索娃.2004.学龄前儿童教育[M].杨挹敏,等,译.北京:教育科学出版社:199.

丁海东.2010.儿童游戏权的价值及其在我国的现实困境[J].东北师大学报:哲学社会科学版(5):178-182.

哈耶克.1997.自由秩序原理[M].邓正来,译.北京:生活·读书·新知三联书店.

哈耶克.2000.法律、立法与自由:第1卷[M].邓正来,等,译.北京:中国大百科全书出版社:33.

何善平.2013.3—6岁儿童受教育权内容保护研究[D].西安:陕西师范大学.

赫伊津哈.1996.游戏的人:关于文化的游戏成分的研究[M].多人,译.北京:中国美术学院出版社.

刘焱.2004.儿童游戏通论[M].北京师范大学出版社:261.

刘智成.2012.儿童游戏权的概念和特征[J].体育科研(4):44-47.

庞丽娟,等.1993.婴儿心理学[M].杭州:浙江教育出版社:114-122.

邱学青.2008.学前儿童游戏[M].南京:江苏教育出版社.

石中英.2004.教育哲学导论[M].北京:北京师范大学出版社.

吴航.2001.游戏与教育:兼论教育的游戏性[D].武汉:华中师范大学.

席勒.1985.审美教育书简[M].冯至,范大灿,译.北京:北京大学出版社:80.

薛小都.2002.游戏与法律[J].西南民族学院学报:哲学社会科学版(4):137-140.

雅斯贝尔斯.1991.什么是教育[M].邹进,译.北京:生活·读书·新知三联书店:4.

杨晓萍,李传英.2009.儿童游戏的本质:基于文化哲学的视角[J].学前教育研究(10):17-22.

尹力.2000.义务教育阶段儿童受教育权利研究[D].北京:北京师范大学.

Davey C, et al.2011.Towards greater recognition of the right to play:an analysis of article 31 for the UNCRC[J].Children & Society(25):3-14.

Guddemi M.1992.The child's right to play[C].Presentation to the United Nations Press Conference(ERIC):

5-12.

Jamber T.1990.Why play is the fundamental right of the child[C].Open Symposium Presentation in The 11th IPA World Conference,Tokyo,Japan:2-8.

Lester S, et al.2010.Children's right to play: an examination of the importance of play in the lives of children worldwide[Z].Working Paper No.57.The Hague, The Netherlands: Bernard van Leer Foundation:3.

The Right to Play as the Core Content of the Early Child's Right to Education

Zhang Lihong

Abstract: Play has a long past, but the right to play only has a short history. The assumption of the *Homo Ludens* makes the right to play indispensable in the human rights, meanwhile the realization of the right to play is dependent on the assurance of the right to survival, the right to development and the right to education. The assumption that the right to play is the core content of the right to early child's education is beneficial to the realization of each other. The right to play as the right to early child's education has dual attributes of the right to freedom and the right to society. The realization to the right to play is good for the harmonious and all-round development of children, which is worth cultivating the awareness of citizenship and free spirit. The right to play can be divided into play protection right, play participation right and the right to access age appropriate play facilities; the right to spontaneous play and the right to organizational play etc.

Key words: early child   the right to education   the right to early child's education   the right to play

作者简介

张利洪，四川洪雅人，博士，西华师范大学教育学院讲师，研究方向为学前教育基本原理、教育法学等。

□ 管华

义务教育阶段受教育权保障之道[①]

——以流动儿童为例

【摘　要】受教育权写入宪法的本意是保障儿童接受义务教育的权利。流动儿童面临的教育困境包括：借读费过高、公立学校无法容纳、农民工子弟学校太差等。保障受教育权的"兜底"责任应由中央政府承担，确定中央政府承担责任的限度应制定义务教育必要教育设施的强制性国家标准，该标准应作为儿童请求政府给付的司法依据。流动儿童受教育问题可依此思路解决。

【关键词】义务教育　受教育权　流动儿童　中央负责　国家标准

一、受教育权入宪的本意

基本权利由宪法规定，这已是宪法文化经过二百多年的积淀后所形成的常识（徐显明，1991）。一般来说，各国宪法在规定受教育基本权利的同时还规定了学术自由，前者构成中小学教育法制的核心，后者构成大学教育法制

① 本文是笔者承担的中国博士后科学基金第 52 批面上资助项目（2012M521734）和第六批特别资助项目（2013T60871）的阶段性成果，获"中央高校基本科研业务费专项资金"（13SZYB05）资助，也是陕西省教育厅 2013 年科学研究计划（人文社科专项）项目（2013JK0076）的阶段性成果。

的核心（许育典，2002）。比如，我国现行《宪法》第46条规定"公民有受教育的权利和义务"，这个条文作为一个整体显然是针对尚处于义务教育阶段儿童的，因为成人并无接受强制教育的义务，所以这里的"公民"其实可以用"儿童"来代替。第47条规定"公民有进行科学研究、文学艺术创作和其他文化活动的自由"，由于一般来说儿童并不具备研究、创作能力，所以这里的"公民"主要指的是成人。如果这样的逻辑能够成立的话，《宪法》所规定的受教育权的主体其实就只限于儿童，而不包括成人；成人所享有的是"学术自由"这一基本权利之下的学习自由权或者《教育法》所规定的一般法律上的"受教育权"。

从受教育权入宪的历程看，原初意义上的受教育权主体为儿童，内容为强制免费接受义务教育。至于非义务教育阶段的受教育权主要通过入学机会平等、择优录取体现出来，并不保证人人都有接受非义务教育的机会。

从内容上看，受教育权作为宪法规定的基本权利，也包括三种权能：①防御权功能，要求国家不予侵犯，履行消极义务；②受益权功能，即公民请求国家做出一定行为以享受其个体利益，履行给付义务；③客观价值秩序功能，即基本权利具有"客观法"性质，要求国家履行保护义务①。

就我国而言，保障受教育权最重要的就是要发挥受教育基本权利的受益权功能，包括以下几个方面：现有教育设施的入学请求权、必要教育设施的创设请求权和获得教育资助权等。如果说"上好学"（平等进入优质学校，属于现有教育设施的入学请求权的一部分）是受教育权较高层次的实现的话，那么"有学上"，即必要教育设施的创设请求权的实现，则是受教育权实现的最基本要求。然而，这一要求，在我国的部分地区或部分群体中仍然难以完全实现，主要是受"撤点并校"影响的失学儿童和农民工随迁子女（下称"流动儿童"）。以下主要从流动儿童的教育困境出发提出受教育权的保障之道。

二、流动儿童受教育权实现的困境

首先，流动儿童一般都面临着过高的借读费。2009年1月1日起，财政

---

① 关于基本权利的三种权能，参见：张翔.2008.基本权利的规范建构［M］.北京：高等教育出版社：39-45.

部和国家发改委发布了《关于公布取消和停止征收100项行政事业性收费项目的通知》，取消了义务教育借读费。虽然现在还没有看到有关的调查报告，但是这一政策实施的效果并不乐观，主要体现为两个方面：一是取消了借读费，又出现了"赞助费"、"捐资助学费"（比如武汉、重庆）；二是借读费取消后，由于公立学校没有足够的财政经费，流动儿童将从交借读费可以入学的状况陷入既交不出去借读费，也无处可入学的困境。

其次，城市公立学校根本无法容纳这么多义务教育适龄儿童。城市公立中小学是根据具有城市户籍的人口中适龄儿童的数量来规划设计的，流动儿童本就不在城市公立学校计划容纳的范围之内，只是因为近年来城市人口出生率降低，公立中小学才出现一些剩余学位。更何况，据估计，未来城市流动儿童数量将高达2000万之巨，仅仅依靠现有公立教育资源无疑是杯水车薪。

最后，农民工子弟学校就学条件不达标。农民工子弟学校大多属于私人办学，没有合法的手续，几乎没有什么教育设施。校舍、教学器材、师资基本都达不到当地要求的中小学办学条件标准，经常会遭到取缔。不过，农民工子弟学校显得如此糟糕，也是因为它把我国基础教育的城乡差距以一种直观的方式在城市里表现了出来。

根据2010年第六次人口普查的数据，与2000年第五次全国人口普查相比，流动人口增长了81.03%，达到2.21亿人。流动人口大多数是农民工，而农民工又出现了举家搬迁的趋势，因此，可以预见流动儿童接受义务教育的形势将更加严峻，受教育权保障问题将更加突出。

三、保障流动儿童受教育权是中央政府的责任

2001年《国务院关于基础教育改革与发展的决定》要求解决流动儿童接受义务教育的问题"以流入地政府为主"。事实上，流入地政府面临财政和土地条件的极大制约。为了保证义务教育的均衡发展，保证全体国民有权平等分享国家公共财政收入，基础义务教育的经费投入应由中央政府承担主要责任。所谓基础义务教育，就是达到国家最低标准的义务教育，这种最低标准的教育由中央政府负责协调和保证是公民受教育权利平等的具体体现，是比受教育机会平等更高层次的受教育的过程和结果平等的必然要求。

首先，只有中央政府承担主要投入责任才能更好地解决基础教育的外溢性问题。从公共产品的特征和供给原则来讲，中央政府负责全国性公共产品的提供，地方性公共产品则由地方政府负责，跨区域的公共产品由中央和地方共同负责或几个区域联合提供。

据 2010 年第六次人口普查的数据，与 2000 年人口普查相比，东部地区的人口比重上升 2.41 个百分点，中部、西部、东北地区的比重都在下降。考虑到发达地区较低的生育率，这只能说明，人口跨省流动的趋势越来越明显，主要体现为中西部地区向东部地区的跨省流动，也就是从经济欠发达地区向经济较发达地区流动。总体而言，西部基础教育收益的大部分还是留在了外地，从而使劳动力的输出地陷入“基础教育投资越多—外出流动越快—本地经济越不发达—财力越薄弱”的恶性循环的境地。只有中央政府承担提供义务教育这一公共产品的主要责任，才能避免基础教育的外溢性。

其次，只有中央政府有财力最终解决义务教育投入不足的问题。2006 年修订的《义务教育法》第 7 条规定，“义务教育实行国务院领导，省、自治区、直辖市人民政府统筹规划实施，县级人民政府为主管理的体制”。这是在法律上首次明确了省级政府的“统筹责任”，有利于实现省域内的教育均衡，实现全省一盘棋，部分克服“以县为主”的弱点，相对于中央直接负责减少了层级，也具有信息优势。不过，省级政府究竟如何统筹？对此并无具体的规定。从省级政府所拥有的财力看，部分省份恐怕仍然难以全部承担起这一责任；在经费不足时，仍然需要中央政府承担最后的保证最低限度的教育条件的责任，或者说是教育“保底”责任。

最后，也只有中央政府承担主要的投入责任才能缩小乃至消除省际义务教育投入的巨大差距。以生均预算内教育事业费作为衡量指标：1995 年全国普通小学生均预算内事业费支出，最高的是上海（1216 元），最低的是河南（144.2 元），上海是河南的 8.44 倍；2000 年，上海普通小学生均预算内教育事业费最高（2756 元），河南最低（261 元），上海是河南的 10.56 倍；2004 年上海普通小学生均预算内教育事业费为 6680.22 元，而河南仅为654.41 元（王善迈 等，2005）。种种数据表明，我国省际教育差距正在扩大（张玉林，2005）。

以上都是从经济学、财政学角度出发的说明，如果从法学尤其是宪法学出发，在我国，由中央政府承担起公民基本权利的最后保障责任，也是理所当然的。

第一，从国家结构形式看，我国是单一制国家，地方一切权力来源于中央，地方并没有自己单独的权力，这就决定了地方并没有只属于"地方"的责任，对于任何公民权利状况的极端恶化，中央政府都有以某种方式遏止乃至促其改善的义务和责任，而不能置之不理。"以省为主"承担义务教育责任的论者忘记了，他们所举出的美国、加拿大、德国、瑞士、奥地利、比利时、印度、澳大利亚、西班牙、日本等国，除了西班牙和日本以外，其余都是联邦制国家。联邦制国家的主权结构可以用"双重主权"理论来解释，即除了统一的联邦主权之外，各州也拥有一部分主权，联邦权力一般来源于各州，联邦与州之间的权力界限由宪法规定。也就是说，联邦的各州就类似于单一制国家的一国，由州承担义务教育的主要投入责任，就相当于单一制国家由中央政府承担主要责任。即使在美国这样的联邦制国家，按照美国宪法，教育是州的"保留权力"，联邦政府也加大了对教育的投入，联邦最高法院还通过布朗案以实现种族教育机会平等[1]。各州最高法院也做出了一系列判决，判定以地方经济实力来决定教育经费水平的财政支出方式违宪，因为它违反了"教育机会均等原则"[2]。

第二，从宪法的规定看，受教育权作为基本权利载入宪法，就构成了政府与人民之间的契约。人民建立国家的目的本来就是保证自己的基本权利，如果政府不能完成与人民之间的契约，人民有权改变政府。从人民主权的原理看，宪法构成了人民要求政府应如何行为的最高指示。宪法规定的基本权利就是人民对政府的核心要求，在单一制国家，这个政府首先就是中央政府，因为中央政府是整个国家政权机关的总代表，代表整个国家机器的全体。这也决定了，在公民受教育的基本权利得不到充分保障时，必须由中央政府承担责任。在英国这样存在很强的地方自治传统的国家，1965年以后，中央政府负担的义务教育费用也占到总开支的60%。在日本，明治维新以后，"文明开化"是其基本国策，主管教育的文部省（现文部科学省）的经费是政府各部门中最多的。"二战"刚结束，1947年经受严重创伤的日本就制定了实施九年制免费义务教育的《基本教育法》。在韩国，由于光复后财政拮据，免费义务教育无法全面实施，免费的范围明确规定从偏僻的农村、

---

① 1900年，黑人和白人在生均教育经费上的差距是60%，到1930年，差距达到了253%。黑人学校每生经费比白人学校低100美元，黑人学校每生财产值不到白人学校的1/5。美国1954年的布朗案是在此背景下发生的。参见：张维平，马立武. 2004. 美国教育法研究 [M]. 北京：中国法制出版社：261-262.

② 参见：石绍宾. 2008. 城乡基础教育均等化供给研究 [M]. 北京：经济科学出版社：52.

岛屿开始，逐渐向小城市再向大城市分步推进（费菊瑛，2007）。

从以上分析可以看出，中央政府对于受教育权的保障负有主要责任，或者最后保底责任，因为受教育权状况恶化主要出现在中西部地区和流入东部地区的流动儿童身上。对于这些困难地区和群体，其受教育权的改善只能依靠中央政府，而中央政府承担责任的范围或限度则需要通过制定义务教育必要教育设施的强制性国家标准来加以限定。

四、应建立义务教育必要教育设施的国家标准

义务教育的标准多种多样，有教学内容的标准、教学条件的标准、教学规范的标准、师资配置的标准、公用经费的标准、教学质量的标准等多方面内容。我国在教学内容方面已基本标准化，但在教学设施方面则存在着多种多样的标准。

从制定标准的机关的级别看，有中央一级的，比如教育部发布的《中小学理科实验室装备规范》（JY/T 0385-2006）；有省一级的，比如《北京市中小学办学条件标准》；有市一级的，比如《南京市普通中小学办学条件标准（修订版）》等。

从制定机关的性质看，大多数标准是由教育行政管理部门制定的，也有教育部门与其他部门联合制定的，比如 1996 年由建设部、国家计划委员会和国家教育委员会制定的《农村普通中小学校建设标准（试行）》，以及由其他部门单独制定的，比如 1987 年卫生部制定的《学校课桌椅卫生标准》。

由于学校的办学条件标准是教育设施标准的主要内容，而我国尚无全国统一的中小学办学标准，因此可以将各省、自治区、直辖市制定的中小学办学标准作为教育设施标准化的主要参考。

为了反映各地办学条件标准的差异，笔者选定北京市、山西省和安徽省三个省（市）的中小学办学条件标准作为研究样本，进行初步的比较。

从办学标准制定的时间看，北京市现行的《北京市中小学办学条件标准》制定于 2005 年，不过，早在 1988 年北京市就制定了《北京市中（小）学办学条件标准（试行）》；《山西省义务教育阶段中小学办学标准（试行）》制定于 2009 年，《安徽省义务教育阶段学校办学基本标准（试行）》制定于 2007 年，山西、安徽两省都是第一次制定中小学办学标准。

　　从办学标准的内容结构看，总的来说，包括学校规模，用地与建筑设施，教学、办公及生活设备，教师和工作人员，学校教育辅助中心设置，教育经费，教育教学，学校管理等方面。

　　从办学条件看，仅仅从室外运动场的数量、面积就可以明显看出不同省份之间的差异。《北京市中小学办学条件标准》还对室内操场或体育馆、器械库做出了规定。《山西省义务教育阶段中小学体育设施设备配备标准》对于器械库没有规定，只规定体育教室、器材室各一，有条件的学校应选建风雨操场、游泳馆、体育馆，可建塑胶跑道。因受地理环境限制达不到标准的山区学校，可因地制宜建设相应的体育活动场地。《安徽省义务教育阶段学校办学基本标准（试行）》对于室内操场、体育教室、体育器材室均未做规定。显而易见，各地由于经济发展水平不同，在义务教育设施的标准规定上也有很大差异。

　　从办学条件标准所要求的达标期限看，《北京市中小学办学条件标准》强调了"分步实施"的原则，规定"新建学校原则上应达到《标准》要求，改建和扩建学校参照《标准》执行"。山西省教育厅《关于印发〈山西省义务教育阶段中小学办学标准（试行）〉的通知》中规定"力争用 5 年时间，使所有义务教育阶段中小学达到本《标准》规定的要求"。安徽省则规定"争取用 5 年时间，使义务教育阶段学校达到《标准》规定的要求"。从上述规定看，一般规定了达标期限为 5 年，但这个期限并不是硬任务，而只是"力争"、"争取"或"在主要项目上"达标。

　　从办学条件的强制性看，《北京市中小学办学条件标准》及相关通知中没有规定不达标的责任。山西省在《关于印发〈山西省义务教育阶段中小学办学标准（试行）〉的通知》中规定"对工作进展缓慢的单位和个人予以通报批评"。

　　已有的义务教育办学设施标准存在以下问题：①办学标准的制定机关层次过低，无论是省级政府的教育主管部门还是省会城市政府的教育主管部门都不具备制定在我国效力最低的"法律渊源"——规章——的权力，也就无法要求它们制定的办学标准具备法律效力，更不能以此作为法院审判的依据。②从这些标准的制定主体及其规定看，也没有使其立即发生效力的意图。比如，2008 年由国家发改委、住房和城乡建设部联合批准，由教育部负责编制的《农村普通中小学校建设标准》，在《关于批准发布〈农村普通中小学校建设标准〉的通知》中就明确指出"考虑到全国各地情况差异很大，在具体执行时要实事求是，根据环境条件的实际情况，因地制宜，合理规范和设计，不要不顾条件硬性追求达标"。有关部门在起草"教育设施的标准"时，没有吸收法律工作者参与，也不认为这是个法律问题，这也是导致教育设施标准法制化程度低的原因之一。

一般认为，基本权利的受益权功能即国家的给付义务，在国家不履行给付义务会影响公民个人最起码的生存时，是可诉的，可以由人民直接行使（范履冰，2008）。具体而言，落实公民义务教育必要教育设施的请求权首先要制定强制性的国家义务教育的教育设施标准。一旦适龄儿童所接受的义务教育不能达到国家强制性标准，则儿童有权要求政府提供相应的受教育替代方案，由此产生的费用由政府承担；如果教育行政部门拒不履行给付义务，儿童有权起诉教育行政部门不作为，由法院根据法定的国家义务教育的教育设施标准进行判决并予以执行。

五、流动儿童受教育权保障的三大误区

流动儿童受教育权的实现需要政府积极履行义务，但目前学者们提出的解决办法中存在三大误区：

第一，流动儿童享有与城市儿童同等的受教育权，这里的受教育权指的是享有与城市儿童同等的必要的教育设施请求权。必须指出的是必要教育设施请求权作为一种社会权利，需要以政府的行政给付为实现条件。在我国义务教育供给的制度设计层面，城市政府并无负责流动儿童义务教育给付的义务，在制度上农民子女的必要的教育设施应由农民户籍所在地政府负责提供。我们所说的平等的受教育权只能是基于义务教育必要设施的强制性国家标准的平等，而不是符合发达省份、城市义务教育最低标准的必要的教育设施。

农民工选择将子女从留守儿童变成流动儿童，和城市居民子女的"择校"在实质上是一致的。流动儿童的平等受教育权要求的是符合国家最低标准的必要的教育设施，而不是符合发达地区当地最低标准的教育设施，更不是优质的城市公共义务教育资源。

第二，流动儿童接受义务教育"以流入地政府为主"。能够在居住地生活5年以上的农民工在30%左右。这部分农民工长期对城市发展做出了较大贡献，应当优先对他们的子女赋予与城市居民子女同等的受教育权。对于其他的农民工子女，由于其家庭对当地经济贡献较少，往往无固定住所，当地政府尚难以保障其受教育权。对于这部分流动频繁的农民工子女，其义务教育的给付责任本来应当主要由中央政府和流出地政府一起承担，考虑到流出地政府的财政状况，可以由中央政府和流入地政府一起承担主要责任，流出地政府也承担部分责任。毕竟，我国义务教育财政分配是基于户籍人口的（韩世强，2008）。

笔者建议将过去按户籍划拨的生均经费以有价证券（教育券）的形式发给流动儿童本人，流动儿童将等于流出地教育生均经费标准的"教育券"交给在流入地入学的学校，该学校凭此券得到国家补贴。至于由于地区差异流出地的教育券面值不足以达到流入地生均经费标准的，可以由流入地政府补足或者由流动儿童家长承担。这部分实际上是流动儿童离开户籍所在地、分享城市教育资源所付出的"择校费"。

第三，流动儿童接受义务教育"以公立学校为主"。据目前各种调查，城市公立学校容纳了约70%的流动儿童，这是以降低教育质量为代价的。即便如此，已有的城市公立中小学也无法全部容纳流动儿童入学。城市中小学只能保证在城市居住达到一定年限的农民工子女的就学；对于流动过于频繁的农民工子女就学，只能通过由中央财政支持建立起来的农民工子弟学校。这些农民工子弟学校的教育设施只需要达到国家义务教育必要的教育设施的最低标准即可。现在的问题是，一方面，城市公立中小学无法全部容纳；另一方面，农民工子弟学校办学条件较差，在缺乏相应义务教育设施的国家标准的条件下，既无法将其简单关闭，也少有政府对其提供资助。如果农民工子女持教育券到农民工子弟学校就学，则农民工子弟学校也可享受国家财政补贴，国家也能依照义务教育设施的国家强制性标准对其进行监测、管理乃至资助。建设农民工子弟小学的土地和资金可以由中央负责，由地方实施。

总之，流动儿童受教育问题应该纳入整个国家教育体制改革的框架中解决，在中央政府承担保证基础义务教育投入的主要责任和建立义务教育必要教育设施的强制性国家标准两个前提下，保证流动儿童对符合国家最低标准的教育设施的创设请求权，而不是保证流动儿童要求等同于城市儿童的必要的义务教育设施的创设请求权。

参考文献

范履冰.2008.受教育权法律救济制度研究[M].北京:法律出版社:58.

费菊瑛.2007.改善义务教育投融资体制研究[M].广州:中山大学出版社:231.

韩世强.2008.流动儿童受义务教育权的实现及司法救济:兼论超法规路径的行政诉讼变革[J].华中师范大学学报:人文社会科学版(5):121-128.

王善迈,曹夕多.2005.重构我国公共财政体制下的义务教育财政体制[J].北京大学教育评论(4):25-30.

徐显明.1991."基本权利"析[J].中国法学(6):23-28.

许育典.2002.法治国与教育行政[M].台北:高等教育文化事业有限公司:16.

张玉林.2005.中国教育不平等状况蓝皮书[J].校长阅刊(5):8-13.

How to Guarantee the Right to Education during Compulsory Period

Guan Hua

Abstract: The intention of formulating constitution including right to education is to protect children's right to compulsory education. Migrant children are confronted with difficulties: too much fees, inadequate room in public school, and bad condition in migrant children school. The central government should assume the primary responsibility for investment in education; establish the compulsory national standard of the necessary facilities of compulsory education. A child may request the court to sentence the government to pay according to national standard of the necessary facilities of compulsory education. The protection of migrant children's right to education can be resolved under the ideas.

Key words: compulsory education right to education migrant children central responsibility national standards

作者简介

管华，男，1977 年生，河南光山人，法学博士，陕西师范大学教育学院博士后，西北政法大学行政法学院副教授，教育法制研究中心执行主任，主要研究方向为宪法学、行政法学、教育法学。

□张其鸾

论公民受教育义务的正当性及规范体系

【摘　要】我国公民具有接受教育的义务，这不仅符合宪法文本表述，也具有内在的正当性依据。强制公民接受一定教育不仅符合国家和社会的公共利益，也是公民个人发展的需要。未成年公民受教育义务之履行，建立在国家的办学义务、家庭的送学义务以及社会的不妨碍义务的履行基础之上。这四种主体的相应义务共同构成了公民受教育义务的强制性规范体系。

【关键词】受教育义务　法律父爱主义　办学义务
送学义务

我国《宪法》第46条第1款规定："中华人民共和国公民有受教育的权利和义务。"这既是公民受教育权的宪法依据，也是公民受教育义务的宪法根据。不少论者虽然注意到了条文中的"义务"，但倾向于将受教育义务的主体定位为国家以及未成年人的父母或者其他监护人。比如有学者认为："受教育的适龄儿童和少年的亲权人（父母或其他监护人）既拥有对他们施予教育的自由，亦负有让他们接受教育的义务，其中，后者可理解为主要构成宪法第46条第1款中所言的受教育的义务。"（林来梵，2011）有论者更明确表示：在义务教育中，"公民的义务主要是指作为监护人对被监护人的义务，而不是作为受教育者自己的义务"（马岭，2009）。也有论者持受教育义务主体多元性的观点，即受教育的义务主体不仅包括受教育者本人，还包括国家、学校（社会组织）和家庭（父母）①。更有论者表示："当代宪法上的受教育权主要是公民的一项权利，而非义务。"（申素平，2009）学者们对这条不到 20 字的条文之理解竟然存在如此巨大的差异，其背后的原因颇可玩味。笔者将首先从《宪法》第 46 条第 1 款文本的语法结构入手进行分析，进而就宪法对公民课以受教育之义务的正当性做一分析，最后，结合我国现行教育法律规范，对公民受教育义务的规范体系进行梳理。本文的基本结论是，受教育的确是公民的一项宪法和法律义务，而且将接受适当的教育作为公民的一项义务，并非不可承受的负担。笔者相信，在权利意识高涨的时代，适当强调义务，不仅不是"义务本位"观的死灰复燃，相反，这正是应对权利泛化的一种尝试。

一、《宪法》第 46 条第 1 款的语法结构

"中华人民共和国公民有受教育的权利和义务。"此句的主语为"中华人民共和国公民"，谓语为"有"，"受教育的权利和义务"则是宾语。主语中"中华人民共和国"系"公民"的修饰语。宾语"受教育的权利和义务"是一个偏正词组，即"受教育的——权利和义务"，其重心在"权利和义务"。按照提炼句子主干的方法，这句话的主干应该是"公民有权利和义务"。在"权利和义务"中，这两者乃是并列的，虽然存在先后顺序，但并不存在偏重，更不能理解为只有前者而没有后者。所以，"受教育的权利和义务"应当理解为"受教育的权利和受教育的义务"。再将其与主语"中华人民共和国公民"相连，则为"中华人民共和国公民有受教育的权利和受教育的义务"。进一步明确化，可以发现该句包含了两层意思：①中华人民共和国公民有受教育的权利；②中华人民共和国公民有受教育的义务。必须指出的是，我们没有任何理由认为这两层意思中的"中华人民共和国公民"系指不同主体。

某些研究者无视受教育不仅是权利也是义务的宪法文本表述，但又无法对这句话中的"义务"完全视而不见，于是产生了所谓"义务"就是指"国家和父母的义务"的说法。这种解释不仅不符合宪法表述的语法规则，

---

① 如：郑贤君 . 2006. 公民受教育义务之宪法属性［J］. 华东政法大学学报（2）：123-128.；张震. 2007. 我国宪法中"受教育义务"的规范分析：兼议"孟母堂"事件［J］. 现代法学（5）：22-28.

而且也有悖文意解释的原则。就宪法语法规则来说，在这句话中并未出现所谓的"国家"和"父母"这两个主语，因此并无这种解释空间。就法律解释技术来说，对权利性规则的解释需要确定权利的内容和权利享有主体，一般也可以推定相应的义务主体以及义务内容。如《消费者权益保护法》第 7 条规定："消费者在购买、使用商品和接受服务时享有人身、财产安全不受损害的权利。"由此就可以确定权利主体为"消费者"，而权利内容为"人身安全和财产安全权"。在这条规定中，法律条文本并未明确反映义务主体及其内容，但是根据权利义务的对应性原理，该条规定中的义务内容应当与权利内容相对应，即"保障消费者人身和财产安全"的义务。同时，根据上下文的结构可以推定，负有"保障消费者人身和财产安全义务"的主体为生产者和经营者。于是，根据该条款就可以达到既确定权利主体和权利内容，又推定义务主体和义务内容的目的。同理，根据《宪法》第 46 条第 1 款的规定，也可以确定权利主体和权利内容。先看其第一层意思："中华人民共和国公民具有受教育的权利"，其权利主体为"中华人民共和国公民"，权利内容为"受教育"；而相应的义务内容则是与"受教育权利"相对应的，即"提供教育"的义务，因此，承担此项义务的主体也就是与"中华人民共和国公民"相对应的"国家或者政府"。根据权利义务的对应性原理，由权利内容可以直接推定义务内容，但无法根据权利主体直接推定义务主体，义务主体隐藏在法律的整体结构之中，可以通过体系解释予以推定。我们之所以可以根据消费者的权利推定其义务的承担者为生产者和经营者，乃是因为《消费者权益保护法》乃是调整这三者之间关系的法律。根据上下文的整体结构，可以推定应当对消费者的人身和财产安全负有保障义务的乃是生产者和经营者。相应的，根据宪法公民权利的基本原理，公民的基本权利只能由国家或者政府来提供保障。需要注意的是，根据上述分析，显然无法推出"未成年人的父母或者监护人"也是公民受教育义务的承担者，因为他们也是"中华人民共和国公民"①。据此，根据该条款的第一层意思"中

---

① 论者之所以将未成年人的父母或者监护人也确定为受教育义务的承担者，大概是受《教育法》以及《义务教育法》的影响。因为《教育法》第 49 条规定"未成年人的父母或者其他监护人应当为其未成年子女或者其他被监护人受教育提供必要条件"。《义务教育法》第 5 条第 2 款更是明确规定"适龄儿童、少年的父母或者其他法定监护人应当依法保证其按时入学接受并完成义务教育"。但是，且不说根据其他法律的规定来解释宪法是否可行，即便从这两条规定的表述来看，父母或者监护人也仅仅具有"提供必要条件"或者"协助将未成年人送进学校的义务"，而不具有"提供教育"的义务和可能，更不可能承担"接受教育"的义务。

华人民共和国公民有受教育的权利"已经可以确定权利主体和权利内容，也可以推定义务内容和义务主体。同样，在该条款第二层意思"中华人民共和国公民有受教育的义务"中，"受教育"乃是"中华人民共和国公民"的义务，也可以推定相应的权利内容，即"要求'中华人民共和国公民'接受教育的权利（力）"，显然，这一权利（力）的享有者也只能是"国家或者政府"，并无所谓未成年人的父母或者监护人的影子①。

由此可见，宪法规定非常明确，中华人民共和国公民不仅有受教育的权利，而且有受教育的义务。将受教育义务施加于国家、未成年人的父母或者监护人、学校以及其他社会组织的观点，完全无视承担"接受教育"这一实体义务的主体只能是未成年人自己这一简单的事实。这种对宪法规范的刻意曲解，乃是在"保护未成年人权利"的口号下权利泛化的一个表征，不仅无助于理解我国宪法的基本精神，亦未必有利于未成年人权利的保护。

二、受教育作为公民义务的正当性

以上对《宪法》第 46 条第 1 款的语法分析表明，从宪法文本看，接受教育确实是中华人民共和国公民的义务，但是这一规定还要接受正当性检验。换言之，只有当"受教育"作为公民义务具有正当性时，才应当予以遵循和坚持，否则，就应当予以废止或者修改，如同罗尔斯所言，某项法律和制度，不管它们如何有效率和有条理，只要是不正义的，就必须加以改造或废除②。或者为了法律的正当性，而对其进行扩张或者限缩解释，以使其符合正义的要求③。笔者认为，受教育作为公民义务的正当性来自以下两个基本事实。

---

① 未成年人的父母或者监护人在未成年人接受教育的问题上所承担的法律义务乃是将未成年人送进适当的学校的辅助义务，其既不是为未成年人受教育权的实现而负有的"提供教育"的义务，也不是代替未成年人"接受"教育的义务。关于此点，在后文关于受教育义务的规范体系的分析中会有详细说明。

② 参见：罗尔斯. 1988. 正义论 [M]. 何怀宏，等，译. 北京：中国社会科学出版社：1. 确有论者提议删除公民受教育义务的条款，乃至全面删除宪法中的义务性规范。如：张千帆. 2005. 宪法不应该规定什么 [J]. 华东政法学院学报（3）：25-33.

③ 遗憾的是，无论对该条款如何进行扩张或者限缩，都无法将公民受教育义务予以全面抛弃。

（一）公民接受一定的教育符合国家和社会利益

首先，通过教育培养和增进公民对共同价值的认同，符合国家的根本利益，有利于国家的稳定和长治久安。通过教育达到国家认同，乃是各国通例。德国著名教育学家凯兴斯泰纳说："国民教育的最后目标，就是教育人们获得某种国家意识。"（郑惠卿，2003）自由主义者哈耶克说："普通教育并非只是一个——甚至可能并不主要是一个——传播知识的问题。这是因为在一个社会中，人们需要确立一些共同的价值标准……倘若没有那些共同的价值标准，那么人们便显然不可能和平共处。"（哈耶克，1997）我国《宪法》第24条提及国家要对公民进行理想教育、道德教育、文化教育、爱国主义教育、集体主义教育、国际主义以及共产主义教育等内容。《教育法》第6条则更明确要求："国家在受教育者中进行爱国主义、集体主义、社会主义的教育，进行理想、道德、纪律、法制、国防和民族团结的教育。"《义务教育法》第3条也规定："义务教育必须贯彻国家的教育方针，实施素质教育，提高教育质量，使适龄儿童、少年在品德、智力、体质等方面全面发展，为培养有理想、有道德、有文化、有纪律的社会主义建设者和接班人奠定基础。"可见，通过教育培养公民对某些共同价值的认同，乃是我国教育法律制度的基本目标之一。从而，接受相应的教育也就成为受教育者的一项法律义务。

其次，公民接受一定的教育可以提高整个国家的生产能力，进而提升综合国力，尤其是经济发展水平。根据人力资本理论的基本观点，人力资本乃是现代经济增长的源泉，而人力资本的形成主要依赖于教育、健康保健、培训及迁移等，其中教育乃是最为重要的人力资本形成要素。有研究者从我国经济发展程度与人力资本水平的相关性分析中发现，经济发达的东部沿海地区人力资本积累在规模和质量上均高于经济发展水平相对落后的西部内陆地区（刘辉 等，2011）。还有研究者发现，教育不仅在一般意义上对经济增长具有促进作用，而且还可以优化经济结构，从而对经济发展产生更大的影响（王展祥 等，2011）。各国的发展历史也从宏观上表明，一国人民的文化知识水平在很大程度上决定了一国经济和社会发展水平。近代中国之所以落后挨打，在一定程度上也与我国当时国民的受教育水平有关。所以，晏阳初先生在《中华平民教育促进会定县工作大概》一文中指出，当时国民存在的四大问题乃是愚、贫、弱、私，其中受教育水平低下导致的"愚"乃是最根本的（晏阳初，2010）。

此外，公民接受一定的教育，还可以减少国家和社会的负担。如果国民不接受知识文化的训练，其在社会经济的竞争中会处于劣势，从而有可能在未来的生活中无法维持自己和家庭的基本生存，这就意味着国家要提供更多的社会救助。

综上，无论从政治意识形态还是经济方面的考量来看，教育对国家意义重大。杜威在《我的教育信条》中说："教育是社会进步及社会改革的基本方法。"（杜威，2006）因此，规定公民必须接受一定年限的教育，符合国家的利益，国家具有规定公民受教育义务的客观需要。

（二）公民接受一定的教育符合公民自身的利益

根据宪政国家的基本理念，宪法乃是公民相互达成的社会契约，公民权利和利益才是宪法的根本归宿，仅仅符合国家利益尚不足以证明公民必须接受教育的正当性。在科技高度发达的时代，个人仅凭借自己的经验和阅历已经无法完全适应社会生活的发展，接受一定的教育已经成为个人安身立命的要求。换言之，接受适当的教育可以改善公民的个人处境。国家基于"法律父爱主义"的立场，强制公民接受一定的教育，符合公民自身的利益。

关于教育与人的发展的关系，我国古代典籍《礼记·学记》中就有"玉不琢，不成器。人不学，不知道。是故古之王者，建国君民，教学为先"的说法。柏拉图也借苏格拉底之口说："我认为一种适当的教育，只要保持下去，便会使一国中的人性得到改造，而具有健全性格的人受到这种教育又变成更好的人，胜过他们的祖宗。"（柏拉图，1958）近代哲人康德宣称："人只有通过教育才能成为人。除了教育从他身上所造就出的东西外他什么也不是。"（康德，2005）马克思也说："未来教育对所有已满一定年龄的儿童来说，就是生产劳动同智育和体育相结合，它不仅是提高社会生产的一种方法，而且是造就全面发展的人的唯一方法。"（马克思 等，1972）民初教育学家杨贤江的"全人生指导"教育理论亦可以看成"人的全面发展"观的本土化表现（肖朗 等，2006）。事实上，在《教育法》第5条就有"培养德、智、体等方面全面发展"的措辞，《义务教育法》第3条同样要求教育"使适龄儿童、少年在品德、智力、体质等方面全面发展"。显然，人的全面发展理论乃是我国公民受教育义务的哲学基础。

　　为了公民自身的利益而对其课以法律义务，乃是一种父爱主义或者家长主义法律理论。法律父爱主义有以下特征：第一，其目的是增进或满足公民（或相对人）的福利、需要和利益；第二，其措施必然是不同程度地限制相对人的自由或权利。法律父爱主义可以概括为"政府对公民强制的爱"（孙笑侠 等，2006）。就履行受教育义务来说，主要是增进受教育者的利益，促进其各方面的发展，但同时也限制了其"不受任何教育"的自由，所以是典型的法律父爱主义的表现。法律之所以对公民施加受教育的义务，不仅因为受教育能够增进受教育者的知识和能力，发展其人格，而且还因为如果不施加这样的法律义务，作为个体的公民有可能做出不接受任何教育的错误选择。自由主义经济学家弗里德曼也认为，"对孩子们和其他对自己行动不负责任的个人的家长主义的关怀"乃是政府对教育进行干预的两大理由之一（弗里德曼，1986）。因此，基于法律父爱主义的立场，强制公民接受一定的教育，是可以证成的。

　　需要指出的是，虽然受教育作为公民的一项权利，可以在一定意义上实现公民的自我发展目标，但是作为权利的"受教育权"一般而言是可以放弃的。这样就会产生一个问题，如果公民自愿放弃"受教育的权利"，在法律上是否应当许可呢？考虑到受教育的主体多为未成年人，这一问题将会变得更为棘手。因为一方面，未成年人由于心智尚未成熟，很有可能做出对其自身的长远利益不利的决定，另一方面，由于学校教育的某些问题以及未成年人本身的厌学或者懒惰情绪，使得其极有可能做出"不接受任何教育"的决定。换言之，如果认为未成年人仅享有"受教育"的权利，则其亦享有"不受教育的权利"，这就会最终导致未成年人"受教育权"的落空，而将接受教育同时变成一项法律义务，则可以避免陷入这样的困境。

三、公民受教育义务的规范体系

　　在仅有宪法宣告公民具有受教育的义务而无具体的规范予以执行之时，这一义务仅仅是一种"纲领性"规定，或者"道义性"宣示。因此宪法对公民受教育义务的概括性规定只是对国家立法进行了概括授权。通过具体立法不仅可以对"受教育义务"的内容予以明确，而且也能够通过此项义务的执行制度真正贯彻受教育义务的国家意志。

概而言之，就受教育义务而言，我国已经初步形成在宪法统领之下，由《教育法》、《义务教育法》以及相关的法律法规所组成的受教育义务规范体系。除《宪法》第 46 条的规定之外，尚有《教育法》第 9 条之规定："中华人民共和国公民有受教育的权利和义务。"此条规定与宪法的表述完全一致，但此处已经将受教育义务的"宪法纲领"转化为具体的法律要求。《义务教育法》第 2 条更为明确地规定："义务教育是国家统一实施的所有适龄儿童、少年必须接受的教育，是国家必须予以保障的公益性事业。"

根据上述法律规定，如下内容值得关注：第一，受教育的义务仅限于义务教育阶段的教育。义务教育阶段的教育乃是《宪法》和《教育法》中"受教育义务"的内容，除此之外的教育，如高等教育、职业教育以及高中阶段的教育等则并非"受教育义务"的内容。第二，公民受教育义务的义务主体仅仅是"适龄儿童、少年"，而不包括适龄儿童之前的学前阶段，也不包括成年之后。质言之，倘若某人在适龄阶段因为某种原因而未接受相应的义务教育，则在其成年之后，国家即丧失强制其补充接受相应教育的权力。其基本理由是，受教育具有一定的时效性，强制已成年的公民接受教育未必能达到预期效果。另外，单纯强调此时的受教育义务可能与其他权利和义务发生冲突，比如，未受适当教育的公民已经成年，需要工作以维持自身及其家人的生存，存在更为重要的权利需求。因此，未接受相应义务教育的已经成年者不再负有接受"义务教育"的义务，虽然法律亦不禁止其接受教育①。《宪法》之所以使用"中华人民共和国公民"，而没有如同《义务教育法》一样，将受教育义务的主体限于"适龄儿童和少年"，当然不是说只要是"中华人民共和国公民"在任何阶段对任何教育都负有强制接受的义务，因为这既不具有合理性，也不具有可执行性。毋宁说，《宪法》使用"中华人民共和国公民"这一词语所强调的只是该义务主体的广泛性，而且，由于任何公民在成年之前皆须经过"适龄儿童和少年"这一阶段，故这一表述亦未违背该宪法条款的立法本旨。

除上述受教育义务的内容和主体之外，还有如下几个问题需要予以明确。

其一，受教育义务的履行方式。即适龄儿童和少年需要以怎样的行动履

---

① 根据《扫盲工作条例》的规定，15 周岁以上的文盲和半文盲亦有接受扫盲教育的权利和义务，但此处的"扫盲教育"应当有别于"义务教育"。

行受教育义务？必须在特定的学校接受教育，还是可以在校外接受教育？对此问题已然产生了实务上的争议，比如"孟母堂事件"。从《义务教育法》第 5 条对政府、未成年人的监护人以及学校的相关规定来看，似乎接受义务教育应当在特定的地方，即"实施义务教育的学校"。另据《义务教育法》第 14 条第 2 款的规定，特定组织经过适当的批准程序，亦可以实施义务教育。《义务教育法实施细则》第 6 条则更为明确地规定了承担义务教育的学校的类别，以及其他组织实施义务教育的法律要件。上述规定虽然并非直接针对适龄儿童和少年，但是在适龄儿童和少年的监护人以及实施义务教育的学校和其他组织均遵照法律规定的情况下，受教育者实际上只能在特定的场所接受义务教育。因此"在家上学"是否可行，并不是一个法律问题，而是《义务教育法》此项规定的合宪性问题。

其二，不予履行受教育义务的制裁和执行方式。这里所指的"不予履行受教育义务"特指"适龄儿童和少年"因为自己的原因，不愿意接受义务教育的情形，而不包括政府机关、学校、监护人以及其他个人和社会组织（比如招收童工者）违背《义务教育法》的规定应当承担的法律责任。因为《义务教育法》对上述情况已经进行了相应的规定。应当承认，在我国的相关法律制度中，并无对因自身原因故意不履行受教育义务的未成年人予以制裁的法律规定。然而，既然未成年人乃是受教育义务的承担者，为何没有对未成年人的惩戒性条款呢？对此诘问的回答是：首先，未成年人接受义务教育乃是建立在一系列其他相关义务主体的履行行为基础之上的，具体言之，包括国家提供教育的办学义务，未成年人父母或者监护人的送学义务，以及其他社会组织和个人的"不妨碍"义务。在上述诸义务均得以履行的前提下，未成年人的受教育义务才有履行的基础。其次，当受教育者因其自身厌学等原因而不愿意入学时，国家乃是把强制未成年人入学的权力和责任均授予了未成年人的父母或者其他监护人。这种授权不仅在理论上可以接受，在实践上也完全可行。此时，未成年人的父母或者其他监护人实际上乃是处在"双重替代者"的位置。一方面，其替代未成年人接受国家的制裁（如批评教育等），类似民法上的替代责任；另一方面，又替代国家行使强制子女入学接受教育的强制权力。故此，倘若未成年人因自己厌学而决定辍学，根据现行法律的规定，其父母或者监护人当然有权利不予许可，并强制其入学。笔者将此种情形称为未成年人的父母或者监护人对未成年人（入学）的"直接强制制度"。在此种制度中，没有必要对未成年人施加另外的法律制裁。

需要注意的是，由未成年人的监护人承担法律责任并不表明监护人承担了"受教育"的实体义务，因为由未成年人承担的实体上的"受教育义务"不能转移给任何其他人。当然，根据法律的规定必须"就学"接受教育是一回事，而在"就学"期间能否完成相应学习任务，达到相当的学习水平又是另一回事。对此，由于学习条件、本人天赋和努力程度的差异，在法律上实难进行刚性规定①。故此，至少在我国目前的教育法律体系中尚无对未成年人完成义务教育的结果予以判定的可操作性条款。大致可以认为，接受规定年限（9年）的义务教育乃是受教育者的基本义务。

其三，受教育义务（权利）的相关者义务。在受教育者承担接受教育的实体义务之前提下，其他一些相关者亦负有相应的保障未成年人入学接受教育的义务。具体如下：

一是国家和政府的办学义务。主要体现在《义务教育法》第5条第1款（概括保障义务），第12条（保障就近入学，非户籍地入学保障），第13条（督促、帮助义务），第15条（规划义务），第16条（办学应符合标准的义务），第17条（设置寄宿制学校，保障居住分散儿童入学的义务），第18条（设置民族学校、民族班的义务），第19条（设置特殊教育学校的义务），第21条（对少年犯和采取强制性教育措施的未成年人义务教育的保障），第22条（均衡办学的义务），等等。

二是父母和监护人的送学义务，体现在《义务教育法》的第5条第2款（概括义务）和第58条（法律责任）。

三是其他个人和组织的不妨碍义务，如《义务教育法》第14条第1款（禁用童工规定）等。

上述由国家、社会和家庭等相关者对其各自义务的履行，乃是未成年公民受教育义务得以履行的条件。相关者义务与未成年人的就学义务一起，构成了对受教育义务的强制性规范体系。

需要强调的是，这些相关者义务在逻辑上并非《宪法》第46条所规定的"受教育义务"，这也是本文力求澄清的一个问题。从法律义务的观点来看待教育，不仅是一个新视角的问题，更重要的是，将受教育作为义务，就

---

① 也并非完全不可能。比如美国某些州就要求"在家上学"者必须通过相应的水平考试，以确定其完成了相应受教育义务。参见：屈书杰. 1999. 在家教育：美国教育新景观透视［J］. 外国中小学教育（2）：40-42. 所以，我国未来是否会对义务教育阶段的受教育水平进行相对统一的考试以确保教育教学质量尚需拭目以待。

意味着有必要对此项义务的正当性以及公平性进行更为严格的检验。比如，我国现阶段施行的义务教育阶段"就近入学"是否为受教育者的一项义务，就大有讨论和澄清之必要。当然，对上述问题的详细讨论已经超出了本文的范围。

参考文献

柏拉图.1958.柏拉图论教育[M].郑晓沧,译.北京:人民教育出版社:17.

杜威.2006.杜威教育名篇[M].赵祥麟,等,译.北京:教育科学出版社:9.

弗里德曼.1986.资本主义与自由[M].张瑞玉,译.北京:商务印书馆:93.

哈耶克.1997.自由秩序原理:下册[M].邓正来,译.北京:生活·读书·新知三联书店:160-161.

康德.2005.论教育学[M].赵鹏,等,译.上海:上海人民出版社:5.

林来梵.2011.从宪法规范到规范宪法[M].北京:法律出版社:224.

刘辉,等.2011.中国人力资本受教育水平研究[J].长安大学学报(6):56-61.

马克思,恩格斯.1972.马克思恩格斯全集:第23卷[M].北京:人民出版社:530.

马岭.2009.义务教育中的政府义务与公民义务之依据[J].河南省政法管理干部学院学报(4):31-35.

申素平.2009.受教育权宪法含义的比较研究[M]//劳凯声.中国教育法制评论:第7辑.北京:教育科学出版社:87.

孙笑侠,郭春镇.2006.法律父爱主义在中国的适用[J].中国社会科学(1):47-58,206.

王展祥,郭慧.2011.论教育、人力资本与经济结构的优化[J].江西财经大学学报(4):5-11.

肖朗,陈家顺.2006.杨贤江的"全人生指导思想":"人的全面发展"教育思想本土化的范例[J].教育研究(9):19-23.

晏阳初.2010.平民教育概论[M].北京:高等教育出版社:160.

郑惠卿.2003.凯兴斯泰纳教育论著选[M].北京:人民出版社:232.

On the Legitimacy of Compulsory Education and
its Normative System

Zhang Qiluan

Abstract: Nowadays a Chinese citizen should accept compulsory education. It has good roots of legitimacy and is not only the requirements of constitution provisions. Compelling someone to receive some education is necessary to the development of an individual as well as the satisfaction of the public interests. The fulfilment of compulsory education for juveniles is based on the performing of launching school duties of the government, the sending school obligations of the family and the noninterference of the society. The corresponding obligations of the four subjects construct the compelling normative system of compulsory education.

Key words：the obligation of education　legal paternalism　launching school duty　sending school launching obligation

作者简介

张其鸾，男，1975 年生，四川通江人，陕西理工学院讲师，西南大学教育法学博士生，主要研究方向为宪政与司法制度、教育法学。

□ 刘水云

大众传媒对教育政策制定与执行的影响

——以我国高等教育质量保障政策为例①

【摘 要】大众传媒对教育政策的影响日益凸显，然而当前对该问题的学术研究仍然不足。本文以我国在本世纪初出台的高等教育质量保障政策为例，探究大众传媒对教育政策制定与执行的影响。研究发现，现阶段我国大众传媒对教育政策的影响主要表现为促进政策议题的确立，在政策执行过程中树立政策合法性和监督政策的有效执行，而其在构建公共讨论平台，完善政策设计方面的影响还有待加强。

【关键词】大众传媒 教育政策 高等教育质量保障政策 政策制定 政策执行

公共政策是政府为了处理社会公共事务而制定的行为规范，其本质体现了政府对全社会公共利益所做的权威性分配。在当代社会，具有"第四种权力"之称的大众传媒（报刊、广播、电视、网络等媒体）在国家政治生活中的地位日益突出，对公共政策与立法的影响愈加显著。由于社会民众接触媒体的普遍性、媒介使用的便捷性以及媒体对其使用主体身份的包容性，使得媒体获得社会公众的广泛认同，能够以公共利益的名义来影响政府在公共利益与

① 本文系国家社科基金教育学青年项目"外部质量评估对大学变革的影响研究"（项目批准号：CIA120142）的阶段性成果。

公共资源上的分配。在当代中国，随着经济改革和社会转型的加速，大众传媒对公共政策与法律的影响力日益增强。教育牵动着千家万户的利益，关乎子孙后代的发展，因此教育问题受到新闻媒体的广泛关注，作为一种公共政策的教育政策的发展也深受大众传媒的影响。然而，学术界关于大众传媒对教育政策和立法的影响研究很少，西方教育政策研究领域近年来对该问题开始有所关注①。本文以我国在本世纪初出台的高等教育质量保障政策为例，分析大众传媒在教育政策与法律制定与执行中的影响。

一、大众传媒对公共政策（制定—执行—评估）的影响

大众传媒对公共政策的影响贯串于整个政策的制定和执行过程中：从传媒设置"问题"、引发舆论以促使政府关注此问题开始，到传媒为社会民众尽可能提供利益表达的机会以完善政策方案的制定，再到媒体对政策精神和方案的宣传与解释，乃至对政策执行情况的监督与指导、政策绩效的客观评价与建议等。

首先，在政策议程设置阶段，大众传媒能及时、敏锐地发现有新闻价值的"问题"（聂静虹，2002）。发现问题是政策活动的起点，社会中存在的"问题"很多，但不是所有的"问题"都能被政府主动注意到并及时转化为政府动用公共资源加以解决的政策问题（陈堂发，2008）[40-49]。大众传媒通过刊发新闻报道和评论，形成一种无形的公共舆论的氛围和压力，政府常常因为传媒的报道而意识到政策议题的存在，传媒对于事件的意见影响了政府对该议题重要性的认识。政策学者托马斯·戴伊在《民主的嘲讽》中指出，新闻媒介的真正功能在于它们能够决定将要被决定的事。因此，在聚合公众意见、影响政府决策议程方面，大众传媒可以使分散的、潜在的社会意愿和要求转化为明确、集中的政策需求，推动社会问题进入政府政策议程，扮演着政策议程建构者的角色。

其次，在政策制定阶段，大众传媒可以为政策方案的优化提供公共讨论

---

　　① 比如，美国《教育政策》杂志 2011 年发表的论文《The Rush toward Universal Public Pre-K：A Media Analysis》讨论了媒体在建构学前教育中的重要性，以及学前教育普及化进入政策领域过程中媒体的角色。2010 年发表的论文《Imaging the Frame：Media Representations of Teachers，Their Unions，NCLB，and Education Reform》以《纽约时报》和《时代周刊》为例，讨论了媒体在为布什政府的《不让一个孩子掉队法案》确立合法性过程中扮演的角色。

平台。政策方案的拟订无疑是政策行为链中的关键一环。政策固然是由政府有关部门制定的，但政策的优化需要未来的政策对象的广泛参与，需要倾听他们的声音，需要社会协商与公众辩论。人大代表制度、政协制度、听证制度、信访制度、举报制度等从理论上说都可以成为一般民众利益表达的现实渠道，但实际上由于普通民众所拥有的政治资源、经济资源、组织资源比较少，这些制度所发挥的功效相当有限（陈堂发，2006）。大众传媒可以在一定程度上弥补这种缺陷，政策议题涉及的公众和利益集团都可以通过大众传媒进行利益表达，政府也能够通过大众传媒了解他们对政策议题的看法和立场（陈堂发，2008）[144-145]。借助大众传媒的政策论辩可以充分满足政策的科学化和民主化的要求。

最后，在政策执行和评估阶段，一方面，大众传媒扮演着政策宣传者的角色，对已经出台的政策进行宣传和解释，准确、全面、深入浅出地在人民群众中普及政府的政策，从而使民众全面了解和正确理解政策内容，真心接受、支持并积极贯彻落实政策，为政策执行营造有利的舆论环境，推动政策的顺利执行（陈堂发，2008）[178-190]。另一方面，大众传媒也担负着对政策的执行情况进行监督反馈的使命，确保政策的高效执行（李占乐，2012）。政策执行环节是政策的重中之重，与体制内的政策制定和评估机构倾向于持积极肯定态度不同，大众传媒出于市场生存能力的考虑，需要取得民众社会的信任，获得报道的市场份额，它们对政府政策执行情况与政策绩效进行报道时会更加客观（陈堂发，2008）[191-195]。大众传媒可以对政策在执行中产生的多种失败或失真现象，如政策资源的转移、目标的歪曲、执行者的抵制、政策产生的非预期影响等，进行公开的舆论监督，促成纠偏、补救或终结政策（姜新起，2006）。

二、研究方法

为了探讨新闻媒体在我国高等教育质量保障政策制定与执行中的影响，本文抽取了国内四家影响力较大的报纸，分别是《新华每日电讯》、《光明日报》、《新京报》和《中国青年报》，分析了它们在政策制定、执行与评估期间的相关报道。首先，选取了官方媒体中颇具代表性的《新华每日电讯》对高等教育质量（包括高校和大学生）的报道为样本，来分析大众传媒对高等教育质量保障政策的议程设置和政策制定的影响。《新华每日电讯》是新华社主办，选编新华社各个线路报刊和新媒体及全国其他媒体的精品稿件，同时刊发原创评论和副刊的报纸，在很大程度上集合并代表了国内权威媒体的声音。笔者共检索到 346 篇在高等教育质量保障政策制定之前和制定期间（2000—2004），发表在《新华每日电讯》上与高等教育质量有关的报道，报道对象包括高校和大学生，并对其进行了编码分析，确定了报道的主题和性质。

其次，高等教育质量评估政策执行之后，全国各大主流媒体都对其进行了报道。考虑到样本的数量和代表性，除《新华每日电讯》之外，另抽取了代表官方媒体的《光明日报》和代表民间媒体的《中国青年报》和《新京报》。四家媒体在国内均是非常有影响力，发行量很高的报纸，同时它们对于高等教育质量保障政策的报道也相对较多，便于编码分析。笔者检索了这四家报纸在政策执行过程中（2003—2010）对该政策的报道，共 62 篇，并对其进行了编码分析。

三、大众传媒对高等教育质量保障政策发展的影响

（一）高等教育质量保障政策的发展脉络

我国高等教育质量保障政策伴随着高等教育大众化的进程而产生。1997年，亚洲金融危机致使经济发展增幅下滑。1998 年，亚洲开发银行首席经济学家汤敏以个人名义向中央写信，建议通过高校扩招来拉动内需、刺激消费、促进经济增长、缓解就业压力，该建议很快被采纳。1999 年，国务院转批教育部《面向 21 世纪教育振兴行动计划》中提出了至 2010 年高等教育毛入学率达到 15% 的发展目标，自此开启了我国高等教育大众化的进程。该进程是在极短的时间内、有限的经费投入下完成的，走的是内涵式"精英大众化"的路子，即依靠已有的顶尖大学或四年制大学而非新建高校进行扩招（王英杰 等，2009；王胜今 等，2009）。然而，迅速的扩张使很多高校的招生规模超出了原有教学条件的承受能力，出现了硬件设施短缺，生师比急剧增加，班级规模过大，教学经费投入不足等问题；同时在"重科研、轻教学"的评价体系引导下，很多大学教师不重视教学：这些都严重影响了高等

教育质量。在此背景下，高等教育质量保障成为大势所趋。

1998 年颁布的《高等教育法》中第 44 条明确规定，"高等学校的办学水平、教育质量，接受教育行政部门的监督和由其组织的评估"。2001 年 8 月，教育部下发了《关于加强高等学校本科教学工作，提高教学质量的若干意见》，开始进一步加强高等教育质量管理。2002 年，教育部办公厅将原有对高等院校的合格评估、优秀评估和随机性水平评估三种方案合并为一个方案，即《普通高等学校本科教学工作水平评估方案》。2003 年，教育部在《2003—2007 年教育振兴行动计划》中明确提出实行"五年一轮"的普通高等学校教学工作水平评估制度，所有提供本科教育的高校都需要接受五年一轮的本科教学质量评估，高等教育质量评估工作正式启动。2004 年，教育部又成立了高等教育教学评估中心来承担具体的评估工作。2003—2008 年，全国 589 所本科院校接受了首轮评估。评估工作对高校产生了很大的影响，也在社会上引起了激烈的反响。一方面，评估促进了高校硬件设施的改进和师资力量的提升，使高校明确了办学方向，强化了教学管理；另一方面，评估也带来了很多负面效应，比如评估成本过高，给高校带来很大的行政负担，迎评过程中出现作假和过度接待问题，等等。在总结首轮评估的经验和教训的基础上，2011 年，教育部对评估方案做出了调整，发布了《关于普通高等学校本科教学评估工作的意见》，在第二轮评估中使用了合格评估和审核评估相结合的新评估方案。

（二）大众传媒在议程设置与政策制定阶段的影响

笔者对《新华每日电讯》在高等教育质量保障政策制定之前和制定期间的报道进行了编码分析，结果如表 1 和图 1 所示，包括报道的数量、性质及关注点（按出现频率排序）。数据显示，自 2000 年起，媒体对高校和大学生的报道呈现日益增长的趋势，特别是 2003 年以后，媒体对高等教育的关注显著增加。对高校的报道主要集中在当年进行的教育改革，比如后勤社会化和自主招生，以及出现的重大问题，比如毕业生就业难和高校乱收费问题上。对大学生的报道中，涵盖的主题比较宽泛，比如大学生的行为表现、道德素质以及在就业市场上面临的困难等。整体来说，对高校和大学生的负面报道都呈日趋增长之势。

表 1　《新华每日电讯》2000—2004 年对高校和大学生的报道

单位：篇

	总报道数	关于高校的报道			关于大学生的报道	
		总数	关注点	负面报道数	总数	负面报道数
2000	34	20	后勤社会化、高校合并、高校扩招	0（0）	14	1（7.14%）
2001	33	23	后勤社会化、贫困补助、教学质量	2（8.70%）	10	1（10.00%）
2002	45	22	高校收费、教学管理问题、毕业生就业	10（45.45%）	23	3（13.04%）
2003	121	59	毕业生就业、自主招生、高校收费、"非典"疫情	15（25.42%）	62	5（8.06%）
2004	113	50	招生、毕业生就业高校收费	39（78.00%）	63	26（41.27%）

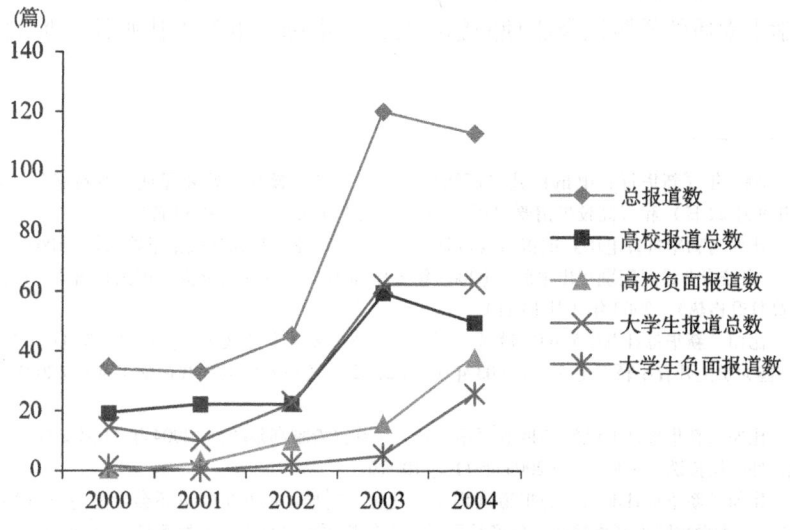

图 1　《新华每日电讯》2000—2004 年对高校和大学生的报道

如表 1 所示，2000—2001 年媒体对高校和大学生的报道以正面和中性报道为主，教学质量问题自 2001 年开始进入媒体的视野①。自 2002 年起对高校的负面报道开始增加，占报道总数的近一半，对教学质量的关注仍在持续，主要是课堂管理问题和大学生学习风气不良的问题。2003 年对高校的报道明显增加，负面报道约占 25.42%，除了高校收费问题以外，对教学质量问题也予以关注，对高校的基础设施投入不足、专业设置不合理、重科研轻教学、盲目升格的问题都进行了相关报道②。对大学生的报道也有明显增加，就业难问题是主要关注点。负面报道主要描述大学生的行为失范现象，比如奢侈消费、考试舞弊、诚信问题等③。2004 年对高校的负面报道急剧增加（78.00%），涉及高校办学的各个方面，比如招生管理混乱、就业难以及高收费等。不同于 2003 年对就业现状的中性描述，2004 年的报道开始从就业难的现象阐述转向原因探究，引发对办学质量的质疑以及对高校管理方式的反思和商榷。这期间媒体对高等院校的高收费、办学质量下降、毕业生就业难的问题不仅从各个点上单独地进行报道和揭露，而且将上述现象联系在一起，对高等教育产业化带来的后果进行反思④。对大学生的报道中负面报道占将近一半（41.27%），关注点除了奢侈消费、考试舞弊、诚信问题之外，还涉及性混乱、沉迷网络游戏、心理问题、道德滑坡等⑤。2004 年对高校和大学生的负面报道都有急剧增长，这可能跟当年发生的两件新闻焦点事件有关，分别是马加爵杀人事件和南师大陪舞丑闻。马加爵事件之后媒体增加了对大学生素质的质疑以及心理问题的关注，南师大事件也让媒体更加关注象

---

① 2001 年《新华每日电讯》共有两篇报道，分别是《教学经费要保证，教授必须上讲台》（2001 年 9 月 22 日）和《高校扩招要"质""量"并重》（2001 年 10 月 30 日）。

② 比如《新华每日电讯》的报道《没地方上自习，大学生被逼到饭馆里看书》（2003 年 12 月 17 日），《高校专业设置问题浮出水面》（2003 年 2 月 20 日），《文科赶北大、理工超清华——人大代表质疑高校升格热》（2003 年 3 月 14 日）。

③ 比如《新华每日电讯》的报道《一页开卷：助长大学生考试舞弊》（2003 年 11 月 27 日），《天津一些大学生开着小轿车上学》（2003 年 10 月 20 日），《一大学生竟有仨学生证》（2003 年 2 月 26 日）。

④ 比如《新华每日电讯》的报道《不能让大学弥漫着唯利是图》（2004 年 11 月 2 日），《教育产业化，外国校长说"不懂"》（2004 年 11 月 10 日）。

⑤ 比如《新华每日电讯》的报道《即使不让租房同居，该发生的事还会发生?》（2004 年 11 月 19 日），《大学生陷入网络游戏，母亲拧开煤气以死相逼》（2004 年 6 月 5 日），《湖南调查显示：三成多大学生很"郁闷"》（2004 年 4 月 2 日），《男大学生征婚觅"款姐"，拿青春赌明天》（2004 年 2 月 9 日）。

牙塔内不光彩的一面①，高校和大学生的公共形象大打折扣。

通过分析 2000—2004 年《新华每日电讯》对高等教育的报道可以看出，自 2001 年起由高校扩招导致的教学质量下滑现象就得到了大众媒体的持续关注，高校教学投入不充分、硬件设施不足、教授不上讲台、专业设置不合理等问题相继被报道。同时，伴随着高等教育产业化的进程，高校中出现的乱收费和管理混乱问题也吸引了媒体的关注，对高校的负面报道越来越多。高等教育大众化也带来了学生群体的多元化，媒体对大学生行为失范和道德滑坡问题进行了集中报道，大学生的公众形象急转直下，大学不再是象牙塔，大学生也不再是天之骄子，甚至在大众传媒中出现了一股"妖魔化"大学生的趋势（金兼斌，2006；蔡月亮，2006）。另外，大学毕业生就业问题自 2003 年扩招后的第一届毕业生进入就业市场开始就得到了媒体的持续关注，关于大学生就业难的报道比比皆是，探究其背后的原因也引发了公众对高等教育质量的质疑。与此同时学费却在持续增长，在"高学费"和"难就业"的双重压力下，外部社会对高等教育价值的质疑也开始显现，致使高等教育面临着严重的信任危机。而信任缺失和质量下滑本身以及政府对高校发展主导权的回收是形成高等教育质量保障和问责体系的三大支柱（Stensaker et al，2011；Trow，1996）。在这个意义上，媒体在推动中国质量保障体系的建构方面扮演着相当重要的角色。

媒体对高校和大学生的负面报道，有一定的"眼球经济"的考量，即出于自身利益的追求，为了吸引读者的眼球，而过分强调甚至夸张报道高校内部的一些负面现象（安志放，2008）。此类现象反映了在高等教育大众化的初始阶段大众对精英教育的期待（expectation）和大众教育的现实（reality）之间的落差，传媒领域集中的负面报道某种程度上正是这种社会心理的体现，反映了公众的诉求，而这些报道又进一步瓦解了公众对高等教育的信任。从政策层面来看，对教学质量问题的大量集中报道扩大了该问题的社会影响力，有效地促进了政府对该议题的关注以及对其重要性的认识，这在很大程度上推动了中国政府将解决高等教育质量问题纳入政策议程。尽管媒体报道的很多热点问题也反映在本科教学质量评估的指标体系中，比如教学基本设施、生师比、学习风气、就业都是该质量评估方案中的评估指标。但是在政策制定期间，主流媒体中并没有出现对政策设计（即评估方式、评估内

---

① 比如《新华每日电讯》对马加爵事件的评论《迈进殿堂，也掉进了染缸》（2004 年 9 月 19 日），对南师大陪舞事件的报道《当领导面对舒坦到每根毛孔的接待》（2004 年 10 月 29 日）。

容等）的相关报道或理性讨论。也就是说，目前媒体还没有提供一个让相关利益群体表达他们的意见，参与政策设计的良性互动平台。

（三）大众传媒在政策执行与监督过程中的角色

高等教育质量保障政策执行之后，笔者所抽取的四家媒体都对其进行了相关报道，通过编码分析发现这些报道大致可以分为四种类型，分别是对政策的介绍，树立政策的合法性，监督政策的执行，以及对政策的反思和建议。各家报纸的报道主题如图 2 和图 3 所示。2003—2004 年，政策出台之初，各大媒体都对其进行了报道。一方面是对政策给予相关的介绍，将本次评估的宗旨以及具体的评估方式向大众公布，比如《中国青年报》的报道《高等教育教学评估中心成立》（2004），《光明日报》的报道《本科教学评估工作全面启动》（2003）。另一方面也开始了对政策设计的讨论，比如《新京报》的报道《评估大学须务实也要务虚》（2004）中指出评估应该既关注高校的硬件设施又关注高校的软件建设，《政府评估高校的制度定位》（2004）对本科评估中政府的主导角色进行了反思。2005—2007 年，媒体的视角转向了政策执行过程。一方面，媒体通过对政策理念进行解读，对政策内涵进行阐释，以及对政策产生的积极影响进行报道，致力于确立政策的合法性，比如《光明日报》的报道《关于本科教学评估的九个观点》（2006）。另一方面，媒体还对政策执行过程进行了监督和批评，比如《新华每日电讯》的报道《"高校评估"卷起"造假""贿赂"漩涡》（2005），《新京报》的报道《高校评估需摆脱"运动思维"》（2006）。在政策执行期间，官方媒体和民间媒体的声音出现了较大的差异，官方媒体致力于确立政策的合法性，为政策的执行保驾护航，而民间媒体中则充斥着批判和指责的声音，二者呈现一种相持的局面。如图 3 所示，确立政策合法性的 7 篇报道均来自《光明日报》和《新华每日电讯》；而《中国青年报》和《新京报》的政策批评立场更尖锐，各有 10 篇报道是对政策的批评和监督，均超过其对该主题报道总数的 50%。2008—2010 年第一轮评估接近尾声，媒体的报道聚焦在对政策的批评和建议上。特别是 2008 年 4 月 11 日，广西师大高规格接待女秘书事件被《南方都市报》报道之后，媒体出现了越来越多的质疑甚至叫停本科教学评估的声音，比如《新京报》的报道《问问民意，高校评估是否废止?》（2008），《中国青年报》的报道《高校评估重视女秘书的尴尬与无奈》（2008）。官方媒体对政策合法化的努力也逐渐式微，转而开始对如何改进评估进行反思，提出建议。比如《光明日报》的报道《高校：怎样评估更有效》（2008），《本科教学评估的改革思路》（2008）等。

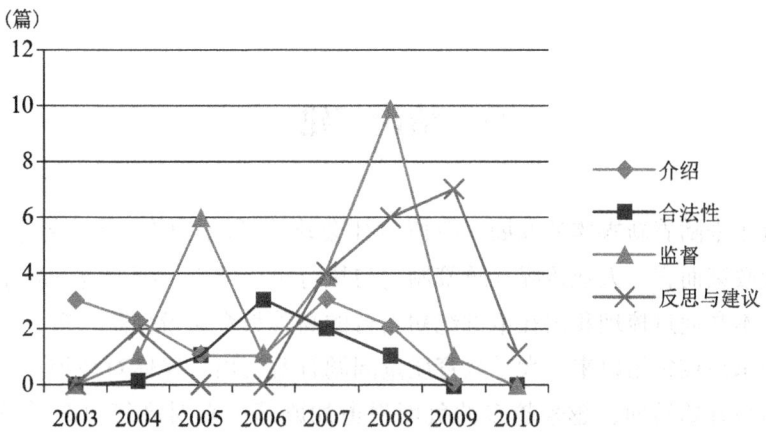

图2　2003—2010年媒体对本科教学评估政策的报道

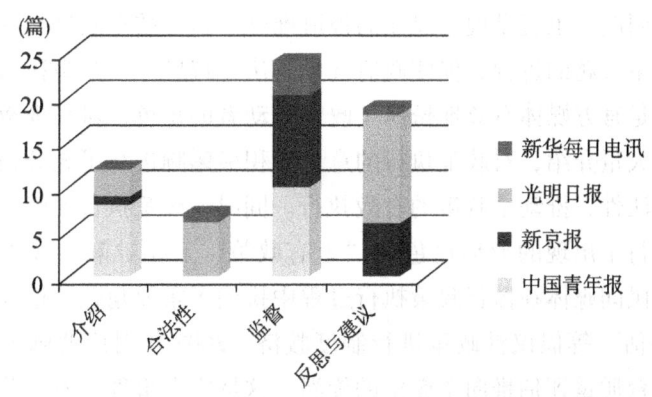

图3　四家媒体对本科教学评估政策的报道

　　总的来说，在政策执行之初，媒体的介绍性报道传达了政策的精神，对政策条文进行了具体解析，有利于公众更好地了解本科教学评估政策，有效地促进了决策者和执行者之间、执行者与政策对象之间的相互协调、沟通与了解。同时，对政策的正面解读强调了高等教育质量评估对改善办学条件、规范教育管理、提高教学质量方面的积极意义，对树立质量评估政策的合法性、推动政策顺利执行创造了良好的舆论环境。另外，媒体也扮演着对政策进行反思和监督的角色。对评估过程中出现的作假、过度接待甚至贿赂问题进行了披露，对政策执行带来的负面影响给予了充分的关注。同时在第一轮评估接近尾声时，媒体开始反思如何改进教学评估，评估未来应该向何处走等问题，对本科教学质量评估的改进献计献策，为后续的政策调整发挥了重要作用。

四、结论与建议

近年来随着新媒体的发展，舆情与社会政策领域之间的互动越来越深。对教育政策而言，大众传媒在政策制定与执行过程中也发挥着越来越重要的作用。本文通过梳理我国在本世纪初出台的高等教育质量保障政策，发现自上世纪末高校扩招以来，大学教育质量问题日益突出。媒体对高校和大学生的报道也开始转向，越来越多的负面报道加剧了公众对高等教育质量的质疑，形成了强大的舆论压力。尽管政府自扩招之后即开始关注教育质量问题，大众传媒的集中负面报道还是增加了解决该问题的紧迫性，推动政府迅速做出政策回应。也就是说，媒体的报道推进了高等教育质量问题从社会议题转变成政策议题的进程，促使政府优先解决该议题。在政策执行之初，大众传媒特别是官方媒体有效地扮演了政策推动者的角色，对高等教育质量保障政策做了大量介绍，对政策执行的意义和积极影响进行了充分报道，树立了政策的合法性，推动了政策的有效执行。同时，政策执行期间，大众传媒也对政策执行中出现的形形色色的"上有政策、下有对策"现象进行了披露，特别是民间媒体在监督政策执行过程中扮演了重要角色，推动政府出台了"阳光评估"等倡议性政策进行制度救济。2008年对广西师大的报道更是将高等教育质量评估推向了舆论的旋涡，这场突发事件引发了公众普遍的批评和质疑，集中反映了民间对质量评估干扰正常办学工作以及引发的作假和腐败等一系列问题的不满。第一轮评估结束之后，政府对评估方案做出了重大调整，这在一定程度上也是顺应民意的表现。其间，大众传媒也为政策的反思和改进提供了有效的平台，收集了不同群体对该政策的意见和建议。

整体来说，大众传媒在政策议程的形成、政策的宣达和对政策执行环节的监督方面确实起到了一定的作用。然而，媒体在政策制定环节特别是政策方案的设计和辩论中的参与不足。理论上，在政策制定过程中，大众传媒可以承担作为公共讨论平台的作用，征询各利益群体的意见，完善政策的设计。但是在高等教育质量保障政策制定和设计期间，媒体并没有构建一个理性辩论的平台。也就是说，大众传媒在教育政策过程中扮演更多的是"解构者"而非"建构者"的角色。通过大众传媒在高等教育质量保障政策实施之后对其的监督批评以及理性反思和建议，我们看到中国的大众传媒有能力为政策议题提供一个理性辩论的平台，为政策的设计集思广益。然而在中国教育政策制定过程中，政府经常充当"救火者"的角色，一个社会问题通常是很长时间没有得到关注，而一旦受到关注形成政策议题，则迅速出台政策方案，没有为相关利益群体表达自己的利益诉求、参与政策的构建提供相应的时间和空间。大众传媒具备为分散利益组织提供资源、信息和技术上的支持，整合各分散利益群体的声音的功能，这是公众参与公共决策的必要制度支持，但是该功能在中国教育政策领域尚未得到充分的重视。就大众传媒自身而言，仍需进一步提升自身的专业能力，更多地关注自身的社会责任，敏锐地察觉社会问题，客观公正地报道社会现象和政策执行的结果，为提高教育政策的科学化和民主化水平贡献力量。

参考文献

安志放.2008.公共政策中的大众传媒与公共利益表达[J].中共贵州省委党校学报（1）:114-116.

蔡月亮.2006.传媒对大学生形象的妖魔化[J].青年记者(1):43-44.

陈堂发.2006.公共政策的完善机制:大众传媒[J].江淮论坛(6):114-117.

陈堂发.2008.新闻媒体与微观政治:传媒在政府政策过程中的作用研究[M].上海:复旦大学出版社.

姜新起.2006.大众传媒在公共政策制定中的作用[J].传媒研究(6):20-21.

金兼斌.2006.大众传媒中的大学形象 [J].国际新闻界(2):27-31.

李占乐.2012.中国大众传媒参与政策过程的积极效果论析[J].新闻界(7):60-63.

聂静虹.2002.论大众传媒与政策议程构建[J].学术论坛(6):158-161.

王胜今,等.2009.我国高等教育大众化十年盘点与省思[J].高等教育研究(4):25-33.

王英杰,等.2009.中国教育改革30年[M].北京:北京师范大学出版社.

Stensaker B, et al.2011.Accountability in higher education:global perspectives on trust and power[M].New York: Routledge:7-22.

Trow M.1996.Trust, markets and accountability in higher education:a comparative perspective[J].Higher Education Policy(4):309-324.

The Impact of Public Media on the Design and Implementation of Educational Policies: Taking the Chinese Higher Education Quality Assurance Policy as an Example

Liu Shuiyun

Abstract: The impact of public media on educational policy is increasing. However, academic research on this issue is not adequate. This paper explores the role of public media in the design and implementation of educational policies. The higher education quality assurance policy issued at the beginning of this century in China is taken as an example. This research finds that the impact of public media involves facilitating the establishment of policy issues, legitimizing the policies and overseeing its implementation. However, its role in helping to establish the forum for public debate and improving the policy design is not played adequately.

Key words: public media   educational policy   higher education quality assurance policies   policy design   policy implementation

作者简介

刘水云，女，博士，北京师范大学教育学部讲师，毕业于英国伦敦大学教育学院，主要研究领域为高等教育，教育政策与法律。

□ 刘惠

论危机在制度变迁中的正价值

——以我国校车制度的变迁为例

【摘　要】制度是一个社会的博弈规则和行为框架，目的是提供某种秩序，从而减少行为的不确定性。然而，在社会演化的过程中，制度供给与制度需求之间始终存在着制度堕距，危机就是利用制度堕距，破坏已有秩序的信号。以校车制度变迁为例，当局部危机扩散为公共危机，公共危机上升为制度危机，威胁制度提供者政治合法性时，校车制度变迁也就"应运而生"。因此，在特定条件下，危机有助于打开"机会之窗"，促进制度变迁，且高风险时代，危机状态下的制度变迁将是人类制度变迁的重要路径。

【关键词】制度　危机　秩序　制度变迁　校车

校车及校车制度是学校教育出现后，根据社会和市场的需求而衍生出的社会产物。20 世纪初，随着汽车时代的降临，在教育专家的推动下，美国拥有了整套校车安全的设计标准和规章，这标志着美国的校车开始走上标准化和安全化的道路。在我国，虽然 20 世纪 90 年代校车安全问题已初露端倪，但未得到政府和公众的普遍重视。我国校车制度的规范、成熟是近年来的事情。随着校车安全事故频繁发生，在媒体力量的有效介入下，政府和社会的整体关注度显著提高。全国性的正式校车制度于甘肃正宁幼儿园校车事件、江苏徐州校车侧翻事件等重大安全事故之后相继颁布：2012 年 4 月 5 日，《校车安全管理条例》由国务院公布并实行；2012 年 5 月 1 日，国家标准委发布《专用校车安全国家标准》；2012 年 7 月 4 日，工信部公布《专用校车生产企业及产品准入管理规则》，并于 2012 年 8 月 1 日起正式执行。

我国近年来校车安全事故频发，一方面，折射出了我国"撤点并校"政策实施后，农村学生对标准化、安全化校车旺盛的需求与现实供给不足之间的矛盾。另一方面，也反映了我国已有的校车制度缺乏通过规范校车利益相关者行为进而保证学生基本安全的能力。于是，在校车危机的刺激下，我国正式的校车制度实现了从无到有、从低效力阶段到高效力阶段的变迁。为什么校车制度的变迁在校车问题初露端倪的时候难以发生，而在校车事故频发造成公共危机的状态下，却变得相对容易？危机在制度变迁的过程中发挥了什么样的作用，哪些因素在辅佐危机转化为制度危机，进而促进制度变迁？同时，它们又是如何突破常态下的多种制约因素而促进制度快速变迁的？这是本文关注的问题。

一、危机、制度与制度变迁

理解危机、制度、制度变迁的基本概念及其间关系，是探讨危机在校车制度变迁中作用机制的前提。

"危机"在被当作科学术语使用之前是一个医学术语，体现为面对客观的疾病，病人被暂时剥夺了作为一个完全能够控制自己的主体的可能性，由于陷于被动而产生内心的无力感（哈贝马斯，2009）[3]。危机即主体被某种客观力量剥夺主体性的体验和过程，在危机中的主体会产生力不从心或者无能为力感。哈贝马斯认为，这种来自危机中的主体的主观感知是不容忽视的，危机的克服意味着陷入危机的主体获得解放。因此，分析危机在校车制度变迁过程中呈现出的不同状态以及相应的功能时，绝不能脱离危机下的学生家长、学生等主体的情绪和内心感受，以及危机主体的内心感受及其社会影响力作用于制度变迁的整个过程。关于危机概念的界定，哈贝马斯强调通过危机主体来审视危机，而今天的社会科学提供了一种系统论的危机概念。在危机如何作用于校车制度变迁的分析中，本文较多采用系统论的观点。系统论的危机概念认为：当社会系统结构所能容许解决问题的可能性低于该系统继续生存所必需的限度时，就会产生危机。危机就是系统整合（system integra-tion）的持续失调。系统整合的失调只有在社会整合岌岌可危时，即在规范结构的共识基础受到严重破坏，社会变得失范时，才会危及继续生存。在这种意义上，危机状态表现为社会制度的瓦解（哈贝马斯，2009）[4-5]。因此，危机也是上一制度过渡到下一制度的征兆。

制度是一个社会的博弈规则，它们是一些人为设计的、形塑人们互动关系的约束，包含正式约束、非正式约束等组成部分（诺思，2008）[3]。制度的关键在于提供一个互动的框架，降低行为的不确定性，从而降低交易成本，起到稳定和维护某种秩序的作用。因此，校车制度就是人为设计的，形塑家长、学生、校车企业、政府、学校等利益相关者之间互动关系的行为框架，包含嵌入在习俗、传统和行为准则中的非正式约束（诺思，2008）[7]和体现政府价值、行为的正式约束两部分。

制度是行为主体的互动准则和框架，具有一定的稳定性。然而，制度的这种稳定性并不背离它们时刻处于变迁之中的事实。一般而言，制度变迁就是通过在边际上一系列正式约束、非正式约束及其实施形式的变动而进行的一个渐进、连续的复杂过程，最终体现为社会打破某种秩序进入另一种秩序（秩序—失序—秩序），因此，制度变迁决定了人类历史中的各种社会产物的演化方式。

校车制度作为学校教育出现后衍生出的社会产物，时刻处于变迁之中。但是，危机作用下的校车制度变迁呈现出了与社会制度的缓慢演进完全相悖的图景，危机作用下校车制度变迁的速度与力度，已完全超越了普通制度变迁理论解释的范畴。我国已有关于校车的各种法律法规、规章都是在我国校车安全事故的高峰期，在紧急的危机状态之中制定和颁发的。很明显，危机与制度变迁呈现某种高关联性。但是，最终制度变迁的成功与否，还取决于危机中个体对于新制度需求的强烈程度以及政府新制度供给的意愿程度，这与危机中受损利益的规模与利害程度、散落的受损利益个体能否通过媒介成为有组织的集团化利益博弈群体、公众危机能否转化为制度提供者——政府的合法性危机等高度相关。

二、我国校车制度的历史变迁

在分析危机在制度变迁中的正价值之前，有必要了解我国校车制度的变迁过程。我国校车制度的变迁经历了从非正式制度到正式制度、从低约束力的正式制度到高约束力的正式制度三个阶段。

20 世纪 90 年代，我国校车问题就初露端倪。但是，校车安全在当时尚未引起媒体和政府的普遍重视，我国校车市场一度处于缺乏统一规范管理和问责机制的状态。其实，这种混乱和无序也是一种存在的秩序，在这种秩序下，行为主体之间的互动框架由非正式约束构成。非正式约束是从文化中衍生出来的、持续作用于人的行为的隐性准则、规范和惯例，是文化传承的一部分（诺思，2008）[51]。运用在校车问题上，非正式约束即指当地在文化传承过程中形成的比较稳定的乡俗民情、熟人关系，家长、学生、司机等利益相关者对于校车及校车事件的个体经验、认知、价值及其他因素。

第二阶段的校车制度已经进入正式约束阶段，但是，这一阶段尚属于低效力的初级约束阶段。2010 年 2 月 19 日，国家质检总局发布了《专用小学生校车安全技术条件》（以下简称《条件》），同年 7 月 1 日开始实施。《条件》以"保护小学生上下学安全"为价值选择，颁布的背景为"近年来，因校车超载、超速、手续不全、设施不完善引发的恶性交通事故时有发生。统计数据显示，我国平均每 41 秒就会发生一起车祸，每天有近 40 名中小学生死于道路交通事故"。《条件》只是对小学生校车的技术条件进行了规范，且《条件》规定"本标准第四章为强制性的，其余部分为推荐性的"。因而，《条件》的法律效力和影响范围非常有限。

全国性的正式校车制度的颁布主要集中在甘肃正宁幼儿园校车事件、江苏徐州校车侧翻事件等重大安全事故之后。2012 年 4 月 5 日，国务院颁布的《校车安全管理条例》，对校车的管理责任主体、校车使用地区、制定和修订校车安全国家标准的部门、校车驾驶人资格、校车通行安全、校车乘车安全、相关责任等进行了规定。2012 年 5 月 1 日，国家标准委发布《专用校车安全国家标准》（新校车国标），由两项强制性国标《专用校车安全技术条件》和《专用校车学生座椅系统及其车辆固定件的强度》组成，从校车及座椅系统的各项技术指标和试验方法出发，更加注重车辆安全性能、车辆配置的人性化、车辆安全管理的可操作性。2012 年 7 月 4 日，工信部颁布《专用校车生产企业及产品准入管理规则》（以下简称《规则》），《规则》以"规范专用校车生产企业及产品的准入管理，维护专用校车产品市场竞争秩序，保证专用校车生产一致性，提高专用校车产品安全性能"为政策标的，并对专用校车生产企业及产品准入进行了申请要求和批准程序上的法律规范。

　　追溯校车制度变迁历史，可以得出如下结论：从校车制度制定和颁布的法律主体来看，我国校车制度的法律效力逐步加强；从校车制度规范的对象来看，校车制度起作用的范围越来越广，从最初的针对小学生校车行业强制性与推荐性并存的规定到针对学校、校车企业、整个市场及其他主体的规定，规范内容涉及校车技术安全标准、校车准入机制、驾驶员资格、校车责任主体等；而从制度变迁的形式来看，我国校车制度已经从非正式约束过渡为国家正式的制度，且全国性正式校车制度的颁布主要集中在甘肃正宁幼儿园校车事件、江苏徐州校车侧翻事件等重大安全事故之后，校车制度变迁与校车事故的出现呈现某种内在的高关联性。

三、危机—制度变迁的路径分析

　　道格拉斯·诺思在《制度、制度变迁与经济绩效》一书前言中写道："现在和未来的选择是由过去所型塑的，并且只有在制度演化的历史话语中，才能理解过去。"（诺思，2008）[1]校车制度每一步发展，都是对过去制度选择的一种推衍。制度推衍背后，则是一次次校车危机的诱发和推动，可以说，校车制度是政府部门应对校车危机的措施，通过提供互动准则和行为框架，从而有效规范相关行为主体行为。但是，驱使政府进行制度变迁的不是校车事故本身，而是校车事故带来的整个制度危机进而引发的政府合法性危机。政府是正式校

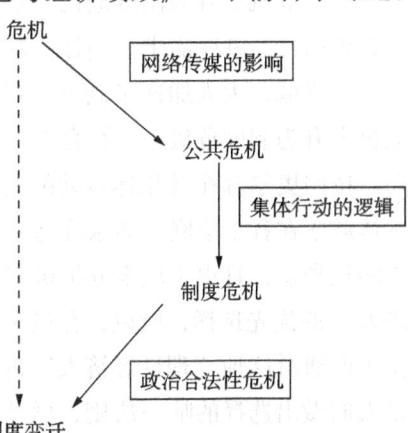

图1　危机—制度变迁的路径

车制度的提供者，同时，也是一个"理性经济人"组织。只有当危机由外在驱力转化为内在驱力，威胁制度提供者自身利益时，制度变迁才会发生（图1）。

（一）从危机扩散为公共危机

危机是主体被某种客观力量剥夺主体性的体验和过程，主体内心会产生大量的无能为力感。校车事故的发生，正是事故主体深陷危机的体现。危机如果仅仅是被零散的个人感知，是不足以撼动已有制度的。从零散的、局部的个体危机转变为公共危机，是诱发制度变迁的第一步。

在当今信息社会，媒体广泛地介入公民的日常生活中，任何局部的危机，都能很快被整体感知，扩散为公共危机。信息网络社会，信息获得的便利和及时，降低了信息获取的难度，从时间和金钱两个方面降低了信息交易费用，公民的团结能力和谈判能力增强，集体行动成为可能。

（二）从公共危机上升为制度危机

公共危机上升为制度危机，是促使制度变迁的关键环节。公共危机状态下强烈的社会秩序需求，使社会制度变革的动力凸显、阻力隐退以及变革失败风险降低，大大加速了制度变革的进程（徐晓军，2012）。因而，在公共危机上升为制度危机中，社会失序是中间变量。而社会失序，离不开集体行动。按照奥尔森在《集体行动的逻辑》一书中的分析，全国各地的校车事故主体散落在各个家庭，而家庭与家庭之间只是无组织的消极集团，难以形成集团化利益，且由于成本分担机制未建立，"搭便车"行为便成为"理性经济人"的优先选择，所以，在校车事故中，集体行动的力量就会削弱。德博拉·斯通对这种"理性经济人"的市场法则进行了批判，认为：理性法则不是人们做出选择的唯一法则，感情法则在重大关头往往也起着重要的作用。"SARS 事件"、"汶川地震"等重要关头，感情法则的作用是显而易见的。同样，在涉及学生生命的校车事故面前，在集体行动的"理性经济人"逻辑起作用的同时，"感情法则"也在发挥力量。

但是，制度变迁依然面临诸多阻碍。在阻碍制度变迁的所有因素中，新制度对既有利益结构的撼动，是最顽固和根本的因素。政策就是做权威性的价值分配，进行利益结构的调整；制度变迁，同样是利益的再分配，校车制度规范的就是制度提供者——国家，制度需求者——家长、校车司机、校车提供方，以及其他利益相关者的利益。在国务院颁布《校车安全管理条例》

之前，国家从校车事故的核心利益中抽身出来，利益的调整多依赖于非正式的约束，如乡土社会中村民与司机之间的熟人关系、司机与家长的经验等。正式校车制度的缺乏，校车市场中存在的"劣币驱良币"的逆淘汰现象和"超速"、"超载"等违规现象，以及最终酿成的校车事故，都冲击着业已存在的正式与非正式的约束，处于公共危机中的主体内心极其力不从心，转而产生出新的制度需求，希望寻求一种具有确定性、稳定和安全的互动框架，然而校车事故的发生表明制度提供没有跟上制度需求的步伐，彼此之间存在严重的制度堕距，因而产生了制度危机。

（三）制度危机：制度变迁最直接的驱动力

政府是校车制度的提供者，这意味着在校车制度的变迁中，政府既是裁判，也是球员，政府在制定一个制度框架来调节包括自身在内的所有相关者的互动方式和利益。当校车事故扩散为公共危机，公共危机上升为制度危机时，政府存在的合法性就处于危机状态，这才是驱使政府进行制度变迁的最直接力量。

合法性是政治学中的一个重要概念，而不仅仅囿于法律领域。政府合法性，最原初的含义是指国王有权即位是由于他们的"合法"出身。中世纪以来，合法性的含义得到了扩展，它不仅指"统治的合法权利"，而且包括"统治的心理权利"，即人们从心理上认同并接受政府的统治。所谓的政府合法性，可以认为是政府凭借非暴力手段，通过一系列的意识形态、纲领政策、组织架构、执政绩效及其公众形象，使执政客体出于自觉和自愿接受政府的执政和领导地位的能力（徐宇琼，2005）。因而，合法性危机就是一种直接的认同危机（哈贝马斯，2008）[54]，如果一个政府遭遇合法性危机，它的形象和政策推行就不能很好地为公众所认可和接受，政府也就岌岌可危。换言之，只有有了民众的心理认同，政府权力才能转化为权威。

在校车制度变迁中，政府作为一个"理性经济人"组织，当危机由外在驱力转化为内在驱力，威胁自身利益时，就会采取措施促使制度变迁。在《校车安全管理条例》发布之前，我国政府就确立了"政府主导"的基本原则，政府在校车事故中具有不可推卸的责任。但是，在甘肃正宁校车事件、江苏徐州校车事件之前，"政府主导"的责任意识并未在政府机构中体现出来。纵观我国校车制度变迁史，小危机与政府制度小变迁相联，大危机与政府制度大变迁相联，公共危机威胁政府合法性的程度与制度变迁力度、速度具有较高的关联性。

四、结论与讨论

通过对校车制度变迁历史、路径进行梳理和分析，我们可以发现：在校车市场由非正式约束作用走向正式约束规范的过程中，由校车事故引发的危机并非只具备引起社会恐慌、扰乱政府治理等负面作用。从整个校车制度变迁过程来看，危机的出现与校车制度的变迁呈现出时间上和强度上双方面的高关联性，某种程度上，由校车事故引发的危机有凸显制度需求、刺激制度供给，打破固有利益框架、隐退变革阻力，降低变迁风险、强化变迁动力的作用。于是，在危机作用下，"政策之窗"（Policy Windows）打开，校车安全问题被提上议事日程。危机为制度变迁提供了机会，在制度变迁中具有正价值。

一般而言，在应对危机时，政府通常有两个目标。第一个是政策目标——他们乐于见到如他们所愿的成就或挫败的某个项目或建议，他们乐于见到某个问题得到解决。但也许更为重要的是政治目标。政客们总是要维持他们的权力，或者得到更多的权力，以便能够实现他们的政策目标（斯通，2006）。维护并巩固政治合法地位，是实现政策目标，获取政治资源的前提。由此可见，校车制度危机诱发的制度变迁以应对校车危机为直接目的和手段，以实现和维护政府合法性为最高目的。此时，危机提供给人们一个检视政府决策能力和危机管理水平的窗口。当原有的社会秩序因为公共危机的出现而遭到破坏时，人们急切地需要建立社会秩序以维护"安全"和避免被"消灭"，而自生自发秩序的形成是缓慢的，相对于人们面对的公共危机而言，更是严重滞后的。在这种形势下，制度提供者需要在极短的时间和极不确定的情况下做出关键性的决策，政府能力恰恰就体现在这里。也就是说，在公共危机状态下，人们对社会秩序的强烈需求转化为了对应急制度的需求（徐晓军，2012），政府如何在紧急情况下，迅速反应并提供一套正式制度，恰恰是人们可以自下而上检视政府能力的重要依据。

我们知道：社会时刻处于发展之中，这也就是制度的推演与更新。制度的非正式约束也无时无刻不在边际上进行着自发的、缓慢的自我淘汰、分解、调整和适应，而制度的正式约束部分总是与社会发展之间存在制度堕距，危机就是在社会已有制度解决问题最大能力的临界点，冲破现有框架，破坏某种有序状态的信号，这是制度框架内的人们自我保护的信号，也是社会系统有序运行、避免崩溃的有效组成部分。危机作为信号，通过自下而上的传导，警示并推动制度设计者和提供者进行制度变迁，以更好地适应社会和满足人们的制度需求。随着人类进入现代社会，新媒体时代、高风险时代也相继来临，危机的发生将呈现出一种明显的常态化趋势。高风险时代，危机状态下的制度变迁将是人类制度变革的重要路径。

参考文献

哈贝马斯.2009.合法化危机[M].刘北成,等,译.上海:上海人民出版社.
诺思.2008.制度、制度变迁与经济绩效[M].杭行,译.上海:上海人民出版社.
斯通.2006.政策悖论:政治决策中的艺术[M].顾建光,译.北京:中国人民大学出版社:1-14.
徐晓军.2012.社会秩序视角下的公共危机与制度变革[J].华中师范大学学报:人文社会科学版(1):13-21.
徐宇琼.2005.现代政府的合法性危机[J].行政论坛(6):12-14.

An Analysis on the Positive Value of Crisis in the Process of Institutional Change: A Case Study of the Institutional Changes of School Bus in China

Liu Hui

Abstract: Institution offers game rules and behaviors framework for people to reduce the uncertainty of the society and provide some kinds of order. However, in the process of social evolution, there always exists a gap between institutional supply and demand. Based on the institutional gap, crisis, as a kind of signal, contributes to destroy the established order. Take the institutional changes of school bus for example. Only when local crisis becomes public crisis, then public crisis evolves into institutional crisis which threatens the political legitimacy of the institution providers, will the institutional changes of school bus "come into being". Therefore, to some extent, a positive valve is placed on the crisis for the institutional changes, and in the high-risk times, institutional changes under crisis will be an important route for institutional change.

Key words: institution crisis order institutional change school bus

作者简介

刘惠, 北京师范大学教育学部教育基本理论研究院博士研究生, 研究方向为教育政策学与教育法学、教育社会学。

□李晓燕

美国学校体罚问题研究

【摘　要】体罚是一种以教育为目的，施加于犯有过错的学生身体之上使之感到疼痛，以纠正其错误行为的惩戒手段。美国的一些地区和学校通过立法或者学校政策授权教育者实施体罚，这有其宗教思想根源。美国也存在废除学校体罚的呼声。在允许体罚的地方，大都对如何进行体罚做出了一些较为明确的规定。法院通过对一些体罚诉讼案件的审理，确定了某些判断体罚的合理性或者过度的标准。过度体罚可能被判承担民事或者刑事责任。

【关键词】美国学校　体罚　合理性　过度性

无论中外，体罚一直是一个困扰学校教师、学生乃至家长的问题。体罚的实施有其复杂的背景，可以说这个问题"汇集了儿童养育的价值，可以来自宗教、哲学、政治学、心理学或者道德良心"（Hyman et al, 1993）[14]。尽管我国法律法规三令五申学校教师不得体罚学生，现实中体罚事件仍不时发生，因体罚伤害学生的事件也不鲜见。故此，笔者希望通过探讨美国的体罚问题，为我国如何解决体罚问题提供借鉴。

一、体罚的界定

对于什么是体罚，可能从不同角度会做出不同的回答。笔者在授课过程中，常常会被问及"罚站是不是体罚？""让学生抄写课文 100 遍是不是体罚？"这类问题。要想做出确切的回答，还真是不容易。

在美国，体罚（corporal punishment）在某些地方作为一种法定的处罚手段，可能会使学生的某种利益受到影响，因此，其定义必须能够涵盖体罚行为。在允许体罚的地方，在其州法律或者学区政策中，体罚通常被界定为"为实现一定的教育目的，而施加于有过错的学生身体之上，使学生感到身体疼痛、难受的一种惩罚手段"。密歇根州南部学校委员会规定："体罚被界定为作为对不正确行为的惩罚而使遭受身体疼痛。但是，在这个体罚定义中，根据'遭受身体疼痛'的用语，它必然不仅包括殴打，而且包括寻求产生身体疼痛的任何其他措施，例如，强制学生用脚尖抵墙站立并伸出手指，蹲下或者弯腰并在较长的时间内保持这种痉挛疼痛的姿势，或者围着教学楼或体育馆跑步直至筋疲力尽，等等。"（Hyman et al，1993）[39-40]有些州的法规则使用了像"故意"或者"蓄意"、"有意"等用语，如"……'体罚'意指故意将遭受身体疼痛用作纪律惩戒的手段"（威斯康星州法规通告，§118.31）。"……'体罚'意指有意使学生遭受或者有意导致其遭受身体疼痛。"（加利福尼亚州教育准则，§49001）"……'体罚'意指通过任何手段蓄意使学生遭受身体疼痛……作为对学生违规行为的处罚或者惩罚。"（《密歇根州义务教育法》，通告，§380.1312）（Hyman et al，1993）[31-32]

由于实践中教师具有"创造力"，不论体罚的定义多么宽泛，也难以列出教师惩罚技术的清单，因此，对体罚的某些特征加以概括，有利于对具体行为的认定。根据上述定义，体罚至少具备三个特征：一是以教育为目的，使学生为其所犯的过错承担责任；二是以某种形式施于学生的身体或者身体上的某个部位；三是造成学生身体上的折磨或者痛苦。按照这几个特征，像拳打、手掌拍打、扇耳光、使用物体击打或拍打等具有暴力性质的惩罚，或者一些通常被我们称为变相体罚的惩罚，如让学生长时间以特别的姿势罚站或者罚跪、筋疲力尽地跑步、做俯卧撑、蛙跳、倒立、坐窄板凳、关在约5 平方米的小房子里独处、书写难以承受的大量作业以及班级服务等做法，都可以视为体罚。据此，学生自愿参与的"体育竞赛或者其他这类休闲活动导致或者引起的身体疼痛或不舒服"（俄勒冈州，修正案，法规，通告，§339.250）则不属于体罚范围。

体罚与使用身体武力（physical force）有所区别。在认可体罚的地方，一般将体罚界定为作为对学生的错误行为的惩罚而故意使学生遭受身体的疼痛，而身体武力则可以理解为对身体活动的强制性限制措施。如果不是有必要，如为制止学生斗殴或难以控制的胡作非为、扰乱教育教学秩序的行为而需采用特别的身体强制手段让其离开相关场地或区域①，身体武力的使用可能会被视为残酷的惩罚形式而受到法律或者法规的限制。如华盛顿州亚基玛公立学校规定："不得向学生施加严酷的或者异乎寻常形式的体罚，包括但不限于通过捆绑手臂、大腿或者身体躯干以束缚，用肥皂洗嘴，以及言语虐待。"（Hyman et al，1993）[29]

体罚与虐待（abuse）也是有区别的。一般而言，体罚必须在合理的范围之内，是相关规定所允许的，而非在愤怒情绪支配下做出的任意的、武断的、残酷的或者恶意的行为，尤其是体罚不能成为教育者发泄自己的愤怒、不满等情绪的渠道；否则就构成虐待，并可能会受到民事赔偿责任或者刑事法律责任的追究。当然，两者之间也会有联系。从某种意义上说，"武力"是一个更宽泛的概念，有时可能也会涵盖体罚。

二、美国学生体罚实施的现状

一直以来，美国学校中的体罚问题是非常严重的，因此也一直存在着体罚的存废争议。有些教育者认为体罚，诸如"打屁股、用木板拍打，还有非攻击性惩罚，像用肥皂洗嘴、筋疲力尽的锻炼、在教室的角落里孤立或者关黑房子和禁言等"（Hyman et al，1993）[20]，是对犯错学生改正错误行为的有效劝告。而以美国公民自由联盟为代表的一些群体则强烈要求禁止体罚。2008年8月，美国公民自由联盟发布了关于学校中体罚严重性及其危害的调

---

① 如法院在华莱士诉巴达维亚学区（Wallace v. Batavia Sch. Dist）［101，68 F. 3d 1010（7th Cir. 1995）］案中做出结论认为教师先抱住学生的腰，然后抓住学生的肘，并没有违背《联邦宪法第四修正案》，因为教师是为了更快地使学生离开教室。当时学生已经有了言语争吵，而这一争吵具有演变为一场暴力的可能性。参见：英伯，等.2011.美国教育法［M］.李晓燕，等，译.北京：教育科学出版社：138.

查报告——《暴力的教育：美国联邦公立学校中儿童的体罚》（A Violent Education: Corporal Punishment of Children in U. S. Public Schools）（Human Right Watch Program，2008）；2009 年 8 月，该组织又发布了另一项关于体罚的调查报告——《损害的教育：美国公立学校身心障碍学生的体罚》（Impairing Education: Corporal Punishment of Students with Disabilities in US Public Schools）（Human Right Watch Program，2009）。这两份报告披露了美国公立学校中的体罚状况及其存在的问题。

这两份报告指出，体罚在美国的 21 个州中合法地存在，如"在得克萨斯州，3—19 岁儿童因为一些很小的违规行为，如嚼口香糖、向教师回嘴或者违反衣着规定，也因为一些严重的违规行为，如打架等，而例行受到身体惩罚"。（Human Right Watch Program，2008）同时，"身心障碍儿童面临的体罚具有（与其人口比例）不对称的高比例。体罚，从拍打到掌掴到将儿童扔到墙角——可能使这些学生的医疗情况更糟，并损害了他们的教育"。（Human Right Watch Program，2009）有些儿童只是因为其身心障碍，如自闭症或者多动症等导致行为无法自控而受到体罚，这使他们的康复治疗形势更为严峻。

在美国，对于是否授权、限制或者禁止学校体罚，没有统一的联邦法律进行规定，而是由各州自行规定。各州乃至一州之内的不同学区都会有所不同。总体而言，大约有 26 个州在州法规中明文规定允许体罚，其他的州则不允许或者未做统一规定。有些州可能限制体罚（即一般不允许体罚，但是特定场合，如受到骚扰攻击时可以使用身体武力，但须向有关部门做出书面报告，或者处于父母、监护人地位或具有特殊责任的人才可以采用武力），如亚拉巴马州、科罗拉多州、夏威夷州等。有些州则态度模棱两可，如爱达荷州同意法院判决体罚，但是本身不建议体罚。堪萨斯州 1992—1993 立法年度期间，一个限制体罚的法案在众议院以 77 票对 47 票通过，但在众议院投票时，以 20 票对 20 票否决，目前没有相关有效法律。

从发展趋势上看，近年来，反对体罚的呼声日益高涨。反对体罚的人士认为：体罚是虐待的、无效的并违反国际人权法律的，它应该在美国立即被废除。体罚侵犯了儿童免受残酷的、非人道的或者羞辱对待的权利，并在学生致力于学习和成功的学校中制造了恐怖的和贬低人格的学校环境。南加利福尼亚州公民自由联合会曾经发表声明指出，体罚是无效的，并只会使学生产生怨恨："没有人能从任何方面显示出体罚会帮助学生发展责任能力、自我约束行为，或者有助于其他学生和教师的安全。事实上，在这类学生身上采用违法的体罚手段只是激发了暴怒、怨恨和敌意，并引起极端行为问题。"另外，体罚虽然是对所有儿童的虐待，但尤其容易被用于身心障碍学生。这对于教会他们适当的行为不仅是无效的，而且会导致持久的精神和身体的伤害，甚至使学生具有攻击性且不能学习。对于身心障碍学生，体罚会直接伴随着其医疗情况恶化。这些歧视性的、虐待的和无效的做法应该在联邦的学校中被禁止。反对体罚的人士指出，应该存在提供有效学校纪律惩戒的更好的方法，包括使教师能够回应学生个体需要的积极行为鼓励制度，使教育更人性化。

由于一些保护儿童权益的民间组织的强烈呼吁，越来越多的州倾向于禁止体罚。根据美国公民自由联盟的统计确认，到 2010 年，美国已经有 21 个州禁止体罚；按照学区统计，在美国最大的 100 个城市学区中，已经有 95 个禁止体罚，包括休斯敦、达拉斯、孟菲斯、亚特兰大以及底特律等（Human Right Watch Program，2008）。

2010 年 6 月，美国公民自由联盟通过麦卡锡议员向国会提交了一项要求在美国公立学校和接受联邦资助的私立学校中禁止体罚的法案——《终结学校体罚法案》（Bill Eliminating Corporal Punishment In Schools）。67 家组织和23 位个人联合给麦卡锡参议员写了一封关于支持《终结学校体罚法案》的信，表达了强烈要求在幼儿园和中小学校中禁止体罚的意愿。

由于美国联邦颁布的教育法律往往与拨款相联系，只有接受联邦资助的地方或者学校才需要严格遵守联邦法律，因此，联邦有关教育的法律对各州的有效性或执行力是不确定的。对各州教育影响作用最大的还是本州的立法。当然，通过教育界人士和媒体的宣传，起到舆论引导乃至实践指导作用也是可能的。

三、美国认可体罚的社会思想根源

无论是在中国还是在西方，体罚似乎都与某种社会传统观念有关，这是体罚难以消除的重要原因。在美国，授权体罚的理论有其宗教思想渊源和传统的"替代父母"理论作为支撑。

在美国同意体罚的群体中，父母和教师以宗教权力为依据，在这方面有不少格言，如文宁的《玄理和启示》（*Mysteries and Revelations*，1649）明确地说道："要自找麻烦就宠孩子。"又如《格言》中的一些语句："压制儿童的心灵是愚蠢的，但是要求改正的棍棒会驾驭他的心灵。""不要免除对儿童的惩治：因为你用棍棒打他，他就不会死。你应该用棍棒打他，把他的灵魂从地狱中解救出来。""他让他的鞭子闲着就是讨厌他的儿子：如果他爱他的儿子，就会及时惩戒他。"再如塞缪尔·勃特勒（英国诗人，作家，1612—1680）的诗——《休迪布拉斯》中写道："爱是男孩，按照诗人的风格；那么让鞭子闲着，就是宠溺孩子。"格雷文所著的《宽容孩子：惩罚的宗教根源和身体虐待的精神影响》（1991）和海曼所著的《读写和山核桃木棒：美国学校身心虐待的骇人故事》（1990）两书中对类似的原教旨主义信条有更多的阐述（Hyman et al，1993）[19,note 24]。这些信条的核心理念就是体罚可以实现其宗教的本来目的——打出孩子的罪恶并因此净化其灵魂。这与我国"不打不成材"、"棍棒底下出孝子"的传统育子观念极为类似。

尽管如今随着义务教育的普及，"替代父母"的理论已逐渐消亡，但在有些地方，该理论仍有市场。如俄克拉何马州的一项法规规定："……在根据地方政策儿童上学或者转入或转出学校抑或其他任何由学区授予学校功能的机构或由教师负责的课堂时，儿童所上的公立学校的教师应该具有与父母或者监护人同样的管理和惩戒儿童的权利。"而伊利诺伊州的一项修正法规则更为明确地规定："在与学校和学童有关的纪律惩戒和管理事务中，教职人员对学生处于父母或者监护人的地位……"（Hyman et al，1993）[45-46]因此，在允许父母体罚子女的地方，自然也就允许教师体罚学生。这些观念成为消除体罚的最大障碍。

此外，随着法律要求普及义务教育，学校从州法律中获得了不同于"替代父母"的权利和义务，这使其管理儿童的权利不再是间接地来自家长。法院在有些判例中承认，"有时州对儿童的利益会高于父母"，"拒绝给予父母直接控制对他们的孩子实施什么体罚的权利"，因为"通过制定上学的法律，州逐步要求对权利和义务两方面都进行控制。正如州获得要求义务上学的权利一样，它也招来了普及适当教育的义务——以及如果要达到这个目标，学校必须建立和加强纪律惩戒规则，这并不需要另外的法规授权这么做"（Hyman et al，1993）[14]。这也为体罚的存在提供了法律上的可能性。

四、规范体罚的有关规定

允许体罚，并不意味着教师可以随意体罚学生。一般而言，实施体罚不能对儿童的健康和福祉造成损害。在授权体罚的州，为了避免体罚的随意性，有的州以成文法来详细规定，有的州则进一步授权地方制定政策详细规定，概括起来主要有如下八个方面（Hyman et al, 1993）[49-54]。

一是学生是否接受体罚必须经家长同意。如南卡罗来纳州的奥林奇伯格县规定："在每个学年开始时，学校的校长应该让每个学生带一份同意表格回家，给父母或者监护人签署，声明他们是否要求他们的孩子接受体罚。"乔治亚州也规定："不得对其父母或者法定监护人在学生入学时向校长正式提交了由具有乔治亚州行医资格证的医生开具证明，声明该生的精神或者情绪稳定性有待决定的学生实施体罚。"［乔治亚州准则，通告，§20-2-731（5）］

二是学生事先必须知道什么行为可能会受到体罚。体罚的实施与学校其他纪律惩戒措施一样，需要有严格的实施程序，包括实体性程序权利（即事前了解什么行为可能受到体罚）和程序性程序权利（即通知和听证等）。这已在拙作《美国学生纪律惩戒制度研究》一文中进行了较为详细的探讨，此处不再赘述（李晓燕，2013）。

三是对体罚的执行主体做出了规定。一般而言，只有教育工作者才能实施体罚。如北卡罗来纳州基本法规规定："只有教师、代课教师、校长或者副校长可以实施体罚，而且只能在校长、副校长、教师、代课教师、教师助手或助理或者学生教师在场时进行，他们应该预先获得通知，并当着学生的面告知惩罚的理由。"同时，教育工作者进行体罚时不能是在愤怒和恶意的情绪支配下，也不得以威胁或者胁迫的方式进行体罚，如乔治亚州梅肯县规定："体罚应该以善意实施，且实施的时间和条件不得使学生受到嘲笑和羞辱。"西弗吉尼亚州准则规定："体罚的实施应该不具有愤怒和恶意。"新墨西哥州西尔佛联合学校规定："实施体罚的人必须加以注意，他（她）在这时不得发脾气。"

四是对体罚器具做出了具体规定。如南卡罗来纳州奥兰奇伯格县第5学区规定："用于实施体罚的用具必须是学区批准的标准的木棒。"路易斯安那州的卡多教区则规定："在每所学校只能有一根木棒，必须放在校长办公室。木棒应为24英寸长、5英寸宽、3/8英寸厚。"

　　五是对体罚的部位做出了具体规定。如乔治亚州比布县公立学校规定：
"身体的腰部以上或者膝盖以下不可以殴打。"内华达州修正法规中规定：
"不得对任何学生的头部或者脸部实施体罚……"马里兰州规章准则也规定：
"学生的头部不得受到任何方式的击打，或者在任何情况下不得受到严酷的
或不合理的惩罚。"

　　六是对体罚的严重程度做出了限定。俄亥俄州修订准则中规定："没有
人可以……对儿童以残酷的方式或者长时间地实施体罚或采取其他身体上的
纪律惩戒措施，这种惩罚或者纪律惩戒在这种情况下是过度的，并且对儿童
造成了严重身体伤害的实质性风险。"华盛顿州修订准则中还具体列举了不
合理的体罚行为："以下行为当被用于纠正或者约束儿童时被认为是不合理
的：①猛烈地推、踢、烫或者割伤儿童；②用捏紧的拳头击打儿童；③摇晃
3 岁以下的儿童；④妨碍儿童的呼吸；⑤用致死的武器威胁儿童；⑥做出可
能引起且确实引起比暂时疼痛或较小的痕迹大的身体伤害的任何其他行为。
在决定身体伤害是否合理或者符合道德时，儿童的年龄、体格大小和条件以
及伤害的部位是应该考虑的。这一目录列出了不合理且不得试图除外的行
为。"此外，即使是被允许的用木板打屁股的体罚方式，也会有拍打的次数
和力度的规定。如伊利诺伊州的林肯公立学校规定："在低年级，课堂教师
可以偶尔地实施对有关学生有用的体罚。在所有这些情况下，只能用手在儿
童的屁股上拍一下。"俄克拉何马州的克莱尔莫市学校规定："每次体罚限于
重拍 1—3 下。"其拍打的力度也不可过大，是否过大的判定标准是打出的瘀
伤痕迹是否在 24 小时内消失。如俄克拉何马州的马斯科齐公立学校规定：
"避免过度体罚，如在一个学日的短期内重拍累积会造成儿童的严重伤痕。"
如果 24 小时之后瘀伤痕迹仍不消失，表明拍打过重。

　　七是对体罚实施的场所有具体规定。如北卡罗来纳州基本法规规定：
"体罚不得在教室里其他学生面前实施。"北卡罗来纳州的阿什瓦伊尔市学校
规定："体罚不得以在其他学生面前或者以使该生在其他学生面前蒙羞的方
式实施。"为了保证体罚实施的规范性，还要求教育者体罚学生时不可独自
一人进行，如佛罗里达州法规规定："只有在另外的成年人预先被通知在场
时教师和校长才可以实施体罚，并且当面告知学生惩罚的原因。"路易斯安
那州的卡多教区则规定："如果对女生实施体罚，女性工作者必须在场。"

　　八是体罚的实施还必须做好记录，包括体罚的原因、形式、拍打的次
数、在场人员等，并要将记录上交主管部门，必要时还需向家长提供。

　　此外，在有些授权体罚的州，还规定了体罚只能是在劝导、说服等其他教育手段无效的情况下，最后才可选择的惩戒方法。

五、法院对学校体罚的干预

　　体罚常常会引起法律争议问题，而体罚的实施是否符合实现教育目的的需要，体罚的动机是否具有主观恶意，体罚是否造成了"震惊法官良心"的后果，都会影响法院对学校体罚案件的裁决。法院通过审理大量的体罚案件，也提出了一些干预学校体罚的原则。

（一）《联邦宪法第八修正案》不适用于指控体罚

　　由于美国《联邦宪法第八修正案》中有"不得施加残酷的和异乎寻常的惩罚"的规定，无论是否允许体罚的地方，家长都可能据此对实施体罚的学校或教师提起诉讼，但是却并不一定受到法院的支持。据此提起诉讼并引起较大反响的一起案件是英格拉哈姆诉赖特案。1970 年 10 月 6 日，佛罗里达州查尔斯 R. 德鲁初级中学一名 14 岁的八年级学生詹姆斯·英格拉哈姆被指控当教师要求离开时，没能立即离开学校礼堂的舞台。他随后被带到学校校长的办公室，尽管在那儿他声明自己没有犯对他所指称的过错，校长小威利 J. 赖特命令英格拉哈姆弯下腰，以便赖特能够用木棒拍打他的屁股。当英格拉哈姆倾斜弯腰并允许自己被打屁股时，他被脸朝下强行放在了桌面上。副校长莱米·德利福德抓住英格拉哈姆的手臂，而校长助理所罗门·巴尼斯抓住英格拉哈姆的腿。在英格拉哈姆被控制住的同时，赖特使用拍打木棒打了英格拉哈姆超过 20 下。拍打非常严重，以致他身体形成血肿，必须获得医疗照顾。遵照医嘱，英格拉哈姆总共在家休息了 11 天。他和他的父母起诉了学校，诉称这是"残酷的和异乎寻常的惩罚"，并导致其失去了自由。但是，法院主张，佛罗里达州的民事法律提供了充分的救济来满足英格拉哈姆失去自由的正当程序诉称。后来，在上诉中，联邦最高法院也认为联邦宪法禁止残酷的和异乎寻常的惩罚的规定不适用于公立学校儿童的体罚，且联邦宪法的正当程序条款没有要求在公立学校强制实施体罚前进行告知和听证。对于学校体罚是否应该被判侵犯实体性正当程序权利的争议，联邦最高法院反复否决下发复审令状（司法审查）①。英格拉哈姆判例表明，联邦法院不支持根据《联邦宪法第八修正案》提出的指控。这一点也是特别受到反体罚人士诟病的。

（二）过度体罚的界定

虽然《联邦宪法第八修正案》不适用于学校体罚，但是，法院一般还是会反对体罚过度。因而，界定体罚是否过度是许多体罚诉讼案件的关键问题。美国是一个分权制的国家，各州在法律中对适当标准、"合理"与"过度"的具体界定有所不同，法院在审理相关案件时也必然要适用所在州的法律规定。因此，产生普遍适用且具体的全国标准总体而言是不可能的（Hyman et al，1993）[16]。不过，根据相关判例，也可以看到一些具有共性的一般性标准。

1. 体罚的使用必须受到法律规定的目的限制

法院一般要求，体罚的使用要受到法律规定的目的限制，尤其强调必须服务于教育的目的，而且根据具体情况必须合理，不得随意进行。例如，得克萨斯州一家法院裁决，根据该州法律，体罚仅仅在有以下需要时才能使用：一是因管理、培养或教育儿童的目的而去强迫儿童服从合适的命令；二是惩戒做出禁止行为的学生。而且，在以上任一情况下，这种强制或者体罚行为必须是合理并且与过错行为相称的。基于以上原则，该法院裁定，足球教练没有特权为了"教育和激励"的目的而"对儿童使用身体上的暴力"。法院指出，即使教练并不是意图伤害学生，但这种暴力的使用仍可能构成施暴②。

这就是说，体罚是一种惩戒措施，是对学生错误行为的惩罚，目的在于矫正学生的不当行为，起到教育作用。因此，如果学生出现扰乱课堂纪律的行为，可以在法律允许下实施适当的体罚。但如果仅仅是为了"激励"学生更加努力，而不是基于学生的错误行为做出的体罚，就如同故意伤害，只能是一种施暴的行为。

2. 体罚的使用必须具有当前现实合理的需要

进行体罚必须考虑其对当前维护课堂纪律的必要性和学生的具体状况及

---

①　Ingraham v. Wright. http：//en. wikipedia. org/wiki/Ingraham_ v. _ Wright.

②　Hogenson v. Williams, 542 S. W. 2d 456 (Tex. App. 1976); see also, Tinkham v. Kole, 110 N. W. 2d 258 (Iowa 1961). 转引自：英伯，等. 2011. 美国教育法［M］. 李晓燕，等，译. 北京：教育科学出版社：489-490.

纠正其错误行为的难易程度。如在桑瑟尼诉贝克特尔案中，原告肯尼思·桑瑟尼和其他几位学生一起，在本来设计为齐唱的音乐课上突然"即兴创作"，打乱了课堂秩序，这时教师贝克特尔对该生的这一错误行为既没有劝告，也没有说什么，而是直接上前抓起他的胳膊将他朝活动黑板扔过去，然后将该生弄到走廊，抓住其胳膊抵住墙壁摇晃，该教师行为的结果是使该生锁骨骨折。据称，该生过去从未在该教师的课堂上有过扰乱行为，在教师对他进行体罚时也没有做任何争辩或反抗，且该教师在体罚过程中情绪上表现为很愤怒①。康涅狄格州最高法院审理后认为，判断对儿童实施武力是否具有合理性需要考虑多种因素，"诸如行为的目的，儿童的年龄、性别以及身体和心理条件，攻击行为的性质，其行为对于其他儿童的影响，引发的损害范围，以及武力是否与违纪行为不相称或者不必要地有损人格"（英伯 等，2011）[138]。

这就是说，学生在课堂上出现扰乱行为的原因是非常复杂的，如果学生只是一时失去自我控制而非故意扰乱，特别是对于没有犯错"前科"的学生，教师应当先用其他规劝的方法制止其错误行为，如果无效再以适当的武力制止，而不应如此直接地以伤害学生身心的暴力来惩罚。

3. 体罚手段应当与学生所犯过错相称

体罚手段的选择需要考虑学生所犯过错的性质。如在 P. B. 诉科克案中，一位中学校长在仅受到轻微挑衅的情况下分别对三名学生进行了拳打、卡脖子和扇耳光。在该案的初审和上诉中，法院都否决了该校长认为自己具有公务性质的附加条件的豁免权，应免于承担任何责任的诉求②。在该案的审理中，法院也提出了一套标准来决定学校管理者使用武力控制学生是否侵犯了正当程序条款所规定的权利：①使用武力的需要；②需要和行动的关联；③对学生的伤害程度；④采取的行为是否出于善意或只是为了达到伤害的目的。法院使用这些因素裁定该校长的行为违法（英伯 等，2011）[138]，认为他侵犯了学生免受武断的体罚的法定自由利益。

在该案中，学生的轻微错误招致了校长的严重殴打，校长的行为很明显是不合理且过度的，被判侵权也是理所当然。

4. 体罚不得对学生造成严重的甚至永久的身体伤害

体罚必须适可而止，不能对学生的身体造成严重的甚至永久的伤害。如

---

① Sansone v. Bechtel 429 A. 2d 820 (Conn. 1980).

② P. B. v. Koch, 96 F. 3d 1298 (9th Cir. 1996). http://caselaw. lp. findlaw. com/scripts/getcase. pl? navby = search&case = /data2/circs/9th/9535056. html.

在亚拉巴马州最高法院审理的一起案件中，一个 8 岁的男孩起诉他的教师用苹果箱上的细长板条抽打他，使用了过度的武力。教师则声称他只是用乒乓球拍惩罚了这个男孩，因为他"在学校礼堂里拒不服从命令并拖着脚步走路"。法院为判定这种惩罚的合理性设立了五个标准：采用的器具；学生违反规定行为的性质；学生的年龄；学生的身体条件；"其他现场环境"。法院称，要判决攻击和殴打有罪，一个教师"不仅让儿童所遭受的是具有无节制特征的体罚，而且他还必须以法定的恶意或者邪恶的动机去这样做，或者令儿童遭受了某种持久的伤害"（Hyman et al，1993）[16]。

以上几个方面是美国各州的法院在认定体罚是否合理或者过度时都要加以考虑的，只是在确定"过度"的具体指标上可能还是会因具体情况而有所不同。

（三）过度体罚产生的法律责任

虽然就一般法律规定而言，普通法一般都禁止一人用武力对待另一人，但是，在现实中依然承认家长、学校管理者以及对儿童有着某种看管权的成年人都能运用合理的武力来维持秩序和纪律。因此，学校管理者可以在必要或合理的状态下运用武力执行学校的规章制度。同时，如果体罚是符合相关政策和法律规定且具有合理必要性的，即使造成学生伤害，学校教师因拥有政府部门所拥有的"附加条件的豁免权"，也可能免于承担相应的法律责任。所以，实施体罚甚至造成伤害后果的学校管理者或者教师，常常援用"附加条件的豁免权"为自己推脱责任。这使得学生及其家长要追究教育者的法律责任并不是那么容易。

不过，由于《联邦宪法第八修正案》不适用于解决学校体罚问题，面对日益严重的体罚诉讼以及"震惊法官良心"的体罚结果，有些法院开始认识到实体性正当程序条款能够保护学生身体的完整性和安全性。因此，即使在允许体罚的地方，如果对学生体罚过度，造成不同程度的伤害，也可能会产生相应的民事责任或者刑事责任。例如，在加西亚诉迈拉案中，一个 9 岁的女学生两次被她的校长体罚。一次是在 1982 年 2 月 10 日，该生在被她的老师抓住面朝下的同时，被其校长用一根带柄的木棒殴打。木棒前端正好从中间开裂成两瓣，以致"当它打下来时，它既拍又抓（夹）"。结果，殴打在该生腿部造成 2 英寸长的伤口，并留下了永久的疤痕。另一次是在 1983 年 5 月 13 日，校长殴打加西亚的臀部，造成其臀部血肿并持续疼痛达三周的时间。家长根据《民权法案》"1983 条款"起诉学校教师，要求获得赔偿。而学校教师则以豁免权为自己辩护。该案几经反复，于 1987 年上诉到第十巡回法院。法院审理后认为，鉴于其伤情的严重性，构成"过度体罚"，侵犯了该生的实体性正当程序权利①。可见，如果体罚的过程或者结果明显是不合理的或过度的，就会引起相关法律责任的追究。

1. 民事责任的追究

如果体罚过度，学生因体罚而遭受了身心伤害，学生及其家长可以依据 1870 年《民权法案》的"1983 条款"提起民事赔偿诉讼。不过，当学生因体罚身心遭受伤害而诉诸司法救济时，无论其具体诉求是什么，民事案件中的原告必须像根据由州法院所设立的适用标准判断一样，根据州法律和/或地方学区设立的过度限制来证明存在不合理的武力。法院对每个案件的判决，高度依赖于案件中所呈现的具体事实。正如鲍威尔法官在英格拉哈姆案中指出的，学生根据疏忽或者骚扰和殴打的理由可能总是能够在州法院起诉，寻求对教师或者学区引起的伤害的赔偿。不过，为了反驳被告对措施合理且合法的辩护，学生必须证明使用了过度的武力（Hyman et al，1993）[15]。学生如果不能举证，可能就不能获得赔偿。

如在克鲁斯诉麦奎因案中，一个 8 岁的孩子被木棒拍打时手臂骨折。校长声称，骨折是该男生扭动身体避免第二下棍棒"拍击"所导致的；而父母则根据孩子所说，认为是该生被校长从地板上"猛拉"起来，用力太猛，以致手臂骨折（Hyman et al，1993）[1]。在该案的审理中，这位校长是否应该承担赔偿责任引起了激烈的争辩。由于所在州（乔治亚州）法律授予了学校管理者体罚学生的权利，大家都承认校长有权按照规定对没有完成作业的学生进行体罚，且如果是在合理的范围内，应当具有责任豁免权。争议主要在于校长所做体罚的方法是否合理，主观上是善意的还是恶意的？初审法院通过即决审判判决校长的行为在行使法定权限的范围之内，且没有伤害的故意或恶意，适用政府豁免权基本原则。而家长则认为造成孩子手臂骨折的体罚是过度的和过分严厉的，其结果也是不能接受的，要求追究校长的责任。上诉法院在审理后维持了初审法院的原判，认为不存在恶意的、无节制的或者任意妄为的情况②。

有时即使体罚是合理且必要的，也要对所造成的学生身体伤害承担责

---

① Garcia v. Miera Jd，817 F. 2d 650. http：//openjurist. org/817/f2d/650/garcia-garcia-v-miera-jd.

② 政府豁免权基本原则（general principles of governmental immunity）。Crews v. McQueen，385 S. E. 2d 712（Ga. Ct. App. 1989）. https：//www. courtlistener. com/gactapp/7ikb/crews-v-mcqueen/.

任。如在路易斯安那州，一个上诉法院审理了一位14岁初中男生提起的诉讼，他诉求获得手臂骨折和医疗费用的赔偿，声称他的体育老师在因为他扰乱教学而惩罚他时使用了过度的武力。在判定允许使用的武力程度中，法院认为，应该考虑来自每个案件的个人因素和环境特征。法院主张，该教师"在实行身体武力中举起、摇晃并摔下该男孩的行为对纪律惩戒或是保护他自己很明显是必要的……"而根据教师的行为所导致的结果"判定被告对引起的伤害是有责任的"（Hyman et al，1993）[16]。

2. 刑事责任的追究

刑事责任的追究对象是犯罪行为。一般认为，犯罪是一种违反州刑事准则的行为：它体现为公共利益受到侵犯。州对被宣判有罪的人强制进行刑法惩罚，如罚款、监禁或者革职。如果要因过度体罚对教师提起刑事诉讼，就要为判定武力的使用是过度的或者是不合理的提出一个比民事责任案件更高的标准，通常遵循以下步骤。

首先，必须证明体罚是被禁止的犯罪行为，或者武力的使用超出了允许的范围。

其次，必须证明事实上教师是蓄意惩罚学生，并且在思想上具有犯罪的主观意图。在采用《标准刑法典》的州，犯罪意图被划分为主观状态的目的或者打算（最高级别）、明知故意、轻率和疏忽（最低级别）等四个级别。除非有其他具体因素，主观的轻率状态是最小的要求。不过，由于对主观要素的要求以及对是否过度的较高判定标准，在体罚案件中要获得有罪判决是非常困难的，尤其是在那些允许"合理体罚"的州（Hyman et al，1993）[17]。

可见，对体罚行为是否追究刑事责任，关键的问题仍然是所采用的判定合理性的标准，但这在各州甚至法院之间也存在差别。如在人民诉德科罗案中，伊利诺伊州上诉法院推翻了初审法院对一个6年级教师的有罪判决，因为该教师殴打了对他使用"下流和诽谤的语言"的一对双胞胎男生。法院采用了早在1899年即已使用的标准，声明所承受的体罚"是在传统的地方传统性地适用的，且不能判为不顾男孩们的身体福利的恶意或者任意的……"法院指出，即使过度了，被告也无罪，因为这"是在他的权力之内的行为且不是恶意或者随意做出的行为"（Hyman et al，1993）[17]。而在根据同一法律起诉的另一个案件中，伊利诺伊州最高法院判决："教师应当根据与长久以来适用于家长惩戒自己孩子同样的标准"。该教师殴打一个11岁的男孩后被判有罪并罚款100美元加上诉讼费用。这个判决否定了先前在德科罗案中采用的"恶意和随意"的标准,代之以"父母合理性"的标准。这个标准后来被另一个伊利诺伊州法院用于判决一名校长在对一个 12 岁学生的体罚中负有责任(Hyman et al, 1993)[17]。

又如在州诉胡弗案中,俄亥俄州上诉法院主张,根据最近制定的刑事法律,州"不仅必须证明攻击的要素……而且还必须证明超出合理的怀疑,致使体罚是不合理的且对实施纪律惩戒的必要性也是不合理的"。基于这一标准,上诉法院推翻了下级法院对一名助理校长因为体罚一个学生而被判有罪的判决(Hyman et al, 1993)[18]。

总之,虽然用于提出刑事指控的标准在各州之间是不同的,但是,要让教师承担刑事责任总体上要比让其承担民事责任困难得多,因为《刑法典》确立了高标准,尤其是有关主观状态的举证责任对于学生及其家长来说是比较难以承担的,其结果就是较少提出刑事指控(Hyman et al, 1993)[18]。而体罚究竟应当如何定罪,依然是个争论不休的问题。

────────

参考文献

英伯,等.2011.美国教育法[M].李晓燕,等,译.北京:教育科学出版社.

Human Right Watch Program.2008.A violent education:corporal punishment of children in U.S.public schools [R].American Civil Liberties Union.

Human Right Watch Program.2009.Impairing education:corporal punishment of students with disabilities in US public schools[R].American Civil Liberties Union.

Hyman R T, et al.1993.Corporal punishment in schools:reading the law[R].Topeka, KS:National Organization on Legal Problems of Education.

A Study on Problems of Corporal Punishment in U.S. Schools

Li Xiaoyan

Abstract:Corporal punishment is a kind of displinary means for the purpose of education to make physical pain on the body of students who did anything wrong and to force them correct their mistakes. Some districts and schools in the U.S. authorize educators to enforce corporal punishment and there is its origin of religious ideas. There is also a voice to abolish the corporal punishment in the U.S. schools. In the places where corporal punishment is allowed there are some explicit regulations on how to do the corporal punishment. The courts have defined some judgment standards for reasonableness or excessiveness of corporal punishment by hearing a lot of actions on the problem. Excessive corporal punishment could be determined to bear civil torts or criminal liability.

Key words：U.S. schools　corporal punishment　reasonableness　excessiveness

作者简介

李晓燕，华中师范大学教育学院教授，博士生导师，郑州华信学院兼职教授，主要研究方向为教育法学。

□王鹏炜

美国罗斯诉更好教育委员会案中教育公平司法化的启示

【摘　要】美国肯塔基州高等法院通过罗斯诉更好教育委员会一案的审理，认为肯塔基州公立学校财政资助政策造成了公立学校系统之间教育不充分、不均衡、质量低下，结合对《肯塔基州宪法》中"高效"含义的解释，提出了"高效"的判定标准，从而判定肯塔基州公立学校财政资助政策违反了州宪法，体现了美国教育司法中"平等的受教育权"法律理念的具体化。该案可资借鉴之处在于：教育公平理念的具体化、司法化是保障教育公平的有效途径；对教育公平进行"实质性"的法律解释以形成教育公平的实践判断标准，是实现教育公平司法化的必然要求；建立问责制，督促政府充分履行按标准举办和发展教育的义务，是促进教育公平的必要手段。

【关键词】教育公平　教育经费　受教育权

教育公平是人们在追求自身幸福过程中对实践自己受教育权利的一种期待，反映了人们对教育的一种理想。但由于这种理想表述的抽象性，实践中对于实质性的教育公平往往无从衡量。肯塔基州高等法院在1989年审理的罗斯诉更好教育委员会案在教育公平的实质化判断上迈出了开创性的一步。在该案判决生效以后，州立法机关对整个基础教育财政体系进行了彻底的变革，并取得了明显的效果（Picus et al，2004）。那么法院是如何将法律文本中抽象的规定变成具体的衡量标准的呢？本文试对此做一剖析。

一、案件源起

更好教育委员会是肯塔基州的66个地方学区组成的一个非营利性组织，主要致力于促进义务教育的均衡发展。1985年该组织与其他几个学区和22名公立学校的学生一起向法院起诉州长、政府公共教学学监、州财务主管、参议院临时议长、众议院主席和州教育委员会及其成员，指控州议会（General Assembly）因以下几方面而违犯了《肯塔基州宪法》第1条、第3条和第183条以及《联邦宪法第十四修正案》中的平等保护条款和法律的过程正义条款①，认为他们在整个州的教育财政政策方面提供的学校财政资助体系不充足，过分强调了地方学校董事会的资金投入，导致全州范围内教育资助不充分、教育机会不平等和教育质量不高，并进一步导致公立学校教育体系低效，进而指控在州宪法第183条的原则下，整个教育体系不是一个高效（efficient）的体系。

初审法院肯塔基州富兰克林法院审理认为：州宪法第183条所提出的"高效"的学校系统应是"一个由税收支持的、协同的组织，它为全州所有学生提供免费、足够的教育，而不论其地理位置或者当地财政资源状况如何"，且必须是"实质性一致"（substantial uniformity）的学校系统。因此，首先，州宪法第183条中"高效"一词意味着"财政资源实质上统一、实质上平等（substantial equality）和对所有学生的教育机会实质上平等"，意味着教育系统必须充分（adequate）、一致（uniform）和统一（unitary）。其次，依据州宪法第183条的表述，教育在肯塔基州事实上是一项基本权利。最后，在贫穷学区上学的学生只是因为获得了最低水平的教育机会而成绩逊于那些更富裕的学区的学生。基于以上三点，本州的教育系统构成了基于学生居住地的歧视，因而是违反宪法的。

---

① 《肯塔基州宪法》第1条表述如下："所有人在本质上是自由而平等的，拥有某些固有的和不可剥夺的权利……"第3条表述如下："当人们组成社会，所有人是平等的，不可排除于公共服务之外……所有的财产必须纳税……任何特殊权利或豁免应可撤销、更改或修订。"第183条表述如下："州应该通过合适的立法，在全州提供一个高效的公共学校系统。"

　　基于以上认定，初审法院裁定学校财政资助系统违反了州宪法第 1 条和第 3 条所要求的平等保护条款，并判决：①肯塔基州公立学校财政体系违宪且具有歧视性；②肯塔基州公立学校系统在州宪法第 183 条的意义下不是高效的。被告中的肯塔基州参议院临时议长约翰 A. 罗斯和众议院主席唐纳德 J. 布兰德福特随后向肯塔基州最高法院提出了上诉。

二、上诉阶段肯塔基州最高法院对案件的分析

　　肯塔基州最高法院依据双方提交的证据从四个方面对案件进行了分析。

（一）通过对肯塔基州公立学校财政资助政策发展及其影响的回顾，认为肯塔基州公立学校财政资助政策造成了肯塔基公立学校系统之间的不充分、不均衡和质量低下

　　依据州宪法第 186 条最早的规定，州对学区的资助是以 5—17 岁适龄入学儿童数和生均经费来计算总量的，并不考虑实际入学人数和学区之间人口上的差异。到 1930 年，为了增加教育水平较低学区的生均经费标准，肯塔基州议会通过了《均等化资金法案》。但这一努力在 1932 年的塔尔博特诉肯塔基教育委员会案①中被法院认定为违反了州宪法第 186 条而宣布无效。当时法院认为，州宪法第 186 条的规定应理解为教育经费应按人均（等额）拨款（per capita appropriation）。直到 1941 年，州议会修订了州宪法第 186 条，才允许拿出州教育资金的 10% 用于均等化，并在 1944 年进一步将比例修订为 25%。

　　1952 年，为了激励地方学区投入更多资金来促进各学区在教育投入和能力上的均衡，州议会又通过了"最低资金项目"（Minimum Foundation Program，MFP）②的相关法案，其参加条件是，学区必须对学区中所评估的不动产征收 1.10%—1.50% 的财产税。由于在当时经济条件下，各学区的不动产评估价值太低，所以大多数学区都是按最大税率来征收，结果又因各学区税率不同而形成了不均衡问题。

---

　　① 参见：Talbott v. Kentucky State Board of Education，244 Ky. 826，52 S. W. 2d 727（1932）.

　　② 见肯塔基法律 KRS 157.310-440。它表述的立法目的是"……确保实质性平等的公立学校教育机会"。

其后不久，州议会通过了众议院第 1 号法案［又称"回滚法案"（Roll-back Law）］，提出除"净增财产"（net assessment growth）① 外，学区、县和市财产税收入都必须降到 1965 年的水平。为了表示对教育问题的尊重（deference），法案允许地方学区在 1967—1968 财政年度进行两次增税，但每次不能超过 10%。这样一来，该法案实际上冻结了地方学区可用的财政收入。1966 年，州议会为了补充教育经费，又立法允许地方学区征收三种特许税中的一种，同时强调这些特许税都可以由选民公投来撤销②。

1972 年，州议会重新解释了"净增财产"的含义，希望以学区不动产的市场价值增值所形成的增加税收来增加总财政收入。1976 年，为了解决地方财政的不均衡问题，州议会通过了"强制均衡项目"（Power Equalization Program，PEP）③ 的相关法案。

1979 年，州议会又通过了众议院第 44 号法案，要求学区逐年降低房产税率以使当前的财政收入增幅不超过前一年度财政收入的 4%。如果超过 4%，选民可以要求就超出部分进行公投（referendum）以决定是否允许征收。在这一法案的影响下，财务数据显示，肯塔基全州的财产税在 1979—1981 年减少了将近 33%。

法院通过这一梳理认为，如果仅从 MFP 到 PEP 的政策变化来看，拨给学校的经费水平基本上是提高了，但由于法律的不断反复，事实上只有很少一部分经费被用到 PEP 项目上④，造成了肯塔基州公共学校系统资金不足和缺乏，地方学区发展不平等（inequalities）和不公平（inequities），教育机会存在较大差异，导致穷学区的生师比要高于富学区，穷社区学校开设的课程与富社区学校存在着实质性的差别，尤其是在外语、科学、数学、音乐和艺术方面，穷学区的学生成绩比富学区的学生成绩低得多。从全国来看，在评价教育表现的几乎每一个门类（指标）上，肯塔基州都处于全国排名的后 20%—25%；肯塔基州 35% 的成年人口没有读完中学；生均经费投入上，全州有 80% 的地方学区被鉴定为"贫穷"，另外 20% 的学区则低于全国平均水平；全州 30% 的地方学区"功能性破产"（functionally bankrupt）。

---

① 例如在空地上新建一座建筑或者一座农场发展为多个子农场。

② 这些宽容性的税收又导致了全州更进一步的不均衡。因为，即使选民不否决，那些人口和就业人数更多的县的财政收入仍将远远多于其他县（区）。

③ 见肯塔基法律 KRS 157.545。

④ 如 1985—1986 年仅有 0.09%，1986—1987 年为 0.1%，以后是 13%。

同时，相比于俄亥俄州、印第安纳州、伊利诺伊州、密苏里州、田纳西州、弗吉尼亚州和西弗吉尼亚州等在全国排名上和肯塔基州基本处于一同层次的邻近州，肯塔基州的教育投资也是不充分、不均衡的。①从人均经费看，肯塔基州在这8个州中排第6名，在全国排第40名。从教学人员的年均工资看，肯塔基州同样排在8个州的第6名，在全国排第37名。从课堂教师补助看，肯塔基州排在8个州的第7名和全国第37名。肯塔基州的任课教师的平均工资是全国平均工资的84.68%，生均经费仅是全国平均水平的78.20%。②从财产税在学校财政收入来源中的比例看，以1986年为例，肯塔州在8个州中排第7位，在全国排第43位；全国的平均比例是30.1%，而肯塔基的比例仅仅是18.2%。肯塔基只有68.2%的九年级学生能够最终从高中毕业；在与肯塔基州相邻的8个州中，肯塔基州只排第7位。在相邻的6个使用"美国大学入学考试"学术成就测验（ACT scholastic achievement test）的州中，肯塔基高中毕业生的平均成绩是18.1，排第4位。肯塔基州的生师比是19.2，排第7位。

基于以上分析，法院认为，虽然州议会在过去通过了诸如MFP、PEP等项目法案和其他会议确立的其他推进性法案来缩小这种不均衡，使州政府拨付给地方学区的总额巨大的资金量有了实质性的增加，这些似乎都说明"我们已经尽力了"，但事实上的不平等依然存在，甚至还因某些立法而加剧。因此，不管州政府如何努力，肯塔基州基础教育和中等教育的地方和州的总投入仍是不充分的、不统一的，这对那些就读于80%的地方学区的儿童是一种歧视。而这无疑也证实了初审法院做出的公共学校资助系统缺乏统一性、地方和州的教育资助不够充足的认定是正确的。

（二）通过解释州宪法第183条所提出的"高效"的含义，提出了"高效"的判定标准，并依此说明肯塔基州教育财政体系违宪

法院认为，州宪法第183条至少有以下三点含意：①在肯塔基提供一个公共学校系统是州的绝对义务；②这一学校系统必须是全州性的，任何地区（和该区的儿童）都不可被忽略；③这一系统必须是高效的。毫无疑问，肯塔基州已经做到了前两点，那么这一规定中的"高效"到底应如何理解，就成为本案的核心。而要理解"高效"一词的含义，就需要从宪法的制定者们的解释、肯塔基州的司法案例、其他州的解释和法学专家们的研究入手来

分析。

1. 宪法制定者的观点

法院引用了州宪法制定时期的立法代表贝克纳（Beckner）和莫尔（Moore）的观点。贝克纳在强调肯塔基的教育系统必须由州来提供时，特别强调"这是一个实践上平等的体系，在这一体系中富人家的孩子和穷人家的孩子都达到一个完美的水平，而唯一的优势就是思想（mind）……"贝克纳认为州举办的公立学校应符合以下特点：①对青年人的教育对于自由人民的持续存在（prosperity of a free people）十分重要；②教育应该是普遍的和包含所有儿童的；③公共教育应该由州监督，以确保学生爱国并理解政府；④教育应该提供给所有——无论贫富——学生以保证人民在感觉（feeling）和心愿（desires）上都是均等的（homogeneous）。莫尔则指出："公共学校制造爱国者和愿意代表公共土地的勇士。卑微山区家庭的孩子们与那些来自城市大厦的孩子们一样站在相同的位置……所有的人都站在同一水平上。"

法院认为，以上两位立法代表的话语中包含着以下含义：州议会在全州范围内通过公共学校系统来提供公共教育是展现在他们面前最重要的问题；对儿童的教育不能最小化到"最低水平"；给儿童提供的教育对于穷孩子和富孩子来讲，必须是相似的（alike）；对儿童的教育对州的繁荣是至关重要的；对儿童的教育应该受到州的监督；必须有恒定和持续的投入来让学校更有效；不能用最低标准来资助学校；所有的学校和儿童在要求州均衡支持上具有同样的权利。据此，法院认为州宪法第183条的架构者们强调教育是州所有公民的福利，教育在肯塔基州被视为一项基本权利。

2. 肯塔基州的相关案例中的解释

从肯塔基州的司法案例来看，历次涉及的宪法中关于教育条款的解释也对案例的解释有所帮助。

1909年的路易斯维尔市诉州政府案①中，法院已经确认了公立学校的免费入学，并强调无论生丁何地，儿童都应获得相同的教育机会；在1930年博伊尔县教育委员会诉麦克切斯尼案②和1931年的州应巴克斯特请求诉伯内特案③中，法院强调了州宪法第183条对州的职责规定和公共教育的重要性，并首次对"高效"一词的意义进行了解释："在通向效率的最高水平的立法

---

① City of Louisville v. Commonwealth, 134 Ky. 488, 121 S. W. 411 (1909).
② Board of Education of Boyle County v. McChesney, 235 Ky. 692, 32 S. W. 2d 26 (1930).
③ Commonwealth ex rel. Baxter v. Burnett, 237 Ky. 473, 35 S. W. 2d 857 (1931).

中，对学校的控制权越来越多地集中于州政府手中，同时作为整体的全州为在校儿童谋求统一和平等的权益。"

1956 年的伍利诉斯帕尔丁案①中，法院再次指出在不同的学区或者县之间应有实质性的统一体系和平等的学校设施设备，不能存在歧视，而在县域中缺乏统一性和由此形成的不平等的教育机会则构成了"对州宪法第 183 条精神和意图的双重违反"。法院认为州宪法第 183 条的含义应解释如下：①州议会经过授权，有义务在全州创建和维护一个公共学校系统；②表达出的提供这一服务的目的对于全州的良好发展（well being）是重要和关键的；③公共学校系统必须是高效的；④公共学校系统必须是免费的；⑤公共学校系统必须给全州的所有学生提供平等的教育机会；⑥州政府必须控制和管理这个系统；⑦这个系统必须是"实质性统一"的，全州应该被视为一体；⑧这个系统对所有学生必须是平等的，为学生提供平等的机会。

1976 年，法院在卡罗尔诉杰斐逊县教育委员会案②中也指出，州应为公立学校提供充分的经费，而不能推诿于财政困难。

3. 其他州的宪法对"高效"的解释

肯塔基州法院还借鉴了西弗吉尼亚州司法中对"高效"的解释。《西弗吉尼亚州宪法》在其第 7 章第 1 条中也规定"立法应该通过普遍的法律，提供一个详尽和有效的免费学校系统"。这一规定在著名的波利诉凯利案③中被西弗吉尼亚高等法院认为"已经变成了一个要求教育系统绝对完善、留心每个教育细节，并超越普遍标准（parameters）和杜绝浪费以产出成绩的命令"，其含义是"州在力所能及的情况下，尽可能地、经济地发展学生的智力、体力和社会道德，以使学生为将来有用和幸福的职业、休闲和公民生活做好准备"。基于此，西弗吉尼亚高等法院认为，州宪法的要求是否被满足可以从学生的以下发展方面来考查：①文学；②数学能力；③足够的使个体能够像一个公民那样做出非正式选择的政府知识；④足够的使人智慧地选择一生工作的自我知识；⑤专业或者高级的学术训练；⑥休闲娱乐；⑦创造的兴趣；⑧社会伦理。这些都被认为是"一个详尽和有效的系统"的应有之义。

---

① Wooley v. Spalding, Ky., 293 S. W. 2d 563 (1956).

② Carroll v. Board of Education of Jefferson County, 410 F. Supp. 234 (W. D. Ky. 1976), aff'd 561 F. 2d 1 (6th Cir. 1977).

③ Pauley v. Kelly, 162 W. Va. 672, 255 S. E. 2d 859 (1979).

4. 学者们的观点

肯塔基州法院还大量借鉴了法学专家及接受过良好教育和经验丰富的教师、教育者或者行政管理者等教育实践者的观点。如理查德·萨蒙（Richard Salmon）博士将"高效"的公共学校系统这一概念分为三个层次：首先，这一系统不应当将财政困难或财政利益强加于任何公民群体，且地方学区必须做出相应的税收努力；其次，由这一系统提供的资源在全州必须是足够充分和统一的；最后，这一系统不得浪费资源。克恩·亚历山大（Kern Alexander）博士则坚持认为一个有效的系统是一元化的（unitary）、在全州都应一样的、以平等为标志的学生被给予平等教育机会而不管其经济状况或居住地的系统；"高效"还应包括教师聘用和训练、学校建筑、其他教职人员、材料和所有教育资源的充足。

基于以上四个方面的分析，法院总结认为：根据《肯塔基州宪法》第 183 条，创立和维护公共学校系统是州一项十分重要的职能；提供公共学校系统的唯一责任在于州议会，因此州议会不但要建立这一体系，还必须使这一体系能以一种符合宪法要求的方式运行下去，即公共学校系统必须得到充分资助以实现其目标，且在全州必须是实质性统一的，州的每一个儿童（each child and every child）无论贫富都必须有平等的机会获得充分的教育；州议会必须通过立法采取地方财政措施，提供统一、平等的教育财政经费来保护和增进儿童的这一权利，并使每一个儿童能够实现以下七项能力目标：①具有充分的口头和书写交流能力，能够在复杂及迅速变化的文化中发挥作用；②具有充分的经济、社会和政治系统知识，能做出非正式选择；③具有充分的对政府管理过程的理解，能够理解影响自己的有关社会、州和国家的争议或观点；④具有充分的自我知识和身心健康的知识；⑤具有充分的艺术基础，能欣赏文化和历史遗产；⑥具有充分的服务于以后学术或职业领域的高级训练的训练或准备，能智慧地选择和追求其一生的工作；⑦具有充分的学术或职业技术水平，能在学术或劳动市场上与周边州的竞争者积极竞争。①

故而，"高效"一词可以被归纳为以下几方面：①建立、维护和资助肯塔基的公共学校是州议会独立的责任；②公共学校应该对所有肯塔基儿童免

---

① 法院强调，在重新创建和设计肯塔基州公共学校系统过程中，这七个特点应该作为提供充分教育的最低目标。当然，没有人禁止更高的目标——不管这一目标是由州议会在全州范围内实现还是通过州议会可能建立的任何地方教育实体的努力来实现——只要州议会达到这一观点所提出的标准就行。

费；③公共学校应当对所有肯塔基儿童开放；④在全州范围内公共学校应当是实质性统一的；⑤公共学校应当为所有肯塔基儿童提供平等的教育机会，而不论居住地或经济状况；⑥公共学校应当由州议会监督，以保证其正常运行，且没有浪费，没有重复花费，没有错误管理，也没有任何政治干扰（no political influence）；⑦公共学校存在的前提是所有肯塔基州的儿童都有获得充分教育的宪法权利；⑧州议会应当提供足够的资助，为肯塔基州的每一个儿童提供充分的教育；⑨一个充分的教育指具有以上所论述的七项目标的教育。而从肯塔基州财政政策及其效果来看，很明显，这些目标并没有实现。

三、最后的判决及其效果

经过激烈的辩论，肯塔基州最高法院的 5 名法官以 3：2 的微弱多数，判决肯塔基州公共学校财政体系违宪且具有歧视性，肯塔基州公共学校系统在州宪法第 183 条的原则下是低效的。

虽然一些法官对此判决也有质疑和反对意见，但这一判决最终迫使肯塔基州议会对全州的教育财政体系进行了全面的改革，重新构建起一套新的资金配置方法，并取得了较好的均衡效果。主要表现为：生均经费逐年增长，从 1990—1991 年度的生均 2305 美元增长到 2000—2001 年度的生均 2994 美元；州对基础教育的补贴也逐步增加，1990—1991 年度补贴额为 22.5 万美元，到 1999—2000 年度增长为 41 万美元；地方上用于义务教育的财政支出由 1990—1991 年度的 41 万美元增长到 2000—2001 年度的 47 万美元，同时也使州拨付的生均经费和地方拨付的生均经费之和达到 4371 美元。

四、罗斯诉更好教育委员会案对我国
教育公平法律实践的启示

虽然罗斯诉更好教育委员会案止于肯塔基州最高法院，在美国教育发展中产生的影响并不突出，但从实践角度来看，却使肯塔基州议会及政府最终通过彻底的改革，极大地改善了肯塔基州基础教育的发展，取得了明显的效果。整个案件的审理过程，对我国教育公平的法律实践具有一定启示。

（一）教育公平理念具体化、司法化是保障教育公平的有效途径

从哲学上看，现代意义上的公平指的是一种合理的社会状态，一般分为机会公平、过程公平和结果公平。其中权利公平，是指公民的权利不因职业和职位的差别而有所不同，其合法的生存、居住、迁移、教育、就业等权利得到同等的保障与尊重（郝文武，2007）。然而，这种抽象的平等理念因不具有具体的操作性，大都只是停留于理论层面，实践中往往成为其他价值理念（如效率）的牺牲品。所以应将"平等的受教育权"的理念具体化为行为标准或明确的政策要求，甚至通过立法或政府行政法规将这些规范或者标准上升为具有强制力的法律法规，使其既成为指导人们追求教育公平、判断教育公平的标准，同时又成为指导各级政府落实基础教育公平的指标，使教育公平真正得到保障。

要让教育理论具体化为行为标准或明确的政策要求，关键在于对其内涵进行实质性的法律解释。例如，我国《宪法》第19条明确规定："国家发展社会主义的教育事业，提高全国人民的科学文化水平。国家举办各种学校，普及初等义务教育，发展中等教育、职业教育和高等教育，并且发展学前教育。"这一表述明确规定了举办教育、投资教育是国家的重要职责，但教育事业举办和发展应达到的标准却一直没有详细的表述，导致国家在举办和发展教育的过程中出现了不同的政策取向，不仅造成了教育资源配置的不均衡，致使城乡之间、学校之间的差距不断加大，而且造成学生择校、教师流失，不仅威胁着弱势学校和农村教育的发展，更加剧了学校的逐利行为（王鹏炜，2011）。因此，借鉴罗斯诉更好教育委员会一案中法院对"实质性充分、一致和统一"的教育公平标准的解释，形成相对一致的教育公平实践的判断标准，再以超常规力度加大对落后学校的投入，帮助其迅速赶上先进学校，才是解决教育发展不均衡的根本办法。

（二）建立问责制，督促政府充分履行保障教育公平的义务，是促进教育公平的必要手段

罗斯诉更好教育委员会案判决的直接结果，就是肯塔基州政府对肯塔基州整个教育财政政策进行了重新设计，并取得了一定的成效。这一结果的取

得，不仅是教育公平理念在司法领域的重要成果，更是监督权的有力体现。通过问责制度，督促政府充分履行保障教育公平的义务，是落实教育公平的又一必要途径。

在我国，公立学校的举办、发展完全靠政府的投入，而政府举办和发展教育过程中政策是否合法、有效，最终效益如何，对此整个社会基本缺乏监督的权利。政府举办和发展教育的政策对教育公平贯彻落实的程度，也自然无法得到有效监督和纠正。所以，建立问责制，将教育公平的落实按具体的标准或政策要求纳入政府考核体系，将会成为促进教育公平的有效手段。

五、结　语

通过法律法规将教育公平这一抽象理念具体化，并予以保障，不但有利于教育公平实践的切实推进，使政府在举办和发展教育事业方面更有依据和目标，而且能够通过其保障作用，规范和指引政府的具体教育行政行为，创建一个有利于教育公平推进和深化的制度氛围，从而为最终实现教育公平和教育均衡发展奠定基础。这不仅是一种启示，更是我们努力追求的社会目标。

参考文献

郝文武.2007.平等与效率相互促进的教育公平论[J].教育研究(11):25-29.
王鹏炜.2011.学校逐利行为分析及其对策[J].教育科学研究(8):33-36.
Picus L O, et al.2004.Assessing the equity of Kentucky's SEEK formula: a 10-year analysis [J].Journal of Education Finance(4):315-335.

Implications from Rose v.Council for Better Education in Kentucky, U.S.

Wang Pengwei

Abstract: In the case of Rose v.Council for Better Education, the Supreme Court of Kentucky declared that the common school financing system led the non-sufficient, imbalanced, inefficient education in common school, and with the explanation to the phrase "efficient" in the Constitution, they push up with several criterions to announce the system unconstitutional.This case reflected the specified application of the idea of "equal education rights" in American judiciary.The implications to us are following: it is an effective way to maintain the educational equality by embodying the idea in judiciary, it is necessity to explain the idea into specific criterions to judge whether an education opportunity is equal, and it is essential to establish accountability to supervise the executive power raising and developing the education according to their obligations.

Key words: educational equality   education financing   education rights

作者简介

王鹏炜，博士，陕西师范大学教育科学学院副教授，硕士生导师，研究方向为教育政策与法律，教师教育等。

□ 湛中乐

中国教育法学理论体系和学科构建研究的回顾与展望①

【摘　要】自 1980 年《学位条例》颁行始，中国教育法律规范逐步完善，随之而来的是对教育法学研究的重视和深化。三十多年来，教育法学理论体系和学科构建研究取得了一系列成果。然成果多止于争鸣，共识的达成还须各种观点的进一步沟通协调。伴随着中国特色社会主义法律体系的基本形成，教育法律法规体系也趋于完善。同时，也呼唤教育法学从学理的角度给予法制以指导、解读、阐发等回应。回顾教育法学理论体系和学科构建研究的历史，可以对教育法学有一个较为完整的认识，扩大共识，求同存异，使教育法学成为独立的学科将成为不二选择。展望教育法学的未来，应以学科建设为契机深入研究，丰富并完善教育法学理论体系，开启教育法学的崭新篇章。

【关键词】教育法学　教育学理论体系　学科建设

① 本文的写作得到了北京大学 2012 级博士研究生赵玄的大力帮助，特此致谢。但文章观点仅代表作者立场，由作者负责。

一、引言：时代变迁与教育法治

　　清末变法修律，一方面瓦解了中华法系，另一方面也拉开中国法制近代化的序幕。1904 年清政府颁布了《奏定学堂章程》，宣告了科举制度的废除，也标志着现代学制的建立。国民政府时期，教育法制得到进一步发展，《大学组织法》《专科学校组织法》《中学法》《师范学校法》《职业学校法》等一批法律法规得以颁行。然而，彼时的中国面临内忧外患，留给这些法律实施的空间并不多，教育法学的研究亦难有成效。新中国成立初期，国家重视法制，但有关教育的规范多出自政务院或教育部，法律位阶不高，且随着"文化大革命"的泛滥，法制基本处于停摆状态（黄巍，2007）。

　　十一届三中全会的召开，不仅让国家重新走上建设发展的正轨，亦为教育法学的研究带来阵阵清风。以 1980 年《学位条例》的颁布为标志，教育界迎来了国家最高权力机关定规立制的新时代。随着《义务教育法》（1986）、《教师法》（1993）、《教育法》（1995）、《职业教育法》（1996）、《高等教育法》（1998）、《民办教育促进法》（2002）等法律的颁布，有中国特色的社会主义教育法律法规体系初步形成。中国教育法制的空前发展和日益丰富的法律实践，为教育法学的研究提供了基本素材。20 世纪 90 年代以来，专门研究教育法的教材、著作不断问世。其中有代表性的作品有：劳凯声教授的《教育法论》；范正美、于宏合著的《教育法学》；劳凯声、郑新蓉合著的《规矩方圆——教育管理与法律》；秦惠民教授的《走入教育法制的深处——论教育权的演变》。进入新世纪，教育法学的研究又获得重大突破。一是中国教育学会教育政策与法律专业委员会于 2000 年 10 月在京成立。二是学术集刊《中国教育法制评论》正式出版发行。三是新的研究著作大量涌现，各种教育法学教材亦很丰富①。四是教育法制取得新进展，特别是《义务教育法》得到修改，大学章程制定和学术委员会的组织与运作均有了规章依据②。

---

　　①　如蒋超教授的《教育法基本问题研究》，姚金菊教授的《转型期的大学法治——兼论我国大学法的制定》，申素平教授的《教育法学：原理、规范与应用》和《高等学校的公法人地位研究》，祁占勇教授的《现代大学制度的法律重构》，段海峰、吕速合著的《教育法问题研究》，以及拙著《公立高等学校法律问题研究》，等等。

　　②　二者分别指教育部 31 号令《高等学校章程制定暂行办法》和教育部 35 号令《高等学校学术委员会规程》。

纵观三十多年的发展，教育法学在回应实践需要和自身理论建构上，都取得了长足的进步。但是，有两点明显不足值得高度重视：一是教育法学作为法学的分支学科，对整个法学研究的溢出效应不明显，更多体现为借用宪法学、行政法学或民法学的原理，对它们的回馈不足；二是受制于前述不足的影响，教育法学本身缺乏相对独立完整的体系化结构①。当前，中国教育正在发生深刻的变革，而法制是最为适宜的手段，教育法学理应承担起这一使命。为了前行脚步的稳健，回顾过去，以史为鉴，其意义愈显重要。

二、教育法学理论体系研究回顾

教育法律制度的完善及相应的法律实践，向教育学界、法学界的理论研究者提供了鲜活生动的研究信息，也向学界的理论研究提出更高、更多、更复杂的要求。回顾三十余年的教育法学理论研究，焦点基本集中于以下几个方面：教育法学的逻辑起点问题、政府教育权力配置问题、教育自由特别是学术自由问题、学校成员权利义务问题、学校与政府的关系问题、大学章程与大学治理问题等。

（一）教育法学逻辑起点之辨

关于逻辑起点，黑格尔曾在《逻辑学》一书中将其简明表述为"纯有"与"全空"（黑格尔，1981）[32-36]。换言之，逻辑起点是一定理论体系中最简单、最抽象的概念，是其他物发展的依据，亦即元理论。就教育法学而言，其逻辑起点就是教育法学得以阐发的源点与最终的诉求所在。目前，对此的研究较为稀少，主要有两种观点。一种主张以"受教育权"作为教育法学的逻辑起点。如孙霄兵先生在其《受教育权法理学：一种历史哲学的范式》一书中指出：受教育权是更重要的教育法学概念，教育法学应当是教育法律权利学，应当从此出发强调教育本身的基本因素和动力，构建以人的受教育权利的实现状态为起点和标准来探索、构建和反映的教育法学体系（孙霄兵，2003）。申素平教授在其专著《教育法学：原理、规范与应用》一书中也表

---

① 参见：余雅风，劳凯声.2009.改革开放30年中国教育法学研究的回顾与展望 [J].教育研究（2）：16-17.

达了类似的观点：对受教育权的确认和保护是现代各国教育立法的基本目的，也是现代教育法的中心内容。一个国家的教育法体系就是围绕其对受教育权的确认和保护而形成的法律体系。该书恰是以受教育权为线索对教育法学进行研究的（申素平，2009）[14]。西南大学龙洋博士对此进行了较为详细的论述，他认为：受教育权是教育法学学科中最简单、最抽象的起始范畴；作为逻辑起点的受教育权存在于教育法学理论体系之中；受教育权与教育法学研究对象之间存在着相互规定性；以受教育权作为教育法学的逻辑起点，是逻辑起点与历史起点的辩证统一；受教育权既是教育法学的逻辑起点也是其归属（龙洋 等，2011）。劳凯声教授在 20 世纪 90 年代初也表达了这种看法，可以视为此种逻辑起点观的朦胧表达。其文指出：权利是法律的一个最基本的范畴。教育法与受教育权利是密不可分的，在某种意义上，教育立法发展演变的历史就是受教育权利发展演变的历史①（劳凯声，1993）[92]。

相对于将"受教育权"作为教育法学的逻辑起点的研究，另一种逻辑起点论说略显单薄。谭晓玉研究员在其 1999 年发表的《当代中国教育法学研究的价值取向：世纪之交的深刻反思》和 2004 年发表的《当前中国教育法学研究中的若干理论问题探讨》两文中，均谈到了教育法学的逻辑起点问题，后文更是将其作为一节来专门论述。他认为：当代法学的焦点正从规范重心转移到行为重心上，即由"法即规则"变为"法即行为"，将"行为"作为法学的中心概念，并通过观察解释法律行为来阐释法律现实（谭晓玉，1999）。从行为出发，是认识教育法律现象的基点，这是因为行为是法律调整的直接对象，是法律实现其价值功能的着眼点，是法律运行过程的驱动器，行为是法律运行过程中最活跃、最能动的东西，是法律规范转化为法律关系的中介（谭晓玉，2004）。吊诡的是，谭亦承认权利义务是法学即教育法学的核心部分，但他巧妙地将其解释为"权利义务就是行为"②。

受前述两派观点的启发，褚宏启教授对之做了调和，从而提出一个更上位的概念——教育利益。他认为：教育利益是受教育权、教育权的本质，是

---

① 在近期的一篇文章中，劳凯声教授认为：依法治教是教育法的根本原则，是贯穿所有教育法律规范的核心，是理解全部教育法律规范的关键，包括受教育权的实现。详见：劳凯声 . 2007. 教育法与教育法学（上）[J] . 中国法学教育研究（3）：166-167.

② 谭晓玉认为，权利意味着法律关系相关主体可以主动地做出一定行为，或者要求相对人做出或不做出一定的行为，义务则意味着主体应当、必须做出一定的行为或不得做出一定行为。就此意义而言，权利义务就是行为。参见：谭晓玉 . 2001. 研究权利：新时期中国教育法学的新发展 [J] . 教育理论与实践（10）：19.

设定教育权利义务的前提和基础，是法定权利义务的前提与归宿。教育利益是教育行为的动力，是行为主体的追求。简言之，教育利益是更深层、更原初的概念。教育利益是起点，是教育权力、权利和义务的本质，是教育权力、权利、义务以及教育行为的"最大公约数"，是教育赖以生存和发展的基础，是教育发展的内驱力（褚宏启，2013）。

逻辑起点之辨对教育法学理论体系的构建和深入研究十分必要，无论是将"受教育权"还是"行为"，抑或"教育利益"作为逻辑起点，均需要在教育法学的理论体系中去考察，学界应积极对此做出回应，展开争鸣，唯其如此，教育法学才能有发展的原动力。

（二）中央与地方教育权力配置

专门研究中央与地方政府在教育方面的权力配置的论著几乎没有，但大部分的论著中均会涉及教育立法主体和教育行政主体。在黄巍主编的《教育法学》中，对教育行政机关（第四章）和教育立法（第八章）分别以单章论述。第四章介绍了教育行政机关的地位、职权和责任以及其与学校的法律关系。第八章第三节"教育立法主体"中分别介绍了立法机关、行政机关和司法机关。不无遗憾的是，这些介绍一袭法学普通教材的体例和叙事方式，概括地谈教育行政机关和各立法主体，对于各机关以及中央与地方机关之间在权力职能上有何差别则只字未提，似乎将其隐含在了权力的层级之中，让读者自行搜寻。此种研究未能体现教育法学自身的特殊性，对教育法制及理论建设的影响和意义不大。

比之前有所进步的是研究开始注意中央和地方的职权划分，以蒋超的《教育法基本问题研究》一书为例，其在"教育法基本主体"一章中详细讨论了教育行政部门，并对教育行政部门的教育法主体资格、政府及其教育行政部门作为教育法主体的法律依据、国务院教育行政部门、县级以上地方人民政府及其教育行政部门和教育行政部门的内部机构进行了阐述（蒋超，2006）。笔者以为该书虽有进步，但仍有局限。这一局限同教育法学的学科性质特别是对教育法地位的认识有关系，亦即将教育法的调整对象视为教育行政关系和教育民事关系，将教育法作为行政法的一个分支，从而只需谈论作为教育行政关系一方主体的行政机关即可，不谈教育立法各立法主体的权限是怎样的。窃以为这样的研究限缩了教育法学的边界，不利于从教育立法的层面宏观构建教育法学体系。特别是在法治日益昌明的今天，中央和地方国家立法机关的立法是规制教育发展的重要手段，故而这一领域的研究不可或缺。

值得注意的是，早在1993年，劳凯声教授已在《教育法论》一书中专门对教育行政体制的两种模式——地方分权制和中央集权制——进行了分析和比较（劳凯声，1993）[175-188]。虽然是对欧美等的经验介绍，但对今天的教育法学研究很有启发意义，使教育法学具有了"法学"的韵味（褚宏启，2013）。

（三）教育自由：以学术自由为例

广义的教育自由一般包括公民的教育参与自由、学校的办学自由、教师的教学自由和学术自由、父母的教育自由以及学术的教育选择自由和学习自由等。狭义的教育自由主要指学校设置自由、学校办学自由和教师教学自由（劳凯声，2007b）。以学术自由方面的研究为例，宪法学者一般将其作为基本权利的范畴加以探讨，如张翔教授的《学术自由的组织保障》一文，以学术自由作为基本权利在德国的实践为背景，介绍了学术自由的域外主张。学术自由既是一种防御权，用来对抗国家的干预，以学术的自我规定为基础的过程、行为方式以及关于探求知识及其阐释和传播的决定不受国家公权力的干预。同时，学术自由也是一项积极权利，它要求国家以积极的行为保护这项自由并预防其被掏空（张翔，2012）。兼有教育学和法学背景的周光礼教授则从规范行政权力的视角，阐述了教育法学范畴内的学术自由。他认为，学术自由实现的关键是如何整合学术自由与政府干预的冲突。在借用行政法上的管理论、控权论和平衡论比较考察教育行政与教育法的基础上，他指出：在行政权力与大学（学者）权利的力量对比中，中国的行政权力过于强大，重点还是应该强调制约行政权力（周光礼，2003）。北京大学张维迎教授以北大2003年教育改革为切入点，论述了学术自由、官本位和学术规范的纠葛。在他看来，此次改革的目的恰是推进学术自由，破除官本位，建立学术规范。他指出"学术寡头"或学术中的"家长制"、"铁饭碗"、"政治上正确"等均不利于学术自由的发展，反而会限制学术自由乃至令其窒息（张维迎，2004）。虽然上述研究者来自不同学科，但这些论题无疑均丰富了教育法学理论中对教育自由的研究。

值得关注的是，通过对教育法学教材的梳理可以发现，其对学术自由的研究和介绍有一个渐进的过程，最初的教材中几乎找不到"学术自由"的字眼，如郝铁川主编的《教育法基础》一书，在谈及教师的权利时，将《教师法》第 7 条第 2 款谨慎地解读为"科研学术活动权"①。而海峡对岸的同胞对学术自由的研究则日益深入，如董保城教授的《教育法与学术自由》一书，共收录其 5 篇文章，第一篇题名即为"课程自主、考试评量与学术自由"（董保城，1997），由此可见一斑。值得庆幸的是，随着新世纪的到来，学术自由终于见诸各种教育法学教材论著之中②。

（四）权利保障：学校成员的权利与义务

学校成员主要指教师和学生，其权利和义务随着教育法学的发展，从法律文本之中渐渐被写入各种论著之中。以大学成员为例，按照姚金菊的研究，作为大学成员的教师的权利主要有两类：一是根据教师学术自由所享有的专业学术权利；二是基于大学成员身份所享有的民主参与权利。教师的义务则主要有履行法定教师义务，服从大学程序性管理规范，遵守学术规范和学术道德（姚金菊，2007）。申素平教授特别突出了教师的专业权利，即学术自由、教育自由、专业自主权和教师专业权利的行使与限制。义务方面则涵盖法律义务和教师道德（申素平，2009）[195-206]。就学生而言，大部分学者们均认为其有双重身份。其一，他们是国家公民；其二，他们是正在接受教育的公民，即受教育者。作为国家的公民，学生享有法律赋予公民的权利，如受教育权，选举权与被选举权，言论、出版、集会、结社等自由权，人身自由权、人格权，批评、建议权，申诉、控告权等。作为正在学校及其他教育机构接受教育的公民，学生又具有特定的权利和义务，即受教育者的权利和义务。学生在与教师、学校的关系中，享有教育的平等权、公正评价权、物质帮助权、申诉权等（刘冬梅，2004）。对拥有公民身份的学生来说，大学曾经普遍存在的"大学生禁止谈恋爱、结婚"等规定已逐步被丢进了故纸堆中。

---

① 参见：郝铁川 . 1998. 教育法基础［M］. 上海：上海教育出版社：117.《教师法》第 7 条第 2 款为：从事科学研究、学术交流，参加专业的学术团体，在学术活动中充分发表意见。

② 如黄巍主编的《教育法学》，便将《教师法》相关条文明确放在"学术自由权"之下解释。详见：黄巍. 2007. 教育法学［M］. 北京：高等教育出版社：188. 再如姚金菊的博士学位论文专节讨论"学术自由与国家教育权"的关系。参见：姚金菊. 2007. 转型期的大学法治：兼论我国大学法的制定［M］. 北京：中国法制出版社：280-295.

（五）角色定位：政府与学校的关系

政府与学校的关系研究，其实是探讨学校法律地位的问题。按照依法行政的理念，政府的权力应限制在其合法权限之内，主要由相关组织法等来加以规范，教育法学对此较少涉猎。但对于学校法律地位的研究并不少见。主要观点有三①：其一，认为学校是教育行政主管部门的附属物，没有独立的法律地位，1986 年《民法通则》实施之前的高校就是如此，与政府只能是内部行政关系；其二，认为学校属于事业单位法人，一般指《民法通则》实施以来的高校；其三，认为学校既是民事法律关系主体也是行政法律关系主体，具有双重法律地位。学校法律地位的明确，将对学校办学自主权产生直接影响，是落实高校自主权的基础和依据（李连宁，1992）。为了厘清政府与学校之间的关系，学者们也试图从新的视角展开研究。以大学为例，申素平在其博士学位论文《中国公立高等学校法律地位研究》中提出：我国公立高等学校应具有特别公法人的地位，其与政府应构成以法律监督和行政指导为基本内容的法律关系，与教师、学生则构成特殊的行政管理关系，同时作为特别公法人，公立高校应当遵循行政法的法律优先原则和部分地遵循法律保留原则，适度地适用正当程序原则，并有限度地接受司法审查（申素平，2001）。

（六）依法治校：大学章程与大学治理

随着大学章程建设的深入开展，通过大学章程依法治校，实现大学的良好治理，一时间在教育界和法学界蔚然成风，大学章程和大学治理的研究成为教育法学的重要内容之一。"治理"一词最早应用于企业经济学和政治政策分析的研究。"大学治理"（university governance）一词最早见于 1976 年詹姆斯·马奇和约翰·奥尔森合著的《组织中的二重性与选择》一书，主要是关于大学组织中决策问题的研究（戈丹，2010）。我国学者很快将之运用到中国教育的研究之中，如北京大学闫凤桥教授著的《大学组织与治理》

---

① 参见：张瑞芳 .2003.1980—2000：中国教育法学研究二十年［M］//劳凯声 . 中国教育法制评论：第 1 辑 . 北京：教育科学出版社：436；申素平 .2010. 高等学校的公法人地位研究［M］. 北京：北京师范大学出版社：86-87.

（2006）；赵泽虎、颜世颀合著的《从治理到善治：生态学视野中的大学治理研究》（2012）；张国有主编的《大学理念、规则与大学治理》（2013）。而由于国家对大学章程的重视，加之大学章程建设也是依法办学的重要体现，对大学章程的研究进入新阶段。主要成果有：对大学章程进行国别比较的，如马文婷、范文曜主编的《大学章程要素的国际比较》（2010）；对中外大学章程进行选编的，如张国有主编的《大学章程》（五卷本，2011）和笔者组织编译的《大学章程精选》（2010）。在国内外章程文本的基础上，一大批论著得以产生。特别是 2013 年年底，教育部核准了首批六所部属高校的章程，这对大学章程建设、大学治理研究特别是现代大学制度的形成都有标志性意义。

三、教育法学学科构建研究回顾

教育与法律的结合产生了教育法制，亦即调整教育领域的法律法规。而教育法学则是以教育法为本位的一门学科，从学科的角度来看，它主要涉及教育学和法学，特别是后者中的行政法学、宪法学和民法学等。劳凯声教授在上个世纪就预见："教育法的理论研究开始从原来的行政法学中分离出来，正在形成一个独立的研究领域。在许多国家，一门以教育法作为研究对象的学科——教育法学正在崛起，并取得令人瞩目的进展。"（劳凯声，1993）[26] 然而，不得不说，时至今日中国的教育法学学科构建仍处于发展阶段，远未成熟。

（一）教育法学的界定

教育法学作为关于教育法的学科，其界定在很大程度上依赖于对教育法的界定。在教育法制发展的初期，教育法与教育法规等称谓并行。1994 年李晓燕在其文章中写道：教育法规是确定教育行为规则的法、法令、条例、规则、规章等由国家政权机关制定，并由其保证实施的规范性文件的总称。也可以说，教育法规是对人们的教育行为具有法律约束力的行为规则（即教育法律规范）的总和（李晓燕，1994）。受法学理论的时代影响，戴国明等认为：所谓教育法，就是一定社会或阶级，按照自己的意志和客观要求，为实现一定的教育目的所制定的一系列法律规范的总称（戴国明 等，1993）。近来，张维平等认为：教育法是调整教育关系的行为规则的总和（张维平 等，2008）。劳凯声教授认为：教育法是调整公民在实现受教育权利的过程中所发生的各种社会关系的一类法律规范的总称。它以国家机关所实施的教育管理活动、学校及其他教育机构所进行的办学活动、公民的学习活动以及社会组织和公民所从事的与教育相关的活动中发生的，国家机关、学校及其他教育机构、教师、学生或其家长、社会组织及公民个人之间的关系为主要的规范内容（劳凯声，2007a）。比较前述四个观点可以看到：第一个观点和第三个观点均将"行为规则"的总和视为教育法，外延有些泛化，不符合法学理论关于某一部门法的概念逻辑，且第一个观点抽象程度不够；第二个观点则没有突出教育法的"教育"二字的含义；第四个观点较为符合法理上的界定。

基于此，学者们对教育法学的界定亦甚为丰富：

（1）教育法学是一门以教育学和法学为基础，以教育法问题为中心的多学科综合性的边缘学科（胡文斌，1986）。

（2）教育法学是以理论法学为指导，运用法学共用的方法，吸收邻接法律学科、一般法学以及其他特别法学的研究成果，并在教育法实践基础上形成的一门新的独立的学科（何瑞琨，1987a）。

（3）教育法学是研究教育领域的法律现象及其发展规律的科学（丁胜源 等，1987）。

（4）教育法学是以法律规范及其发展规律为研究对象的一门法律科学①。

（5）教育法学是以有关教育法规制定和实施等方面问题为研究对象的法律学科，是一个独立的法学部门（何勤华 等，1988）。

（6）教育法学是以教育法规规范和教育法制现象为重要研究对象，并揭示其基本规律的一门科学，它是马克思主义法学体系中的一个分支学科（张玉堂，1994）。

（7）教育法学是运用法学理论研究和解释教育法律现象及其发展规律的交叉学科（谭晓玉，1995）。最近该观点的提出者又做了修正，认为：真正意义上的教育法学应该是"法学的"教育法学与"教育学的"教育法学的

---

① 此为王占晨于 1988 年在《教育立法与教育法学的创立》一文中的界定，转引自：龙洋.
2011. 我国教育法学理论体系研究：基于"受教育权"逻辑起点论 [D]．重庆：西南大学.

逻辑发展，亦即科学的教育法学应该是努力吸取上述两种教育法学之长，舍其之短，是两者的有机结合（谭晓玉，2007）。

（8）教育法学，又可称为教育法规学，是以教育法规为主要研究对象的一门科学，是一门交叉性的边缘学科（张玉堂 等，1996）。

从上述概念界定中不难发现，所列定义几乎均照顾到了教育学和法学，要么以法学理论研究教育现象及规律，要么将法学和教育学相结合，这说明了教育法学的跨学科性和融合性。但从概念最终的落脚点来看，则"边缘学科"、"法学分支学科"、"法律科学"、"交叉学科"、"交叉边缘学科"等不一而足，其中（3）、（4）的界定更是指向"科学"。这些见仁见智的界定背后，均隐含着对教育法学学科的性质定位。

（二）教育法学的性质

同教育法学依赖于教育法一样，对教育法学性质的争鸣与对教育法地位的判断有直接关系。首先，对于教育法在国家整个法律体系中的地位，综合来看主要有三种观点。一是教育法从属于行政法。如劳凯声教授认为，教育法理应归属行政法[①]。二是教育法不隶属于行政法，而是隶属于文教科技法。如吴大英、沈宗灵等学者从研究我国部门法分类问题出发，建议划分为十大部门法：宪法；行政法；民法；经济法；劳动法和社会福利法；自然资源法和环境保护法；文教科技法；刑法；司法程序法；军事法（吴大英 等，1987）。如此一来，教育法自然归属于文教科技法。三是教育法就是教育法，不从属于行政法，也不从属于其他法部门，本身就是独立的法部门。奇怪的是，这种观点多见于教育法制发展的初期，如郦渭荣认为：教育法有其独特的调整对象、调整原则和方法，而且随着教育事业的发展，教育立法的不断加强，教育法也像经济法一样正在逐步成为独立完整的法学部门（郦渭荣，1993）。何瑞琨以更为肯定的口吻叙述道：教育法以特有的教育关系作为调

---

① 劳凯声教授接着指出：从发展的眼光看，随着法律向教育领域各个层次的渗透，教育法调整对象的广泛性、复杂性正日益显现，因而在实践中教育法必将越来越难以完全归入行政法部门体系之中。随着教育立法的发展，教育法从行政法中独立出来的可能性也是存在的。参见：劳凯声.1993. 论教育法在我国法律体系中的地位 [J]. 北京师范大学学报：哲学社会科学版（4）：112. 需要说明的是，谭晓玉研究员将劳凯声教授的此种观点理解为"发展说"，同时，其本人亦主张教育法属于行政法范畴，但应位于宪法之下的基本法律之列。详见：谭晓玉.2007. 中国教育法治的困惑与教育法学的使命 [J]. 中国法学教育研究（1）：158.

整对象，有特有的法律关系主体和法律基本原则，并有相应的处理方式，因而它成了现代国家法律体系中不可缺少的一个独立的法律部门（何瑞琨，1987b）。

与教育法的地位观点相适应，教育法学的性质亦有三种主要观点：其一，教育法学系法学与教育学的交叉学科。如劳凯声教授认为：教育法学是法学和教育学的一门共同的分支学科，行政法学为其提供了总论的功能，教育学则为其提供了应用原理（劳凯声，2007b）。周光礼、张维平、谭晓玉等学者也表达了相似的观点①。其二，教育法学是法学的一个分支学科。如何瑞琨认为，作为法学一个分支的教育法学，是研究存在于教育过程之中的法律现象及其发展规律的科学（何瑞琨，1986）。与其对教育法的判断相对照，教育法学应是一个不隶属于行政法学的独立法学学科。其三，教育法学是教育学的一个分支学科。目前从学理上主张此种观点的几乎没有，但现实中这却是占比最大的主张。因为，事实上，部属、省属师范院校中绝大部分学校的教育法学课是在教育学或教育管理专业开设的（刘冬梅，2011）。在教育学学科评议中教育法学常常被包含在教育经济学等学科中（孙霄兵，2009）。

与上述学者坚持某种观点不同，秦惠民教授认为：教育法学在学科归类上属于法学学科还是属于教育学科，实际上并不重要。因为教育法学除了其自身发展起来的那些概念和理论之外，不可能不运用法学的各种理论、方法和范式进行研究，也不可能不以教育法律现象和教育法律问题为其特定的研究对象（秦惠民，2008）。然而，学科性质的归属问题的确不可不察。

（三）　教育法学的研究对象

按照法理知识，法是调整一定社会关系的规范，教育法也是如此。我国教育法是调整教育单位或教育行政管理机关在进行教育活动和教育管理活动过程中与社会各方面或教育系统内部所产生的各种社会关系（郏渭荣，

---

① 周光礼认为：教育法学以教育学、法学等理论为基础，被看成是教育学和法学的共同分支学科，因此应属于交叉学科。参见：周光礼. 2007. 反思与重构：教育法学的学科建构 [J]. 高等工程教育研究（6）：53. 张维平认为：教育法学主要是以教育学和法学为理论基础，以教育法、教育法律现象及其发展规律为研究对象的一门新兴交叉学科。参见：张维平，马雷军. 2006. 走入法学视野的中国教育法学 [J]. 中国法学教育研究（4）：185. 谭晓玉认为：教育法学是以法学理论为基础、以教育领域中的法律问题为研究对象的交叉学科。参见：谭晓玉. 2007. 中国教育法治的困惑与教育法学的使命 [J]. 中国法学教育研究（1）.

1993）。教育法的调整关系关联教育法学的研究对象。教育法调整的社会关系主要包括：中央与地方政府的教育管理权责关系、政府与学校的关系、学校与社会的关系、学校与教职员工的关系、学校与学生的关系（劳凯声，2007a）。这些社会关系经过教育法的调整，就成为教育法律关系。从主体间的法律地位来看，既有纵向的教育行政法律关系，又有横向的教育民事法律关系；参照学校本身来看，既有外部的教育法律关系，又有内部的教育法律关系。

就教育法学的研究对象而言，有学者认为，教育法学以教育法律现象为研究对象是学界共识。教育法律现象是教育法律、法规在发展变化中的表现形式及其与教育活动的联系。它主要包括教育法律思想、教育法律制度、教育法律形式、教育法律作用、教育法律关系、教育法律的制定与实施等（刘冬梅，2011）。也有学者认为，教育法学研究教育法律现象及其发展规律。其中，教育法律现象包含教育法律关系、教育法律规范、教育法律制度和教育法律意识四个要素（何瑞琨，1986）。不同于前述基本共识，周光礼教授用"中心论题"一词表达了教育法学的研究对象，他认为：教育法学的中心论题应该是教育法律关系。理由是：社会科学的中心论题是社会关系，教育法学作为一门社会科学，应该研究教育法律关系；只有弄清了基本的教育法律关系才能建章立制。教育法学是一门应用性学科，其合理性的依据是政治论的学科哲学，即它能否指导立法与司法；教育法学归根结底是权利义务之学，因此，必须以教育法律关系为研究起点，构建理论体系；只有法律关系才能把教育中不同的主体联结起来，才能建构教育法学的独特性和完整性（周光礼，2007）。

（四）教育法学的研究方法

对于教育法学的研究方法，学界较少提及，根据张瑞芳的梳理，劳凯声教授在 20 世纪 90 年代曾提出法哲学、法解释学的研究方法，这是关于教育法学研究方法较为明确的表述（张瑞芳，2003）。近些年来，周光礼教授研究认为，教育法学的研究方法大体可以分成三个层次：第一层次为方法论意义上的理论模式，这种模式在于为国家及其教育工作者提供一个规范性框架，用以规范各级政府及其有关人员在处理有关教育事宜中的行为；第二层次为应用理论意义上的应用模式，这种模式着重为教育工作者提供各种视角，如教育法律规范分析、角色分析、原则分析、比较分析等，坚定人们的教育法律观念，养成实施教育法制的自觉行为；第三层次为技术性方法，它着重帮助人们解决如何依法治教、依法执教、依法护教的问题，以指导人们的教育法制实践（张玉堂，1998）。

（五）教育法学的体系架构

范畴及其体系是人类在一定历史阶段理论思维发展水平的指示器，也是各门科学成熟程度的标志（张文显，2004）。根据刘冬梅教授的研究，目前教育法学的架构体系主要有三种：①解读式。对现行的教育法律、法规加以解读，这是教育法学最初采用的方式。②总论分论式。在总论中对教育法学的基本理论进行研究，在分论中对教育法律问题分专项研究。③总论分论为主，辅以解读式。在总论分论式基础上，尽可能保持分论法规的完整性。总体来讲，这种体系架构虽有一定适用性，但解读的痕迹较浓。在批判的基础上，刘冬梅教授提出教育法学框架体系的设想，即以基本权利为基础，按照五大板块组织学科内容，它们分别是：①教育法学基本原理。主要探讨教育法的概念、特征、本质、价值和功能，教育法学的研究对象、性质和研究方法，教育法律规范等基本理论。②教育法律关系。主要研究教育法律关系主体之间的法律关系，诸如教育行政机关、学校、教师、学生及学生家长之间的法律关系。③教育法律制度。主要研究我国现行的教育法律制度，如义务教育法律制度、职业教育法律制度、高等教育法律制度、教师法律制度等。④教育法治。主要探讨教育法律的制定、实施与法律监督。⑤教育法律救济。研究教育申诉、教育行政复议、教育行政诉讼、教育行政赔偿等法律救济制度。此外，教育法学还应研究教育法律责任的承担等问题（刘冬梅，2011）。

四、教育法学展望：理论研究与学科建设比翼齐飞

不可否认，教育法学理论的发展是一个循序渐进的过程，任何一个阶段的教育法学理论的研究只能是当时的教育法制建设实践状况的反映，都不是终极的，它必须随着教育法制建设实践的发展而发展（孙灿成，1996）。教

育法学理论的争鸣在不断深入的同时应扩大共识，寻找到教育法学的逻辑起点，拓展教育法学的研究领域，在教育法学的疆域内处处结出硕果。当然，学理上的自由探讨还须仰赖国家对于教育法学学科的重视和投入，特别是要明确教育法学学科的属性地位，将其列于高等教育学科门类的优先位次。做这样的呼吁，既是感慨于三十多年来教育法学发展的风风雨雨，又是寄希望于建立在经年累月研究基础之上的教育法学学科的必然成熟。当然，这种呼吁不仅仅是感性的感慨和希望，更基于一定的理性思考。

　　伊曼纽尔·沃勒斯坦在《知识的不确定性》中指出，所谓的"学科"实际上同时涵盖了三方面的内容：首先，学科当然是学术范畴，即一种类型，这种类型有明确的研究领域；其次，学科也是组织结构，如大学以学科命名的学院、研究机构等；最后，学科还是一种文化，因为属于同一个学术团体的学者往往在很大程度上读相同的"经典"著作，具有一些共同的研究方向，每个学科中通常都有著名的惯常的争论（沃勒斯坦，2006）。教育法学实际上已经具备"学科"上述三方面的内容。按照中国学者的观点，判断一门学科是否具有独立的地位，主要依据该学科是否有固定的研究对象与卓有成效的研究方法，以及该学科是否进入大学课程、是否有学位授予点、是否有全国性的研究学会、是否有研究期刊等外在的条件（周光礼，2007）。对照这些标准，教育法学的研究对象虽有争议，但共识亦很明显；教育法学的研究方法或许是个弱项，但相关研究仍在推进；教育法学早已进入大学课程；一批高校已经具有教育法学的学位授予权（如中国人民大学已开始招收教育法学硕士研究生）；全国性的研究学会 2000 年即已成立；以《中国教育法制评论》［现为《中文社会科学引文索引》（CSSCI）来源辑刊］为代表的刊物也获得了学界认可。从这些条件来看，其进一步完善，即完全契合教育法学的学科要求，需要首先宣告教育法学学科的独立性，毕竟研究对象和研究方法等依赖于这一东风。

　　基于此，今后关于教育法学的研究，一方面，要树立"体系意识"，即无论是研究课题的确定还是课题研究所要达到的目的，都主要是以学科本身的需要为出发点，都主要是为了学科自身的建设。另一方面，也要防止矫枉过正，学科意识过强，不注重学科间的学习借鉴，特别是教育法学所具有的交叉学科性质，否则会让学科发展走向衰竭。衷心希望通过学界的共同努力，让教育法学理论研究和学科构建比翼齐飞。

_____

参考文献

褚宏启.2013.教育法学的转折与重构[J].北京师范大学学报:社会科学版(5):44-53.

戴国明,等.1993.教育法本质属性之管见[J].教育研究与实验(3):10.

丁胜源,等.1987.关于建立具有中国特色的教育法学的意见[J].教育研究(12):68-70.

董保城.1997.教育法与学术自由[M].台北:月旦出版社:9.

戈丹.2010.何谓治理[M].钟震宇,译.北京:社会科学文献出版社:15.

何勤华,等.1988.法学新学科手册[M].杭州:浙江人民出版社:113.

何瑞琨.1986.教育法学研究对象初探[J].辽宁高等教育研究(3):122.

何瑞琨.1987a.教育法学的学科特点[J].教育研究(6):56-59.

何瑞琨.1987b.中外教育法知识[M].沈阳:辽宁大学出版社:8.

黑格尔.1981.逻辑学:上卷[M].杨一之,译.北京:商务印书馆:32-36.

胡文斌.1986.国外教育法学发展概况[J].教育研究(11):68-71.

黄巍.2007.教育法学[M].北京:高等教育出版社:25-26.

蒋超.2006.教育法基本问题研究[M].成都:四川出版集团巴蜀书社:73-83.

劳凯声.1993.教育法论[M].南京:江苏教育出版社.

劳凯声.2007a.教育法与教育法学(上)[J].中国法学教育研究(3).

劳凯声.2007b.教育法与教育法学(下)[J].中国法学教育研究(4).

李连宁.1992.高等学校法人地位初探[J].中国高等教育(11):20-23.

李晓燕.1994.论教育法规本质[J].教育管理研究(3):24.

郦渭荣.1993.当前开展教育法学研究的几个问题[J].法学(3):15.

刘冬梅.2004.学生法律地位论析[J].教育评论(1):45.

刘冬梅.2011.教育法学学科建构论略[J].河南师范大学学报:哲学社会科学版(3):251-252.

龙洋,等.2011.对我国教育法学理论体系逻辑起点的思考[J].教育学报(6):29-30.

秦惠民.2008.中国教育法学的产生发展背景和研究状态[M]//劳凯声.中国教育法制评论:第6辑.北京:教育科学出版社:196.

申素平.2001.中国公立高等学校法律地位研究[D].北京:北京师范大学.

申素平.2009.教育法学:原理、规范与应用[M].北京:教育科学出版社.

孙灿成.1996.正确认识和处理教育法制发展的几个关系[J].华东师范大学学报:教育科学版(2):45.

孙霄兵.2003.受教育权法理学:一种历史哲学的范式[M].北京:教育科学出版社:9.

孙霄兵.2009.教育法哲学论纲[M]//劳凯声.中国教育法制评论:第7辑.北京:教育科学出版社:2.

谭晓玉.1995.我国教育法学研究的回顾与反思[J].教育研究(8):64.

谭晓玉.1999.当代中国教育法学研究的价值取向:世纪之交的深刻反思[J].上海教育科研(1):21-22.

谭晓玉.2004.当前中国教育法学研究中的若干理论问题探讨[J].教育研究(3):57.

谭晓玉.2007.中国教育法治的困惑与教育法学的使命[J].中国法学教育研究(1):155.

沃勒斯坦.2006.知识的不确定性[M].王昺,等,译.济南:山东大学出版社:104.

吴大英,等.1987.中国社会主义法律基本理论[M].北京:法律出版社:247.

姚金菊.2007.转型期的大学法治:兼论我国大学法的制定[M].北京:中国法制出版社:252-254.

张瑞芳.2003.1980—2000:中国教育法学研究二十年[M]//劳凯声.中国教育法制评论:第 1 辑.北京:教育科学出版社:431.

张维平,等.2008.教育法学[M].北京:人民教育出版社:16.

张维迎.2004.学术自由、官本位及学术规范[J].读书(1):89-92.

张文显.2004.论法学范畴体系[J].江西社会科学(4):22.

张翔.2012.学术自由的组织保障:德国的实践与理论[J].环球法律评论(4):110.

张玉堂,等.1996.教育法规通论[M].成都:电子科技大学出版社:2.

张玉堂.1994.关于我国教育法规研究的几个问题[J].四川师范大学学报:哲学社会科学版(2):57-63.

张玉堂.1998.试论教育法学的独立性[J].四川师范大学学报:社会科学版(1):91.

周光礼.2003.教育行政与教育法:法学视野中的学术自由与政府干预[J].江汉论坛(6):122-124.

周光礼.2007.反思与重构:教育法学的学科建构[J].高等工程教育研究(6):50-55.

Retrospection and Prospection of the Researches on Theoretical System and Discipline Construction of Educational Law in China

Zhan Zhongle

Abstract: Since 1980, with the implementation of Regulations of the People's Republic of China on Academic Degrees, Chinese educational law has improved gradually, and the researches about educational law science are valued and deepen. Over the past thirty years, researches on theoretical system and discipline construction of educational law have made a series of achievements. However, most of the findings have gone no further in reaching a consensus which need result from a better communication and coordination among various views. With the basic formation of the socialist legal system with Chinese characteristics, the legal system of education has also improved a lot. Meanwhile, responses of the educational law science in the theoretical view are needed. Review on the history of the researches on theoretical system and discipline construction of educational law, we can have a more complete understanding of the education law, expand consensus, seek common ground while reserving differences, and the educational law as an independent discipline will become the only choice. As the opportunity of discipline construction, we should further investigate educational law in the future, enrich and perfect its theoretical system, and open a new chapter in education law.

Key words: educational law   education   theoretical system   discipline construction

作者简介

湛中乐，法学博士，北京大学法学院教授，博士生导师，教育部百所人文社会科学重点研究基地北京大学宪法与行政法研究中心副主任，北京大学教育法研究中心主任。中国行政法学研究会副会长，中国教育学会全国教育政策与法律研究会副理事长，北京市教育法研究会顾问。研究方向为行政法学、行政诉讼法学、教育法学等。

□石正义

"三大标准"与教育政策法规课程改革

【摘　要】教育部颁布的中小学和幼儿园教师专业标准、教师教育课程标准、教师资格考试标准等"三大标准",首次将教育政策法规列入中小学和幼儿园教师职前教育的课程,并提出了课程目标和学习的具体内容,给教育政策与法规课程改革提出了新的要求。"三大标准"背景下,教师教育机构必须按照"三大标准"的要求深化教育政策与法规课程改革,改革措施包括:面向所有师范生开设教育政策与法规课程;根据培养目标统一课程名称;进一步细化教育政策与法规的课程目标;合理安排学时和学分;加强教育政策与法规教材建设;加强师资队伍建设。

【关键词】三大标准　教育政策　教育法规　课程改革

2011—2012 年,教育部先后颁布了中小学和幼儿园教师专业标准、《教师教育课程标准(试行)》、《中小学和幼儿园教师资格考试标准》,统称"三大标准"。"三大标准"是指导中小学和幼儿园教师专业发展、教师教育课程改革和教师资格考试的规范性文件。"三大标准"首次将教育政策法规作为教师教育的一门课程,明确规定了该课程的名称、课程目标和需要学习的具体内容,体现了国家对普及教育政策法规知识的重视，也体现了教育政策法规课程在整个教师教育课程体系中的地位。在这一背景下，领会"三大标准"的内涵，并按"三大标准"的要求重新审视教师教育人才培养方案、深化教师教育课程改革，是当前教师教育机构的紧要任务。

一、"三大标准"有关教育政策法规课程的要求

(一)《专业标准》的要求

2012 年 2 月 10 日，教育部印发了《幼儿园教师专业标准（试行）》、《小学教师专业标准（试行）》和《中学教师专业标准（试行）》(此三个标准以下简称《专业标准》)。《专业标准》是国家对幼儿园、小学和中学合格教师专业素质的基本要求，是教师实施教育教学行为的基本规范，是引领教师专业发展的基本准则，是教师培养、准入、培训、考核等工作的重要依据。《专业标准》的颁布标志着我国基础教育教师队伍建设取得突破性进展，同时也表明我国基础教育进入质量保障时代。幼儿园、小学、中学教师的《专业标准》包括基本理念、基本内容和实施建议三个部分，其中基本内容部分对中小学教师和幼儿园教师应当具备的法治观念和法律知识提出了具体要求。（表 1）

表 1　《专业标准》对幼儿园和中小学教师教育政策法规方面的基本要求

领　域	基本要求		
	幼儿园教师	小学教师	中学教师
职业理解与认识	●贯彻党和国家教育方针政策，遵守教育政策法规。	●贯彻党和国家教育方针政策，遵守教育政策法规。	●贯彻党和国家教育方针政策，遵守教育政策法规。

领　域	基本要求		
	幼儿园教师	小学教师	中学教师
对学生（儿童）的态度与行为	●将保护幼儿生命安全放在首位。 ●尊重幼儿人格，维护幼儿合法权益，平等对待每一位幼儿。不讽刺、挖苦、歧视幼儿，不体罚或变相体罚幼儿。	●将保护小学生生命安全放在首位。 ●尊重小学生独立人格，维护小学生合法权益，平等对待每一位小学生。不讽刺、挖苦、歧视小学生，不体罚或变相体罚小学生。	●保护中学生生命安全。 ●尊重中学生独立人格，维护中学生合法权益，平等对待每一位中学生。不讽刺、挖苦、歧视中学生，不体罚或变相体罚中学生。
学生（儿童）发展知识	●了解关于幼儿生存、发展和保护的有关法律法规及政策规定。	●了解关于小学生生存、发展和保护的有关法律法规及政策规定。 ●了解小学生安全防护的知识，掌握针对小学生可能出现的各种侵犯与伤害行为的预防与应对方法。	

（二）《课程标准》的要求

2011 年 10 月 8 日，教育部颁布了《教师教育课程标准（试行）》（以下简称《课程标准》）。《课程标准》是我国教育史上第一部关于教师教育课程的国家标准，体现了国家对教师教育课程的基本要求，是制订教师教育课程方案、教材编写、课程资源建设以及开展教学和评估活动的依据。《课程标准》分别规定了教师教育机构培养幼儿园教师、小学教师和中学教师的课程目标和课程设置，其中有关教育政策法规课程的目标和设置要求如表2所示。

表 2　《课程标准》中有关教育政策法规课程的目标和设置要求

	幼儿园教师	小学教师	中学教师
课程目标	●了解教师的权利和责任，遵守教师职业道德。 ●了解我国教育的政策法规，熟悉关于儿童权利的内容以及维护儿童合法权益的途径。	●了解教师的权利和责任，遵守教师职业道德。 ●了解我国教育的政策法规，熟悉关于儿童权利的内容以及维护儿童合法权益的途径。	●了解教师的权利与责任，遵守教师职业道德。 ●了解我国教育的政策法规，熟悉关于儿童权利的内容以及维护儿童合法权益的途径。
课程设置	幼儿教育政策法规	教育政策法规	——

《课程标准》提出了各学段教师教育的课程目标和课程设置的名称，其中明确提出幼儿园教师、小学教师职前教育应当设置教育政策法规课程，这是我国首次以国家标准的形式将教育政策法规课程纳入教师教育课程体系，体现了国家对教育政策法规的重视和教育政策法规在教师教育课程体系中的地位。就教育政策法规课程而言，《课程标准》对幼儿园、小学、中学三个学段教师提出的课程目标是一致的，即要求在教师教育中，都必须让师范专业大学生了解教师的权利和责任，遵守教师职业道德，了解我国的教育政策法规，了解儿童的权利及其权益保护的有关内容。需要说明的是，《课程标准》虽然没有硬性规定中学教师职前教育必须设置教育政策法规课程，但从各学段课程目标的一致性看，教育政策法规课程在中学教师培养中也是可以选择的，至于课程设置的形式可根据不同学校灵活设置，或选修，或限定选修，或作为课程模块与其他课程合并。

（三）《考试标准》的要求

2011 年 10 月，教育部师范司和教育考试中心联合印发了《中小学和幼儿园教师资格考试标准》（以下简称《考试标准》），《考试标准》是教师职业准入的国家标准，是从事中小学和幼儿园教师职业的最基本要求，是进行中小学和幼儿园教师资格考试的基本依据。《考试标准》中，不管是幼儿园教师还是中小学教师，都有一个共同的考试科目——综合素质，综合素质部分对幼儿园教师和中小学教师要求掌握的教育政策法规知识提出了具体要求，见表 3。

表3　《考试标准》"综合素质"科目中有关教育政策法规的考试内容

	幼儿园教师	小学教师	中学教师
考试内容	**1. 有关教育的法律法规** ●了解国家主要的教育政策法规，如《中华人民共和国教育法》《中华人民共和国义务教育法》《中华人民共和国教师法》《中华人民共和国未成年人保护法》《幼儿园工作规程》等。 ●了解《国家中长期教育改革和发展规划纲要（2010—2020年）》的相关内容。了解联合国《儿童权利公约》的相关内容。 **2. 教师权利和义务** ●熟悉教师的权利和义务，熟悉国家有关教育政策法规所规范的教师教育行为，依法从教。 ●依据国家教育政策法规，分析评价幼儿教学实践中的实际问题。 **3. 幼儿保护** ●熟悉幼儿权利保护的相关教育法规，保护幼儿的合法权利。 ●依据国家教育政策法规，分析评价幼儿教育工作中幼儿权利保护等实际问题。	**1. 有关教育的法律法规** ●了解国家主要的教育政策法规，如《中华人民共和国教育法》《中华人民共和国义务教育法》《中华人民共和国教师法》《中华人民共和国未成年人保护法》《中华人民共和国预防未成年人犯罪法》《学生伤害事故处理办法》等。 ●了解《国家中长期教育改革和发展规划纲要（2010—2020年）》的相关内容。 **2. 教师权利和义务** ●理解教师的权利和义务，熟悉国家有关教育政策法规所规范的教师教育行为，依法从教。 ●依据国家教育政策法规，分析评价教师在教育教学实践中的实际问题。 **3. 学生权利保护** ●了解有关学生权利保护的教育法规，保护学生的合法权利。依据国家教育政策法规，分析评价教育教学活动中的学生权利保护等实际问题。	**1. 有关教育的法律法规** ●了解国家主要的教育政策法规，如《中华人民共和国教育法》《中华人民共和国义务教育法》《中华人民共和国教师法》《中华人民共和国未成年人保护法》《中华人民共和国预防未成年人犯罪法》《学生伤害事故处理办法》等。 ●了解《国家中长期教育改革和发展规划纲要（2010—2020年）》的相关内容。 **2. 教师权利和义务** ●理解教师的权利和义务，熟悉国家有关教育政策法规所规范的教师教育行为，依法从教。依据国家教育政策法规，分析评价教师在教育教学实践中的实际问题。 **3. 学生权利保护** ●了解有关学生权利保护的教育法规，保护学生的合法权利。 ●依据国家教育政策法规，分析评价教育教学活动中的学生权利保护等实际问题。
所占分值（%）	13	13	13

《考试标准》对幼儿园和中小学教师资格考试的要求基本上是一样的，都要求了解教师的权利和义务、学生（儿童）的权利和义务以及学生（儿童）权利保护的有关法规，并能根据教育法原理和具体的教育政策法规分析评价教育活动中出现的实际问题。唯一的区别是要求掌握的具体的法律法规不同，除了解四部基本的教育法律外，幼儿园教师还要了解《幼儿园工作规程》和《儿童权利公约》，中小学教师则要了解《预防未成年人犯罪法》和《学生伤害事故处理办法》。《考试标准》对各方面内容在"综合素质"科目中所占的分值比例也做了规定，其中教育政策法规所占分值为 13%。

综合以上"三大标准"，就教育政策法规课程而言，国家要求中小学和幼儿园教师职前教育，应当符合以下要求：

第一，在中小学和幼儿园教师职前教育中设置教育政策法规课程。

第二，强化法治观念，尊重和保护学生（儿童）的合法权益，将保护学生（儿童）的生命安全放在首位。

第三，了解和掌握教育政策法规的基本知识，如教师的权利和义务，学生（儿童）的权利和义务，教师和学生权益救济的途径。

第四，了解我国主要的政策和法规，主要包括《教育法》《义务教育法》《教师法》《未成年人保护法》《预防未成年人犯罪法》《学生伤害事故处理办法》《幼儿园工作规程》《儿童权利公约》《国家中长期教育改革和发展规划纲要（2010—2020 年）》等。

第五，具备运用教育政策法规基本原理分析评价教育实际问题的能力。

二、高校教育政策法规课程设置与教学情况

湖北省是我国中部地区的教育大省，也是在全国开设教育法学课程较早的省份之一，尤其是华中师范大学，很早就在教育管理专业本科和硕士研究生教学中开设了教育法学课程，并形成了自己独特的课程体系和教材体系，继而逐步带领其他高校开设教育法学课程。因此，为了调查的方便，我们选择了湖北省 12 所从事教师教育的高校进行问卷调查，其中有 7 所反馈了有关信息，这 7 所高校教育政策法规课程设置与教学情况如表 4 所示。

表4　湖北省7所高校教育政策法规课程设置与教学情况

高　校	课程名称	教学对象	课程类型	学　时	学　分	选用教材
华中师范大学	教育法学	教育专业	专业基础课	48	3	《教育法学》（李晓燕主编）
武汉大学	教育政策与法律	教育管理	研究生课程	—	—	—
江汉大学	教育法学	教育专业	专业必修课	48	3	《教育法学》（李晓燕主编）
湖北科技学院	教育政策与法规	小学教育、学前教育专业	专业限选课	32	2	自编教材
湖北第二师范学院	教育法学	教育学专业	专业必修课	51	3	—
		小学教育专业	专业必修课	34	2	
湖北理工学院	教育政策与法规	所有师范类	专业限选课	32	2	—
荆楚理工学院	教育政策与法规	小学教育、学前教育专业	专业必修课	34	2	《教育政策法规的理论与实践》（张乐天主编）

综合湖北省高校教育政策法规课程设置和教学情况，得出以下结论：①多数高校都设置了教育政策法规课程，12所高校中至少有7所设置了该课程；②从课程名称和选用的教材看，多数高校以教育政策与法规为主，少数高校选择教育法学；③从教学对象看，多数高校目前主要是在教育学科专业的学生中开设，但也有少数高校在所有师范类学生中开设；④从课程类型看，绝大多数高校将教育法律法规作为专业必修课或限定选修课，只有个别高校作为公共选修课；⑤从学时、学分看，多数高校为32—34学时，2个学分，每周2节课，少数高校为48—51学时，3个学分，每周3节课。

湖北省高校教育法律法规课程的设置和教学也存在以下问题：①少数高校还没有开设此类课程，这与"三大标准"的要求不相一致；②课程名称不统一，有的是教育法学，有的是教育法律法规，有的是教育政策与法规。课程名称直接反映教学内容，从湖北省高校课程名称所反映的教学内容来看，在教育法规和政策两者中，侧重教育法规是正常的，但只注重教育法规，忽视教育政策或完全不涉及教育政策并不可取；③教育政策法规课程开设面小，多数高校只对教育学科专业的学生开设，没有面向所有师范专业学生开设，这与"三大标准"要求未来中小学和幼儿园教师应当了解和掌握教育政策法规的规定不相一致；④缺乏与"三大标准"要求相适应的、符合中小学和幼儿教师培养目标的教育政策法规教材。

三、教育政策法规课程改革的建议

根据"三大标准"的要求，结合当前教育政策法规课程设置和教学的实际，教育政策法规课程应当适应新的形势，进行适当改革。

（一）教师教育机构都应面向所有师范生开设教育政策与法规课程

现代社会已全面进入法治社会，法治社会表现在教育领域，其基本策略是依法治教和依法治校，《国家中长期教育改革和发展规划纲要（2010—2020 年）》（以下简称《教育规划纲要》）单列专章（第 20 章）专门论述依法治教，提出了"完善教育政策法规"、"全面推进依法行政"、"大力推进依法治校"、"完善督导制度和监督问责机制"等一系列基本政策，并要求"促进师生员工提高法律素质和公民意识，自觉知法守法，遵守公共生活秩序，做遵纪守法的楷模"。《教育规划纲要》颁布后，教育部就如何落实依法治教，以"三大标准"的形式提出了具体的实施方案，明确将"教育政策法规"列为教师教育的课程，并提出了相应的课程目标和具体的教学内容。党的十八届四中全会通过了《中共中央关于全面推进依法治国若干重大问题的决定》，将"依法治国"作为党的全会的主要议题，这在我党历史上尚属首次，体现了我党建立法治国家的坚定信念。完善社会主义法治需要培养一大批专业的法治人才，为此《中国共产党第十八届中央委员会第四次全体会议公报》指出："创新法治人才培养机制，形成完善的中国特色社会主义法学理论体系、学科体系、课程体系，推动中国特色社会主义法治理论进教材进课堂进头脑，培养造就熟悉和坚持中国特色社会主义法治体系的法治人才及后备力量。"根据党的十八届四中全会精神，专家们预测，今后高等学校法学课程只在法学专业开设，非法学专业不开设的现象将会得到改变，高校所有专业开设法学课程将成为一种趋势。因此，对于未来中小学和幼儿园老师来说，学习和掌握必备的教育政策法规知识，增强法治观念，是依法治教的基本要求。所有从事教师教育的高校，在开设教育政策法规课程时，不应当只面向教育学科专业学生，而应当面向所有师范专业学生，并规定该课程为专业限定选修课，或专业必修课。

（二）根据培养目标统一课程名称

对于大学来讲，课程名称不一致是正常的，但是由于课程名称直接反映教学内容，在国家颁布统一课程目标和学习内容的前提下，课程名称应当尽量与标准相一致。当前我国教育政策法规课程的名称主要有三种：教育法学、教育法律法规、教育政策法规。选择教育法学的，注重学科的完整性，既重原理，也重具体的法规；选择教育法律法规的，不求学科完整性，以具体法规为主，原理为辅；选择教育政策法规的，教育政策与法规并重。"三大标准"要求，学生不仅要了解教育法规，同时还要了解教育政策。未来教师只懂教育法规，不懂教育政策是不合格的。因此建议，课程名称可根据专业方向和人才培养目标的不同做相应的选择，教育学科专业（如教育管理、教育学）主要培养高校教师、教育研究人员和管理人员，课程名称可定为"教育法学"，但必须同时开设教育政策课程；其他师范专业主要培养中小学和幼儿园教师，课程名称可定为"教育政策与法规"。考虑到中小学教师培养与幼儿园教师培养在课程目标、学习内容上的细微差别，培养幼儿园教师的课程可称为"幼儿教育政策与法规"，培养中小学教师的课程可称为"中小学教育政策与法规"，其中教育政策与教育法规在教学内容上的比重以3∶7为宜。

（三）进一步细化教育政策与法规课程的目标

这里的课程目标是狭义的课程目标，主要指教育目的、培养目标、课程教育目的和教学目标。《课程标准》分别提出了幼儿园教师、小学教师和中学教师职前教育的教育政策与法规课程目标，应该说这是一个概括性的、最基本的目标。鉴于教育政策与法规课程教学的具体实际，结合"三大标准"对教育政策与法规的要求，幼儿园和中小学教师职前教育中教育政策与法规课程应当达到以下具体目标（表5）。

表 5　教师职前教育中教育政策与法规课程的目标

幼儿园教师	小学教师	中学教师
1. 了解教育政策、教育法规的基本原理；	1. 了解教育政策、教育法规的基本原理；	1. 了解教育政策、教育法规的基本原理；
2. 熟悉教师的权利义务和责任，遵守教师职业道德；	2. 熟悉教师的权利义务和责任，遵守教师职业道德；	2. 熟悉教师的权利义务和责任，遵守教师职业道德；
3. 熟悉儿童的基本权利，熟悉儿童保护的法律法规，保护儿童的合法权益；	3. 熟悉儿童的基本权利，熟悉儿童保护的法律法规，保护儿童的合法权益；	3. 熟悉儿童的基本权利，熟悉儿童保护的法律法规，保护儿童的合法权益；
4. 了解教师、儿童权利救济的途径；	4. 了解教师、儿童权利救济的途径；	4. 了解教师、儿童权利救济的途径；
5. 运用教育政策和法规的基本原理及相关政策、法律规定，分析评价教育实践中的实际问题；	5. 运用教育政策和法规的基本原理及相关政策、法律规定，分析评价教育实践中的实际问题；	5. 运用教育政策和法规的基本原理及相关政策、法律规定，分析评价教育实践中的实际问题；
6. 了解我国主要的教育政策和法规。如《教育法》《义务教育法》《教师法》《未成年人保护法》《幼儿园工作规程》《国家中长期教育改革和发展规划纲要（2010—2020 年）》联合国《儿童权利公约》等相关内容。	6. 了解我国主要的教育政策和法规。如《教育法》《义务教育法》《教师法》《未成年人保护法》《预防未成年人犯罪法》《学生伤害事故处理办法》《国家中长期教育改革和发展规划纲要（2010—2020 年）》等相关内容。	6. 了解我国主要的教育政策和法规。如《教育法》《义务教育法》《教师法》《未成年人保护法》《预防未成年人犯罪法》《学生伤害事故处理办法》《国家中长期教育改革和发展规划纲要（2010—2020 年）》等相关内容。

（四）合理安排教育政策与法规课程的学时和学分

目前，教育政策与法规课程在大多数高校开设的时间不长，课程的重要性还没有被广泛认可，该课程的课时和学分在整个教师教育课程中所占比重

还很小，除华中师范大学、江汉大学、湖北第二师范学院三所高校将该课程
的学分定为 3 学分外，其他高校都是 2 学分，但所有高校课时都不够饱满，
按 1 个学分 18 学时计算，定为 3 学分的高校都未达到 54 学时，定为 2 学分
的高校都未达到 36 学时。从《考试标准》看，幼儿园和小学教师资格考试
的"综合素质"科目中教育法律法规所占比重是 13%，在全部两个考试科目
中教育法律法规所占的比重是 6.5%。而调查的湖北省多数高校教育政策与
法规课程的学时和学分在整个课程中所占的比重大约为 5.1%。李晓燕教授
在其主编的《教育法学》教材中，总结多年教育法学教学的经验，提出教育
学科专业教育法学课时一般应达到 54 学时（李晓燕，2006）。因此建议开展
教师教育的高校对教育政策与法规课程的学时与学分给予保证，教育学、教
育管理等专业宜定为 54 学时，3 学分，其他师范专业定为 36 学时，2 学分。

（五）加强教育政策与法规教材建设

目前教育政策与法规教材主要有两类：一类是教育法学教材，如李晓燕
主编的《教育法学》（高等教育出版社，2006 年），张维平、石连海主编的
《教育法学》（人民教育出版社，2008），黄崴主编的《教育法学》（高等教
育出版社，2007）；另一类是教育政策与法规教材，如张乐天主编的《教育
政策法规的理论与实践》（华东师范大学出版社，2009），阮成武主编的
《小学教育政策与法规》（高等教育出版社，2006），孙葆森等著的《幼儿教
育法规与政策概论》（北京师范大学出版社，1998）。以上教材有以下特点：
第一，教材具有一定的针对性，既有所有教育学科专业通用的教材，也有主
要针对小学教育专业或幼儿教育专业的教材。第二，只有专业课教材，没有
公共课教材。以上教材主要适用于教育学科专业，如教育学专业、教育管理
专业、小学教育专业、学前教育专业等，没有其他师范专业通用的公共课教
材。第三，教育法学教材章节内容较多，且有一定的深度，只适用于专业
课，不适合公共课。

不同的专业，对教育政策与法规知识的掌握、学时和学分都有不同的要
求，同一类型的教材很难满足不同专业的需要。因而应当根据不同专业的培
养目标，结合"三大标准"的具体要求，开发适用范围不同、针对性强的系
列教材。可分为三类：第一类是适用于教育法学、教育学、教育管理学等教
育学科专业的专业课教材，可称之为"教育法学"，这类教材强调教育法学

学科的完整性，要求学生全面掌握教育法学的基本原理和现有的法律法规，内容较全面，可以有一定深度。第二类是适用于培养中学教师的师范专业的公共课教材和适用于小学教育专业的专业课教材，可称之为"中小学教育政策与法规"。这类教材以上述细化的课程目标为基础，让学生了解教育政策、法规的基本原理，重点要求学生掌握教师的权利和义务、学生（儿童）的权利和义务及其权益保护，熟悉现有的主要教育政策和法规。第三类是适用于学前教育专业的专业课教材，可称之为"幼儿教育政策与法规"。这类教材以课程目标为基础，要求体现幼儿教育和幼儿保护的特殊性，其中幼儿权益保护、教师的权利和义务以及幼儿园工作规程是最重要的内容。

在教材内容的选择上要按照《课程标准》设计理念的要求，体现育人为本、实践取向。有学者提出，新课程标准视角下的教材建设应把"教材"转变为"学材"，把"学科化"转变为"模块化"（陈红艳，2013），这一建议值得提倡。教材的编写要坚持以学生的学习为中心，对于师范专业公共课、小学教育和学前教育的专业课教材，不必过于强调学科的完整性，而应特别强调针对中小学和幼儿园教育的实际问题进行分析。鉴于教育政策与法规课程的特点，教育政策与法规教材要大量引进实际案例，引导学生对教育实践中的案例进行分析评价。

（六）加强教育政策与法规课程的师资队伍建设

教育法学是涉及教育学和法学两个领域的交叉学科，教育政策与法规也是涉及教育政策学和教育法学两个领域的交叉学科，其教学者、研究者主要来源于教育学专业、法学专业和教育政策学专业，要求教师具备多学科基础，特别是要具备法学的基础，可以说没有法学背景和教育学科背景的教师难以胜任教育政策与法规课程的教学。当前部分高校之所以还未开设教育法学、教育政策与法规课程，主要原因之一是缺乏该课程的专业教师。根据"三大标准"的要求，开展教师教育的高校设置教育法学、教育政策与法规课程已是必然选择，必须重视该课程的师资队伍建设。法学人才培养模式存在"法本+法硕"与"非法本+法硕"的区分，其中"非法本+法硕"的模式值得借鉴。对于教育政策与法规课程的教师，可以采取"法本+教育硕"或"教育本+法硕"的模式进行培养，即本科学习法学专业，硕士学习教育学科专业，或者本科学习教育学科专业，硕士学习法学专业。只有具备教育学科和法学专业背景的教师才能胜任教育政策与法规课程的教学。

参考文献

陈红艳.2013.《教师教育课程标准(试行)》视角下的教师教育课程设置与教材建设的思考[J].中国教
　师(15):60-61.
季卫东.2013.我国法学教育改革的理念和路径[J].中国高等教育(12):31-34.
李晓燕.2006.教育法学[M].2 版.北京:高等教育出版社:2.

Three Standards and Curriculum Reform of Education Policies and Regulations

Shi Zhengyi

Abstract:The *Three Standards* promulgated by the Ministry of Education, covering primary-middle school and kindergarten teachers' professional standards, teacher education curriculum standard, the standard of teachers' qualification examinations, etc, includes education policies and regulations to the pre-service education of primary-middle school and kindergarten teachers for the first time, and puts forward the course aims and the specific content of learning, which makes new demands to curriculum reform of education policies and regulations. Under the background of *Three Standards*, teacher education institutions must deepen the curriculum reform of education policies and regulations depending on the *Three Standards*, which includes providing education policies and regulations courses to all normal students, unifying course names according to training targets, arranging class hours and credits reasonably, strengthening the construction of teaching materials, strengthening the construction of teaching staff.

Key words：*Three Standards*　education policy　education regulations course reform

作者简介

　　石正义，湖北科技学院教育学院副教授，主要研究方向为教育法学，教育学。

□李晓燕、黄道主

中国教育学会教育政策与法律研究分会第八届年会综述

2013 年 11 月 2 日至 3 日，中国教育学会教育政策与法律研究分会第八届年会在华中师范大学召开。本次年会以"建设现代学校制度的教育政策与法律保障研究"为主题，与会者分别从以下几方面展开了热烈研讨。

一、现代学校制度与法制建设

教育国家化是公共教育发展的大趋势，构建与现代社会相适应的学校制度及其法律保障体系是建设现代学校制度的必然要求。与会者认为，现代学校制度的现代性主要体现为学校有独立的办学自主权，有履行义务的能力和有特色的办学模式。通过法律来规范办学行为有助于明晰政府、个人和社会的权责，推动各方权责的顺利实现。

与会者认为应从理念和方法上改善教育制度的框架，并从微观角度关注具体主体权利的实现与保护。在立法方面，要循着政策性立法、主题立法和行为立法进一步完善立法工作。目前，职业教育、学前教育、残疾人教育、教育考试、学校安全、教育经费等领域还缺乏相应的专门的法律规范。同时，已经颁布的教育法律法规，如《教育法》《教师法》《高等教育法》等也有不适应当前教育发展形势的地方。在司法和执法的实践活动中也存在许多教育权利得不到保障而采取私力救济，具体做法与法律法规相冲突而导致违法乱纪等现实问题。在更深层次上，教育问题是相关利益者围绕教育成本分担的责任展开的博弈。在方法上，要注意利用法律解释的方法，注重低位阶法规的完善，拓宽法律研究领域，将具有实际管理效能的具体规则纳入教育法制建设范畴，使研究与实践更加适应。与会者强调，教育法制要从边缘转向中心并成为政策变革的依据。教育法制应以中国社会发展的实际需要为支点来回应不同群体各自的利益诉求，重新界定教育法律与行政管理的边界，直面政府改革和职能转变对教育管理方式提出的挑战。

二、大学章程制定与高校治理

大学章程是大学自治的依据，是保障现代大学制度建立的重要措施之一。多数与会者认为，作为"一校之根本大法"的高校章程的文本性质尚不明确，也不能承担厘清高校与政府、社会之间权责关系的任务，只能对高校内部管理的秩序问题予以安排，捍卫学术自由。

在学理上，高校章程应对学校的发展方向、办学方针、管理体制、基本制度等有关学校机构、人员和工作方面做出基本规定，特别是明确政府与学校之间的关系性质、管理方式；而且不同高校的章程应具有各自的特色。但在实践中，试点学校的章程共性太多，其如何规范学校和政府之间的关系是个难点问题，党委管理学校的权力是否应呈现在章程中也值得商榷。有学者认为章程的建立基础是权利共享，必须正视行政权力、学术权力和资本在不同类型高校中的协调与平衡；需将章程制定视为一个民主生活过程，明确章程制定的程序，使之具体化操作化。为保障学术权力的独立，与会者围绕制度构建进行了讨论，以期完善章程建设。有学者指出教授会制度是保障高校学术自由与学术民主的重要制度。其主要职责是实现"教授治学"，采用集体决策的方式，决定学术领域内的重要事项。有学者从高等学校学术委员会的法源、性质、职责、组织机构建设、人员组成、工作原则等七个方面讨论了《高等学校学术委员会规则》。与会者还对我国已有的大学章程进行了实证分析，对英国、加拿大、美国等国家的大学章程建设情况进行了介绍，并指出了有待完善或可资借鉴之处。

三、师生权利义务与法律保障

　　教育权与受教育权是教育法律与政策研究的核心主题之一，是现代学校制度建设无法绕过的内容。与会者认为，教育权如何在政府与民间，学校、教师、家长三者之间进行协调是对传统教育的极大考验；从受教育权的角度来看，公立教育、私立教育、家庭教育具有不同性质，对于个人发展影响深远。

　　与会者就教师所应享有的教育权和学生所享有的基本权利之种类、样态及发展路径进行了讨论。就教师而言，与会者针对教学、言论表达、参与校内事务的决策、岗位评聘与流动等方面涉及教师切身利益的权责进行了分析。针对当前暴露出的师德问题，有学者建议修订《教师法》，最大限度地实现对教师合法权益的保护，促进其积极履行义务；以《教师法》确立的教师义务为基础，对教师失德行为及处分做出具体化规定，在保证相关处理手段的合法性基础上，提高可操作性，对教师行为真正起到约束作用。在学生方面，与会者对大学生宪法权利的实现路径、"在家上学"的权利属性、研究生权利的要素及其确认、残疾学生的权利保障体系、学生纪律惩戒的程序权利等方面进行了讨论，并分析了顶替上学类教育纠纷、考生权利救济、异地高考、隐性伤害、校园安全、纪律惩戒等现实问题。有学者指出当前的教育热点问题，如择校、在家上学、中小学生减负、异地高考等问题表明公民的受教育权与国家教育权之间存在博弈，建议尊重个体的需要和家长的教育权，宽容、审慎地对待受教育权利与义务的关系转变。既要从实体性和程序性两个方面完善教育法制的建设，以凸显现代学校教育的合法性、公正性，又要加强政府与民众之间的沟通与理解，强化教育的法治秩序，提高法治意识，为平衡教育权益冲突寻找解决问题的良策。

　　此外，有学者认为必须强化政府责任，解决农村地区教育财政困境，以保障农村地区师资建设和学生义务教育质量，使农村人力资源获得开发。

四、教育政策的理论与方法

教育政策在调整相关利益主体的利益关系方面具有灵活便捷的特点。与会者认为当前我国的教育政策在制定和实施上基本达到了合法性的要求，但在合理性方面还有待提升。

有学者指出中国教育政策的研究范式主要有三种：借鉴—移植范式、理论建构范式、问题解决范式。改革开放三十余年来，我国的教育政策研究缺乏理论自觉与能动性，教育政策研究的话语模式具有浓厚的舶来色彩，过于注重政策解释，对政策伦理中所涉及的自由选择采取选择性遗忘甚至排斥的态度。

因此，有学者提出，中国教育政策研究与决策还需加强理论自觉。与会者在"中国教育问题需要中国的理论来解释与解决"上达成共识。一方面，要以马克思列宁主义、毛泽东思想、邓小平理论、三个代表、科学发展观等政治理论为理论基础；另一方面，要深化对教育优先发展、科教兴国、人才强国和建设创新型国家等教育发展战略的认识；还要借鉴西方已有的理论成果如新自由主义、公平正义论等理论。通过促进研究文化与决策文化的融合，加强对教育改革的宏观理论、政策与立法的研究，用政策伦理引领教育改革达到政府责任与市场限度的平衡、公平与自由的平衡，建设具有中国特色的教育政策理论体系。

后　记

　　自 2002 年首发以来，《中国教育法制评论》迎来了第 12 辑的问世。热切关注并投身教育法学研究的众多同仁开辟荆榛，将本评论建成研究人员交流探讨的专业平台，殊为不易。作为第一份中国教育法制专门集刊，本评论在十多年的发展中，始终保持了其在教育法学理论界及教育法制建设中的重要影响，自 2008 年以来连续七年入选 CSSCI 集刊，充分体现了本评论长久的学术积淀和优良的科研业绩。

　　在依法治国、依法治教的新形势下，教育政策与教育法学研究的前沿成果日益丰富，随着时代的发展，有更多的学术课题需要从多维度、多层面进行集中探讨和深入开掘。本辑不仅从学校法治、大学章程、教育立法、政策与制度分析四个方面，探讨了当前新一轮教育改革中教育法学研究的前沿问题，还集中介绍了国外教育法制，如美国学校体罚问题、从罗斯诉更好教育委员会一案总结美国教育公平司法化的启示等。本辑的最后部分回顾和反思了中国教育法学的学科建设情况，汇总了教育政策与法律研究的最新学术动态。

　　自本辑始，将由我和北京师范大学教育法研究中心余雅风教授共同担任主编。教育政策与法律研究需要借助一个能充分交流的学术平台才能审视端倪、通达整体，才能有利于其拓展、深入和整合。本评论将加强选题的规划、板块的整合，力求成为反映国内教育法学研究进展的稳定载体，为读者呈现角度多样、层次丰富的学术成果，及时总结经验，开拓新思路，探讨新问题，积极回应时代的挑战。

　　首都师范大学教育科学研究院蔡海龙博士、北京师范大学硕士研究生邹维娜和博士研究生徐冬鸣对本辑的顺利出版多有助力，教育科学出版社对本辑的出版给予了大力支持，在此一并致谢！囿于篇幅，来稿未能全数刊用，特致歉意！期待各位同仁一如既往地支持本评论的发展。

劳凯声

2014 年 12 月

《中国教育法制评论》

中国教育法制研究系列
教育科学出版社，北京

编辑宗旨

　　《中国教育法制评论》以当代中国教育法制建设的理论与实践为主要研究内容。本书将始终致力于关注中国教育法制建设的理论与实践问题，汇聚中国教育法学研究领域的共同智慧和最新成果，展示教育法学领域研究者对我国教育法制建设的思考和探索。本书也致力于为中国教育法学研究领域提供一个开放性的学术研究和学术推广平台，通过学术交流和学术争鸣，推进中国教育法学研究事业健康发展。本书将积极为中国教育法制建设的实践服务，努力促进教育决策文化与学术文化的交流，致力于通过教育法学理论研究为中国教育立法和教育政策制定的实践活动提供建设性的学术支持。

　　本书的读者对象主要包括：（1）中国教育研究特别是教育法学与教育政策研究领域的专家学者、研究人员和教学人员；（2）各级各类教育行政部门的教育决策人员、政策研究人员、行政管理人员和中小学校及其他教育机构的管理人员；（3）各级各类学校及其他教育机构的教师；（4）国家机关和社会各界关注与从事教育领域法律问题和政策问题研究的专业人员；（5）从事教育法学学习和研究的各级各类学校及其他教育机构的学习者，等等。

投稿须知

《中国教育法制评论》由北京师范大学劳凯声教授主编，计划每年出版一辑，每辑将围绕一两个主要的议题开展学术研究和交流，面向全国征集稿件，欢迎全国同人踊跃投稿。

来稿请提供英文标题、中文摘要（150字以内），参考文献格式请按《文后参考文献著录规则》（GB 7714—2005）著者—出版年制著录。著录项目应齐全，各项应核实无误。参考文献统一放在文章的最后面，说明性的注释以脚注的形式出现。

外国人名、地名、书刊名、文章名、机构名等在第一次出现时，用括号加注原文，并请核准无误。书名、期刊名用斜体。地名、人名的翻译，须参照相关辞典和译名手册（如《外国地名译名手册》和《世界人名翻译大辞典》），按规范或惯例译出。

法律法规的名称、文件政策名、机构名称等规范性名称，须用全称，或者在第一次出现时用全称并加注简称，后文则可用简称。

文末作者简介的基本格式为：姓名，职务，职称/学位。研究方向……

来稿请提供规范的 Word 电子文本和书面文本。书面文本请用宋体小四号字格式，1.5 倍行距，A4 纸打印。来稿请注明作者姓名、通信地址、邮政编码、联系电话或电子邮件地址，并注明"《中国教育法制评论》稿件"字样。

来稿请寄：北京新街口外大街19号北京师范大学教育学院教育政策与
　　　　　法律研究所　余雅风（收）
邮　　编：100875
电子文本请发至：yuyafeng@bnu.edu.cn